Nora Imlau

# Du bist anders, du bist gut

## Gefühlsstarke Kinder beim Großwerden begleiten. Ab 6 Jahren.

PENGUIN VERLAG

**Für meine Tochter Annika, ohne die ich nie von gefühlsstarken Kindern erfahren hätte**



FSC www.fsc.org MIX Papier | Fördert gute Waldnutzung FSC® C147178

Penguin Random House Verlagsgruppe FSC® N001967

2. Auflage 2022

in der Penguin Random House Verlagsgruppe GmbH,
Neumarkter Straße 28, 81673 München
Lektorat: Dr. Daniela Gasteiger, München
Covergestaltung: Büro Jorge Schmidt nach einem Entwurf von Weiss Werkstatt
Covermotiv: plainpicture/Daniel Waschnig Photography / BildNR. p300m982031f
Satz: Buch-Werkstatt GmbH, Bad Abiling
Druck und Bindung: Pixartprinting, Lavis
Printed in Italy
ISBN 978-3-328-10813-9
www.penguin-verlag.de

# Inhalt

# VORWORT

## Große Kinder, große Gefühle

Mein Kind ist anders als andere: sensibler und gleichzeitig wilder, ungestümer und verletzlicher, kuscheliger und fordernder. Von jedem Gefühl, jedem Bedürfnis scheint es nur die Extremvariante zu kennen, die keine Grenzen und keinen Aufschub kennt. Und weil es ständig wie unter Strom zu stehen scheint, kommt es nicht nur selbst kaum je zur Ruhe – es hält auch die ganze Familie permanent in Atem. Es war dieses Gefühl, das mich vor vielen Jahren dazu bewog, mich mit dem besonderen Temperament jener Jungen und Mädchen auseinanderzusetzen, die ich heute gefühlsstarke Kinder nenne. Aus dem Wunsch, mein eigenes Kind besser zu verstehen, erwuchs eine umfangreiche Recherche, deren wichtigste Ergebnisse ich schließlich in einem Buch zusammenfasste: »So viel Freude, so viel Wut«, das erste deutschsprachige Buch über gefühlsstarke Kinder, erschien im Frühsommer 2018 und eroberte die Köpfe und Herzen vieler tausend Eltern im Sturm.

»Endlich sind wir nicht mehr allein« – das ist die häufigste Rückmeldung, die mich seither von dankbaren Leserinnen und Lesern erreicht. Denn ein gefühlsstarkes Kind ins Leben zu begleiten, kann eine verflixt einsame Erfahrung sein. Schließlich kann kaum jemand nachvollziehen, wie es wirklich ist, mit so einem hochemotionalen Energiebündel zusammenzuleben. Statt Verständnis hagelt es deshalb meist eher Erziehungstipps: Sei strenger, greif härter durch, lass ihm das nicht durchgehen. Als wäre das besondere Temperament unseres Kindes unsere eigene Schuld, und seine Schwierigkeiten im Alltag die direkte Folge unserer mangelhaften Erziehung. Dabei ist glasklar bewiesen: Kinder werden nicht gefühlsstark gemacht, sie kommen bereits mit dieser besonderen Spielart der Persönlichkeit zur Welt. Die besondere Kombination aus Wildheit und Verletzlichkeit ist keine Störung, kein Anzeichen einer Krankheit, kein Fehler im System. Sondern vielmehr eine gesunde, natürliche, angeborene individuelle Eigenschaft, die mit besonderen Herausforderungen einhergeht – aber auch mit besonderen Stärken und Potenzialen.

In »So viel Freude, so viel Wut« habe ich den Grundstein dafür gelegt, dass gefühlsstarke Kinder in Deutschland heute in einem neuen Licht betrachtet werden: nicht als verhaltensauffällige Problemkinder, sondern als die spannenden und vielseitigen Persönlichkeiten, die sie in Wirklichkeit sind. In »Du bist anders, du bist gut« führe ich diesen Gedanken nun weiter und erkläre, wie sich Gefühlsstärke mit den Jahren verändert und entwickelt und welche Folgen daraus innerhalb und außerhalb der Familie erwachsen. Ein gefühlsstarkes Schulkind braucht andere Eltern als ein gefühlsstarker Teenager. Und weil Gefühlsstärke auch im Erwachsenenalter nicht einfach verschwindet, ist es wichtig, zu verstehen, wie der besondere Mix explosiver Persönlichkeitsmerkmale auch dann in Familien wirkt, wenn Eltern und Großeltern gefühlsstark sind – auch wenn sie es als Kinder vielleicht nie sein durften.

# ERSTES KAPITEL

## Manches wird leichter – und vieles einfach nur anders: Gefühlsstarke Kinder werden größer

## Gefühlsstärke ist keine Phase

»Ach, das verwächst sich«, bekommen Eltern oft zu hören, wenn sie über schrullige oder anstrengende Eigenheiten ihrer Kinder sprechen. Und oft stimmt das tatsächlich: Hartnäckige Strumpfhosen-Verweigerer ziehen sich einige Jahre später oft problemlos an, kleine Gemüse-Hasser können zu gänzlich unkomplizierten Essern heranwachsen, und aus bockigen Wutzwergen sind zehn Jahre später nicht selten sanftmütige, kompromissbereite Jungen und Mädchen geworden. Doch bei gefühlsstarken Kindern hilft das Mantra von der schwierigen Phase, die garantiert vorbeigeht, oft nicht weiter. Zwar durchlaufen selbstverständlich auch sie verschiedene Entwicklungsstufen und dabei wird manches mit der Zeit ganz von selber leichter – aber ihr intensives, hochreaktives Temperament wächst sich eben *nicht* aus, sondern bleibt eine Herausforderung, auch dann noch, wenn in anderen Familien längst wieder Ruhe eingekehrt ist. Denn so, wie gefühlsstarke Kinder häufig von einer großen, wilden, alles umfassenden Emotion in die nächste springen, so löst bei ihnen oft auch eine herausfordernde Phase die nächste ab. Da verwundert es nicht, dass eines der häufigsten Themen in der Gruppe für Eltern gefühlsstarker Kinder auf Facebook die bange Frage ist: Wird es für uns denn *niemals* leichter? Darauf gibt es keine einfachen Antworten. Denn Fakt ist: Gefühlsstärke ist und bleibt eine Charaktereigenschaft, die sich nicht einfach verwächst, sondern lebenslang Chance und Herausforderung zugleich bleibt – für die Betroffenen ebenso wie für ihr Umfeld.

Doch das heißt nicht, dass das Leben mit einem gefühlsstarken Kind nicht trotzdem mit den Jahren leichter werden kann. Denn was gefühlsstarken Kindern so schwerfällt – sich selbst zu regulieren – ist eine Fähigkeit, die sie mit der richtigen Begleitung zuverlässig lernen können. Und sobald sie diesen Dreh raus haben, wird der Familienalltag tatsächlich um ein Vielfaches unkomplizierter.

Die gute Nachricht ist: Die Selbstregulationsfähigkeit ihres gefühlsstarken Kindes stärken können Eltern von der Babyzeit an. Die schlechte: Sie brauchen dafür einen verflixt langen Atem. Denn viele Jahre der geduldigen, beständigen Co-Regulation sind nötig, bis sich im Gehirn gefühlsstarker Kinder jene Strukturen ausgeprägt haben, die ihnen ermöglichen, sich ihren heftigen Gefühlsausbrüchen selbstwirksam zu stellen. Umso wichtiger ist es, auf diesem Weg die kleinen Erfolge zu sehen und zu feiern: Jede Enttäuschung, die nicht zu einem völligen Ausrasten geführt hat. Jeder Kindergeburtstag, der nicht in die Hose ging. Jedes Innehalten, Durchatmen, Ruhigwerden. Vielen Eltern gefühlsstarker Kinder gelingt dies jahrelang sehr gut. Nachdem sie verstanden haben, warum ihr Kind so ist wie es ist, schöpfen sie aus ihrem neuen Verständnis die Kraft, für ihr kleines Emotionsbündel da zu sein, ohne es mit Druck und Strafen verändern zu wollen.

Doch irgendwann, wenn ihr Kind im Grundschulalter ist, erreichen viele Eltern den Punkt, an dem sie das Gefühl haben: Jetzt ist das Ende der Fahnenstange erreicht. Jetzt begleiten wir unser Kind schon so lange so verständnisvoll durch seine ganzen wirbeligen Emotionen, und es ist immer noch oft so wütend, so anstrengend, so kompliziert. So kann es einfach nicht länger weitergehen! Mit sieben, acht, neun, zehn Jahren *muss* ein Kind doch langsam mal in der Lage sein, nicht um jede Kleinigkeit ein Drama zu machen! Dazu kommt, dass auch das Verständnis aus dem Umfeld immer weiter sinkt. Mag ein willensstarkes Kleinkind noch ganz süß sein, geht ein gefühlt ständig bockiger Neunjähriger ohne niedlichen Babyspeck vielen Menschen schlicht tierisch auf die Nerven. »Das muss doch in dem Alter nicht mehr sein« – viele Eltern gefühlsstarker Kinder trifft dieser Vorwurf, mal abschätzig gemurmelt, mal unausgesprochen im Raum stehend, mitten ins Herz. Denn sie zweifeln ja selbst immer mehr an ihrem Weg, ihrer Erziehung, ihrem Kind. Deshalb ist es so wichtig, dass genau an dieser ganz typischen Klippe im mittleren Grundschulalter jemand steht und sagt: Keine Angst – das ist alles ganz normal. Die Wutausbrüche, immer noch. Die Verletzlichkeit, die Angst, die Tränen. Die Wechselhaftigkeit, die düsteren Gedanken, das Gefühl, dass nichts einfach mal leicht sein kann. Die Verzweiflung darüber, die Sorge, etwas falsch gemacht zu haben. All das gehört dazu, wenn gefühlsstarke Kinder größer werden in einer Welt, die nicht für sie gemacht ist und die sie und ihre Eltern so oft missversteht. Unzählige Familien sind vor uns durch diese schwierige Zeit gegangen, und unzählige werden es nach uns tun. Wir sind nicht allein. Und der Weg raus aus der Panik und dem Stress führt nicht über mehr Strenge und Härte, wie uns oft eingetrichtert wird. Sondern – wie auch schon in der Baby- und Kleinkindzeit – über Klarheit und Verständnis. Je besser wir begreifen, was in unseren gefühlsstarken Kindern vor sich geht, wenn sie älter werden, und was sie in diesen stürmischen Zeiten von uns brauchen, desto leichter wird es uns fallen, unseren Weg als Familie ruhig und selbstbewusst weiterzugehen. Und zwar nicht im Kampfmodus, in einem ständigen Gegeneinander. Sondern in dem guten Gefühl, mit unserem gefühlsstarken Kind allen Widerständen zum Trotz gemeinsam an einem Strang zu ziehen. Zusammen meistern wir den Kraftakt, an einem gesunden, selbstwirksamen Umgang mit starken Gefühlen zu arbeiten, ohne sie dabei unterdrücken oder auslöschen zu wollen. Denn unser Kind ist richtig und gut, so wie es ist. Es hat nur die Lebensaufgabe, seine heftigen emotionalen Hochs und Tiefs in sozial verträgliche Bahnen zu lenken. Dabei sind wir Eltern seine wichtigsten Lehrmeister und Wegbegleiter, von der Kleinkindzeit bis zum Erwachsenwerden.

# Ist mein Kind nun wirklich gefühlsstark? Acht typische Eigenschaften

Immer wieder kommt es vor, dass Eltern sich unsicher fragen, ob ihr Kind nun wirklich gefühlsstark ist. Meist ist der Grund, dass sie es zwar in vielen der typischen Kennzeichen gefühlsstarker Kinder erkennen – aber nicht in allen. Oder sie haben das Gefühl: Oft ist unser Kind exakt so wie dort beschrieben, aber eben nicht immer. »Reicht« das dann, um gefühlsstark zu sein? Vereinzelt kam es sogar bereits vor, dass Eltern sich einen eindeutigen Gefühlsstärke-Test wünschen: Könnte man vielleicht das Level des Stresshormons Cortisol im Blut des Kindes überprüfen und daraus ablesen, wie gefühlsstark es ist? Oder könnte vielleicht ein MRT Aufschluss geben? Bei allem Verständnis dafür, dass Mütter und Väter sich nach Klarheit sehnen, ist es wichtig, zu betonen: Einen solchen eindeutigen Beweis dafür, dass das eigene Kind gefühlsstark ist, kann und wird es niemals geben. Denn auch wenn es viele Hinweise darauf gibt, dass Gefühlsstärke ihre Ursache auch in Besonderheiten des menschlichen Gehirns hat, ist sie keine trennscharf festzustellende körperliche Anomalie, sondern letztlich nichts anderes als die Beschreibung mehrerer Eigenschaften, die Eltern und Kinder gleichermaßen herausfordern. Dass dabei auch eine subjektive Komponente eine Rolle spielt – nicht jeder wird jedes Kind als gleich gefühlsstark empfinden –, ist dabei keine Schwäche der Idee, sondern genau so gewollt. Schließlich sollen *alle* Familien Rat und Unterstützung finden, die sich durch das intensive Temperament ihres Kindes herausgefordert fühlen – ganz unabhängig davon, wo genau es nun auf irgendeiner messbaren Skala steht.

### Acht typische Eigenschaften gefühlsstarker Kinder

1. Sie erleben Gefühle unglaublich intensiv und tragen diese Emotionen impulsiv nach außen.
2. Sie sind extrem willensstark und hartnäckig – haben sie sich erst mal etwas in den Kopf gesetzt, sind sie kaum davon abzubringen.
3. Sie sind überdurchschnittlich sensibel und haben ganz feine Antennen für die Gefühle ihres Gegenübers.
4. Sie sind unglaublich empfänglich für sämtliche Sinnesreize und nehmen diese besonders intensiv wahr, was schnell zu Reizüberflutung führt.
5. Sie haben ein Thema mit Routinen: Einerseits brauchen sie klare, berechenbare Abläufe, andererseits fühlen sie sich von festen Strukturen schnell eingeengt.
6. Sie verfügen über scheinbar niemals endende Energiereserven, die sich oft in einem unbändigen Bewegungsdrang äußern sowie in einem unterdurchschnittlichen Schlafbedarf.
7. Veränderungen und Übergänge fallen ihnen schwer – ob kleine Wechsel wie der vom Kinderzimmer ins Bad oder größere wie Umzüge und Reisen.
8. Sie sind oft sehr nachdenklich und grüblerisch und haben ein großes Gerechtigkeitsempfinden, was oft dazu führt, dass sie am Leid der Welt regelrecht verzweifeln und dadurch ernster und pessimistischer wirken als Gleichaltrige.

## Gefühlsstarke Kinder: Am äußersten Ende des Spektrums der Temperamente

Die typischen Eigenschaften gefühlsstarker Kinder zeigen: Jeder Mensch kommt mit seinem ganz eigenen, angeborenen Grundtemperament zur Welt, das bestimmt, wie er die Welt wahrnimmt und auf Reize reagiert. Verantwortlich für diese unterschiedliche

Weltwahrnehmung ist die Tatsache, dass das Gehirn zwar grob bei allen Menschen gleich aufgebaut ist, sich jedoch in kleinen, aber bedeutsamen Details von Geburt an unterscheidet. Bestimmenden Einfluss auf das individuelle Temperament hat dabei insbesondere die Größe und Empfindlichkeit der Amygdala, eines kleinen mandelförmigen Hirnareals in der Mitte des limbischen Systems, das für Stressreaktionen und Gefahren-Früherkennung zuständig ist, sowie die Beschaffenheit des Vagusnervs, also jenes Nervensystems, das Entspannungs- und Ruhesignale vom Gehirn in den Körper trägt. Aus dem Zusammenspiel dieser beiden neuronalen Strukturen ergibt sich, wie stressempfindlich und empfänglich für äußere Reize ein Mensch ist und wie schnell und effektiv er seine Reaktionen und Emotionen regulieren kann.

Manche Menschen kommen mit einer unterdurchschnittlich empfindlichen Amygdala, aber einem sehr starken Vagusnerv zur Welt. In der Folge sind sie selbst in heftigen Stresssituationen nicht leicht aus der Ruhe zu bringen, und wenn sie sich doch mal aufregen, erlangen sie überdurchschnittlich leicht wieder ihre innere Balance zurück. Diese extrem regulationsstarken Menschen stehen am einen Ende des Spektrums der verschiedenen Temperamente, an dessen anderem Ende sich unsere gefühlsstarken Kinder befinden. Dazwischen bewegen sich all die, die mit ihrer individuellen Stress-Resistenz und Selbstberuhigungsfähigkeit nicht so stark einem der Pole zuneigen. Je nachdem, wo auf dieser großen Bandbreite der unterschiedlichen Weltwahrnehmungen unsere Kinder und wir selbst angesiedelt sind, ändert sich die Dynamik unserer Familie. Auffällig dabei ist, dass es umso mehr knallt, je näher Familienmitglieder am äußersten Ende dieses Spektrums stehen, und zwar auf der gefühlsstarken Seite. Denn wo eine extrem empfindliche Amygdala auf einen sehr schwach ausgeprägten Vagusnerv trifft, schlägt die Wucht jedes Reizes und jedes großen Gefühls ungebremst zu. Gefühlsstarke Kinder scheinen deshalb oft von jedem Bedürfnis und jeder Gefühlsäußerung nur die Maximalvariante zu kennen: Tiefste Trauer, größte Freude, heftigster Frust, wildeste Wut. Das Leben mit ihnen gleicht einer turbulenten Achterbahnfahrt, die kaum jemals pausiert, denn einfach mal so mittelzufrieden sind diese Kinder so gut wie nie. Stattdessen springen sie wie kleine Flummibälle von einem starken Gefühl ins nächste, und treiben die Menschen um sie herum mit ihrem unbändig starken Willen, ihren heftigen Gefühlsausbrüchen, ihrem starken Gerechtigkeitssinn, ihrem Denken und Fühlen in Extremen und ihrem typischerweise geringen Schlafbedarf in Kombination mit einem hohen Bewegungsdrang schier in den Wahnsinn.

Umso wichtiger ist es, sich klarzumachen: Gefühlsstärke ist anstrengend und herausfordernd für alle Beteiligten, aber sie ist weder eine Krankheit noch eine Störung noch ein Ergebnis falscher Erziehung. Sie ist einfach nur eine besondere Spielart der Persönlichkeitsentwicklung. Gefühlsstark zu sein ist genauso normal wie nicht gefühlsstark zu sein. Es ist nur seltener. Etwa jedes siebte Kind, schätzt die US-amerikanische Pädagogin Mary Sheedy Kurcinka, ist gefühlsstark. Genaue Zahlen zu erheben ist schwierig, da Gefühlsstärke ja eben keine medizinische Diagnose darstellt, sondern einfach nur einen explosiven Mix verschiedener intensiver Charaktereigenschaften beschreibt, und zwar auf möglichst wertschätzende Weise. Denn in der Geschichte der Erziehung sind für wilde, willensstarke Kinder bisher ganz andere Vokabeln verwendet worden. Sie galten als Trotzköpfe und Taugenichtse, als Zappelphilippe und Zicken, als verhaltensauffällige Problemkinder.

Diese Kinder heute als gefühlsstark zu sehen und zu bezeichnen hilft dabei, das Stigma, das ihrem besonderen Temperament anhaftet, zu lösen und nach neuen Wegen zu suchen, ihnen zu einem gesunden, sozialverträglichen Umgang mit ihren großen Gefühlen zu verhelfen. Gefühlsstärke zu verstehen heißt, Kinder nicht länger dafür zu verurteilen, dass sie anders sind als andere. Sondern das ungeheure Potenzial, das in ihrem besonderen Persönlichkeitsprofil liegt, zu sehen und zu stärken, ohne die Gefühlsstärke als Ausrede oder Standard-Entschuldigung für alles heranzuziehen.

## Das alte Rätsel der Menschheit

Keine Spezies auf unserer Erde ist so variantenreich und vielfältig wie unsere Art. Es ist unglaublich, wie verschieden Menschen sein können, selbst dann, wenn sie von denselben Eltern oder Großeltern abstammen. Jede Kultur hat dafür in den vergangenen Jahrtausenden ihre eigenen Erklärungen gefunden: Vielleicht prägt der Stand der Sterne zum Zeitpunkt unserer Geburt unsere Persönlichkeit? Oder wird ein Kind im Mutterleib vielleicht schreckhaft davon, wenn seine Mutter sich erschrickt? Trägt es das Erbe eines früheren Lebens in sich, das es bestimmt? Oder hat es von den Göttern und Geistern einen besonderen Auftrag mitbekommen? Von Generation zu Generation wurden solche Geschichten weitererzählt, die die unglaubliche Unterschiedlichkeit von Menschenkindern erklären sollten. In der Antike entwickelte der griechische Arzt und Philosoph Galen von Pergamon bereits 200 nach Christus die Idee der vier Grundtemperamente: Die heiteren und aktiven Sanguiniker sind das genaue Gegenteil der eher passiven und schwerfälligen Phlegmatiker; Melancholiker haben eine besonders stark ausgeprägte traurige und nachdenkliche Seite, während Choleriker sich leicht aufregen und schnell wütend werden. Seither wurde die antike Temperamentelehre immer wieder ergänzt, neu interpretiert und zum Teil auch mystifiziert, indem etwa bestimmten Sternzeichen typische Charaktereigenschaften zugeschrieben wurden.

Das Spannende daran ist, dass augenscheinlich zu allen Zeiten – ob in der Antike, im Mittelalter oder auch während der Aufklärung – nach Erklärungen dafür gesucht wurde, warum Kinder sich zu so unterschiedlichen Erwachsenen entwickeln, und warum wir auf diese Entwicklung so wenig Einfluss haben. Die Frage, mit der wir Eltern gefühlsstarker Kinder uns so häufig herumschlagen – Warum ist mein Kind nur, wie es ist? – ist also keineswegs eine Modeerscheinung der Neuzeit. Im Gegenteil: Dass sich Menschen seit über 2000 Jahren auf ganz unterschiedliche Weise mit der Lehre der Temperamente beschäftigen, zeigt, dass wir Eltern uns mit einem der größten und ältesten Rätsel der Menschheit befassen: Wie werden wir zu den Menschen, die wir sind?

Die Idee, dass unsere Erziehung irgendeinen Einfluss darauf haben könnte, wie Kinder sich entwickeln, ist hingegen verhältnismäßig neu. Das hat einen einfachen Grund: Den größten Teil der Menschheitsgeschichte lebten Familien in Stämmen, in denen alle ziemlich genau das Gleiche taten. Sie aßen dasselbe Essen, schliefen an ähnlichen Orten, trugen die gleiche Kleidung. Und auch der Umgang mit ihren Kindern unterschied sich nicht von dem der anderen Menschen in ihrem Clan. Kindererziehung war keine individuelle Angelegenheit und beinhaltete keine Wahl zwischen verschiedenen Wegen, sondern bestand in der kollektiven Umsetzung dessen, was im Clan unhinterfragter Konsens war. In der Folge wäre es völlig unplausibel gewesen, die Eltern eines besonders wilden, aufrührerischen, störrischen, lauten Kindes in irgendeiner Weise für das Verhalten ihres Kindes verantwortlich zu machen. Sie hatten ja offensichtlich nichts anders gemacht als all die anderen Mütter und Väter. Nein: In den äußeren Umständen des Aufwachsens konnten die offensichtlichen Unterschiede zwischen den verschiedenen Clankindern nicht liegen. Sie mussten ihre Unterschiedlichkeit vielmehr *mitgebracht* haben.

In der modernen Psychologie und Verhaltensbiologie des 19. und 20. Jahrhunderts wurde diese Sichtweise oft als unwissenschaftlich verlacht. Als der berühmte Persönlichkeitsforscher Jerome Kagan vor über 50 Jahren als junger Psychologiestudent die Persönlichkeitsentwicklung des Menschen zu erforschen begann, war er absolut davon überzeugt, dass es primär die äußere Sozialisation sei, die die Persönlichkeit eines jeden Menschen forme, wie es der damaligen Lehrmeinung entsprach. Die Vorstellung passte auch ideologisch gut in die Zeit: Wenn qua Geburt alle Menschen gleich aufgestellt sind, können sie mit der gleichen Erziehung und Ausbildung auch alle gleich gut funktionierende Erwachsene werden. Totale Chancengleichheit durch totale Gleichförmigkeit – man muss nur die eine Formel finden, die aus allen Kindern gute Menschen macht. Dem jungen Studenten Kagan widersprach damals ausgerechnet seine Mutter.[1] Ohne jede psychologische Ausbildung sagte sie ihrem Sohn auf den Kopf zu, sie sei sich ganz sicher, dass Kinder schon verschieden zur Welt kommen, und dass keine Gleichbehandlung der Welt sie zu gleichen Menschen machen könne. Dafür sei die unerklärliche Kraft in ihrem Inneren zu stark. Heute erinnert sich Kagan, mittlerweile 90 Jahre alt, etwas verschämt an diese Auseinandersetzung. Denn seine jahrzehntelange Forschung hat letztlich bewiesen, dass seine Mutter Recht hatte, ebenso wie all die Völker und Kulturen, die ganz selbstverständlich davon ausgingen, dass bereits kleinste Kinder etwas ganz eigenes mitbringen, wenn sie geboren werden – und keinesfalls unbeschriebene Blätter sind.

## Gefühlsstärke ist angeboren – aber entwicklungsfähig

Nie zeigt sich das angeborene Temperament eines Menschen stärker als in der frühen Kindheit. Ein neugeborenes Baby kennt keine Scham und keinen Erwartungsdruck. Es macht sich keine Gedanken darüber, welche Verhaltensweisen in welchen Situationen angemessen oder sozial erwünscht sein könnten. Es folgt vielmehr dem evolutionären Programm in seinem Inneren, das ihm sagt, wann es sicher und wann es potenziell in Gefahr ist, wie es zum

Aufbau der lebenswichtigen Eltern-Kind-Bindung beitragen kann, und wie es am besten auf sich aufmerksam macht, wenn es etwas braucht.

Dabei ist es beileibe nicht so, dass allen Babys dasselbe Survival-Programm in die Wiege gelegt wäre. Es zeigt sich vielmehr bereits in den ersten Wochen und Monaten nach der Geburt, dass unsere Kinder mit unterschiedlichen »Werkseinstellungen« ins Leben starten und auf dieselben Reize ganz unterschiedlich reagieren. Den Forschungen Jerome Kagans zufolge lassen sich dabei ganz grob drei Typen erkennen: Etwa 40 Prozent aller Babys sind regulationsstark, reagieren also nur mit einer schwachen Amygdala-Aktivität auf Stress und wirken durch ihren hohen Vagustonus oft sehr ausgeglichen, was sich auch in einer geringeren motorischen Aktivität und einem hohen Schlafbedarf niederschlägt. Weitere 40 Prozent aller Babys könnte man als bindungsstark bezeichnen: Sie brauchen kontinuierliche Co-Regulation von außen, um die Reize und Stressoren des Alltags gut bewältigen zu können. Das heißt: Ihre Amygdala reagiert durchaus empfindlich auf Stress, ihr Vagusnerv spricht jedoch sehr gut auf Regulationsangebote von außen an und vermag mit dieser Unterstützung, den Körper wieder in den Ruhezustand zu versetzen. Die verbleibenden 20 Prozent aller Babys nennt Kagan »hoch reaktiv«: Sie reagieren extrem sensibel auf jeden Reiz, sind enorm stressempfindlich und schaffen es selbst mit viel Begleitung nur schwer, in die Ruhe zu finden. Sie sind motorisch überdurchschnittlich aktiv, ausgesprochen willensstark und hartnäckig, haben einen unterdurchschnittlichen Schlafbedarf und schreien signifikant mehr als Gleichaltrige. Viele dieser Babys entwickeln sich zu jenen sensiblen Wirbelwinden, die wir gefühlsstarke Kinder nennen. Typischerweise fallen gefühlsstarke Kinder also bereits im Baby- und Kleinkindalter durch ihre immens starken Bedürfnisse und ihr besonders anspruchsvolles Temperament auf und bleiben auch weit nach den Kindergarten-

und frühen Grundschuljahren fordernder, wilder und impulsiver als Gleichaltrige.

Doch nicht immer verläuft die Entwicklung so linear: Es gibt auch gefühlsstarke Kinder, die von ihren Eltern in der ersten Zeit nach der Geburt als unkompliziert und pflegeleicht empfunden werden und deren intensives Temperament sich erst etwas später zeigt. Umgekehrt gibt es selbstverständlich auch Kinder, die sich aufgrund von Anpassungsschwierigkeiten nach der Geburt in ihren ersten Lebensmonaten wie ein typisches gefühlsstarkes Baby verhalten, dann jedoch spürbar ruhiger und ausgeglichener werden, und zwar dauerhaft. Wichtig ist, Gefühlsstärke nicht mit den ganz normalen stürmischen Emotionen während der sogenannten Autonomiephase zu verwechseln, also jener Zeit zwischen dem ersten und dem fünften Geburtstag, in dem Kinder ihr eigenes Ich und ihren eigenen Willen entdecken, was typischerweise mit heftigen Gefühlsausbrüchen einhergeht. Viele Eltern haben insbesondere beim ersten Kind in dieser Phase oft das Gefühl, ihr Kind sei plötzlich völlig durchgedreht: ständig wütend, häufig unausgeglichen, und oft richtiggehend auf Krawall gebürstet. Kein Wunder, dass sich die meisten Mütter und Väter in dieser Zeit zum ersten Mal fragen, ob ihr Kind vielleicht gefühlsstark sein könnte.

Fakt ist: Es gehört geradezu zu den primären Kennzeichen der Autonomiephase, dass fast alle Kleinkinder in dieser Zeit Gefühle besonders intensiv erleben und – aufgrund ihrer noch unausgereiften Impulskontrolle – auch sehr intensiv ausleben, heftige Wutanfälle inklusive. Insofern sind tatsächlich fast alle Kleinkinder »gefühlsstark« in dem Sinne, dass sie und ihre Eltern tagtäglich von starken Gefühlen und den Schwierigkeiten im Umgang mit ihnen herausgefordert sind. Doch der Unterschied zwischen Gefühlsstärke als angeborenem Temperament und den typischen Gefühlsausbrüchen in den Kleinkindjahren ist, dass Gefühlsstärke kein phasenweises Phänomen ist, keine Begleiterscheinung einer bestimmten Schwelle in der Persönlichkeitsentwicklung mit einem Anfang und einem Ende. Gefühlsstärke bleibt, auch dann, wenn die Gleichaltrigen allmählich alle durch sind mit dem Bocken und Trotzen, dem Auf-den-Boden-Werfen, dem Hauen, Beißen und Spucken. Gefühlsstärke heißt, auch dann noch ständig von Gefühlen überwältigt zu werden, wenn es längst nicht mehr als altersgerecht gilt. Gerade das macht es für Eltern und Kinder ja so schwer. Denn während andere Eltern aufatmen, wenn die Autonomiephase endet und ihr Kind spürbar gereift daraus hervorgeht, fängt für Familien mit gefühlsstarken Kindern der Spießrutenlauf in dieser Zeit häufig erst so richtig an. Schließlich wird in unserer Gesellschaft von Kindern meist spätestens im Vorschuljahr erwartet, sich einfügen und anpassen zu können, sich an Regeln zu halten, still zu sitzen und zuzuhören – Erwartungen, die gefühlsstarke Kinder nur schwer, oft auch gar nicht erfüllen können. Und dann?

Die vielleicht wichtigste Nachricht für Eltern gefühlsstarker Kinder ist: Das besondere Temperament ihres Kindes ist zwar angeboren – doch sein Schicksal ist dadurch nicht vorbestimmt, und sein Lebensweg nicht vorgezeichnet. Denn während in den ersten Lebensjahren der Persönlichkeitsentwicklung das angeborene Temperament eines Kindes tatsächlich eine immense Rolle spielt, nimmt die Bedeutung dieser »Werkseinstellung ab Geburt« mit zunehmendem Lebensalter signifikant ab. Das hat vor allem zwei Gründe. Zum einen verändern und prägen die Erfahrungen, die Kinder und Jugendliche mit ihren engsten Bindungspersonen und ihrer Umwelt machen, das menschliche Gehirn. Zum anderen reift mit dem Älterwerden zusehends auch der Neokortex heran, also jenes Hirnareal, das für bewusste, wohlüberlegte Entscheidungen, Vernunft und einen eigenen Willen verantwortlich ist. Je stärker der Neokortex im Gehirn die Führung übernimmt, desto weniger hilflos sind wir Menschen unseren angeborenen Reaktionsmustern ausgeliefert. Stattdessen können wir für uns typische Muster nun erkennen, analysieren und – wenn wir wollen – auch bewusst verändern. Kurz: Je älter wir Menschen werden, desto mehr übernehmen wir die Kontrolle darüber, was für Persönlichkeiten wir sind und sein wollen. Wir können uns Ängsten stellen, Blockaden überwinden und Strategien entwickeln, Herausforderungen zu bewältigen, die wir bisher intuitiv eher gemieden haben. Doch das heißt nicht, dass damit unser angeborenes Temperament bedeutungslos werden würde. Bis an unser Lebensende hat es vielmehr Einfluss darauf, was uns leicht und was uns schwerfällt, und prägt insbesondere in Stresssituationen unsere spontanen Reaktionen. Doch unsere Vernunft und Entscheidungskompetenz werden mit dem Erwachsenwerden so stark, dass unser angeborenes Grundtemperament in alltäglichen Situationen für Außenstehende meist nicht mehr erkennbar ist. Unsere Persönlichkeit ist nun viel mehr geprägt von unseren Genen *und* unserer Sozialisation, unserem angeborenen Temperament *und* unserem freien Willen.

Die spannende Herausforderung für Eltern älter werdender gefühlsstarker Kinder ist es deshalb, ihr Kind weiterhin zu lieben und anzunehmen, wie es ist – ihm aber gleichzeitig auch einen Rahmen zu bieten, in dem es weiter reifen und wachsen kann, indem es sich Herausforderungen stellt, die ihm aufgrund seines angeborenen Temperaments eher schwerfallen. Sind gefühlsstarke Kinder in ihren ersten Lebensjahren vor allem auf Verständnis angewiesen dafür, dass sie ihre heftigen Impulse noch nicht kontrollieren können, brauchen größere Jungen und Mädchen darüber hinaus konkrete Hilfestellung dabei, an Verhaltensweisen und Reaktionsmustern zu arbeiten, die ihnen im Alltag Schwierigkeiten bereiten.

Diesen Entwicklungsprozess zu begleiten, erfordert viel Fingerspitzengefühl. Denn aufgrund ihrer hohen Sensibilität reagieren gefühlsstarke Kinder sehr empfindlich auf jede Form von Kritik und machen schnell innerlich dicht, wenn sie das Gefühl haben, soziale Erwartungen nicht zu erfüllen. Gleichzeitig sind sie dringend auf Rückmeldungen aus ihrem Umfeld angewiesen, um zu identifizieren, aus welchen Verhaltensweisen bestimmte Probleme im Alltag resultieren. Für Eltern bedeutet das den schwierigen Balanceakt, Selbstzweifel ihres Kindes nicht gleich wegzuwischen, weil sie ein wichtiger Entwicklungsmotor sein können – und ihm gleichzeitig zu zeigen, dass es auch ohne jede Veränderung bedingungslos geliebt wird. Ihrem Kind nicht jeden Stein aus dem Weg zu räumen – und gleichzeitig sensibel dafür zu bleiben, wenn ihr Kind an einer Herausforderung nicht mehr wächst, sondern zu zerbrechen droht. Ihr Kind zusehends Verantwortung übernehmen zu lassen für sein eigenes Verhalten – und in schwierigen Situationen trotzdem hinter ihm zu stehen.

## Vom Temperament zur Persönlichkeit

Unsere gefühlsstarken Kinder sind ihrem besonderen Temperament weder schutzlos ausgeliefert noch ist ihr Lebensweg durch es vorbestimmt. Doch sie haben auch nicht die gleichen Ausgangsbedingungen für ihre Persönlichkeitsentwicklung wie andere Kinder. Für vieles, was anderen zufällt, müssen sie bedeutend länger und härter arbeiten. Anderes, womit viele Heranwachsende kämpfen, geht ihnen wie von selbst von der Hand. Das Wissen darum, dass dieses Temperament zwar seltener als andere, aber trotzdem weit verbreitet ist, kann Familien enorm entlasten und ihnen Druck und Schuldgefühle nehmen. Nein, die Eltern haben nichts falsch gemacht. Nein, mit dem Kind ist nichts verkehrt. Niemand ist schuld, niemand hat etwas verbockt. Das einzige, was das Familienleben gerade so herausfordernd macht, ist eine besondere, aber gleichzeitig völlig normale Spielart der Persönlichkeitsentwicklung.

Doch mit dieser Feststellung allein ist es nicht getan. Denn so erleichternd es auch ist, angesichts eines angeborenen Temperaments keine Schuldgefühle mehr haben zu müssen, so wichtig ist doch die zweite zentrale Erkenntnis, die aus der wissenschaftlichen Erforschung von Lebensläufen zigtausender Menschen stammt: Unser angeborenes Temperament ist weder Vorbestimmung noch Schicksal, und es ist ganz sicher keine Entschuldigung dafür, keine Verantwortung für unser Handeln zu übernehmen. Unser Temperament beschreibt nicht mehr als die Werkseinstellung unseres Gehirns. Wie wir uns als Erwachsene verhalten, was wir tun und was wir unterlassen, hängt jedoch immer davon ab, wie wir mit unseren angeborenen Grundeigenschaften *umgehen*. Und dabei spielen unsere Sozialisation und insbesondere während der Kindheit und Jugend auch unsere Bindungs- und Beziehungserfahrungen eine entscheidende Rolle. Wie zentral die Kombination aus genetischer Anlage und Umwelterfahrungen für die Entwicklung jedes Lebewesens sind, erklärt Jerome Kagan gerne anhand eines Experiments des Soziobiologen Richard Lewontin, der sieben genetisch verschiedene Varianten eines Krauts an drei unterschiedlichen Orten einpflanzen ließ: einmal in einem Feld auf Höhe des Meeresspiegels, einmal auf einem Berg auf 1400 Metern Höhe, und einmal in Gipfelnähe. Dann versuchte er, allein aufgrund des Wissens über das Genom der jeweiligen Pflanze oder aufgrund ihres Aufenthaltsorts zu bestimmen, wie hoch ein Kraut wachsen würde – und scheiterte phänomenal. Es war unmöglich, die Entwicklung zu bestimmen, ohne beide Elemente – die biologische Anlage und die Umweltbedingungen – zu kennen.[2] Genauso verhält es sich auch mit gefühlsstarken Kindern. Ihre ständige Suche nach intensiven Reizen, ihr immenser Gerechtigkeitssinn, ihre Hartnäckigkeit und ihre Energie können sie in die Chefetagen eines großen Unternehmens führen – oder mitten in einen Bandenkrieg. Unsere Aufgabe als Eltern ist es deshalb, unseren Kindern jenen Nährboden zu geben, der für ihr individuelles Temperament möglichst günstig ist – ohne uns dabei der Illusion hinzugeben, unseren Nachwuchs nach unseren Wünschen formen zu können.

Wie genau kann dieser Balanceakt gelingen? Was brauchen gefühlsstarke Kinder, um zu gesunden, glücklichen Persönlichkeiten heranzureifen? Und was brauchen Eltern, um sie liebevoll auf diesem Weg begleiten zu können, ohne dabei selbst auszubrennen? Darum geht es in diesem Buch.

## Gefühlsstärke ist und bleibt eine riesige Herausforderung

Ein gefühlsstarkes Kind – oder gar mehrere gefühlsstarke Kinder – ins Leben zu begleiten, ist eine unglaublich anstrengende Aufgabe. Denn auch wenn das ganz normale Elternsein selbstverständlich allen Müttern und Vätern oft viel Kraft abverlangt, ist das tagtägliche Miteinander mit einem gefühlsstarken Kind mit dieser Kraftanstrengung nicht zu vergleichen. »Klar brachte uns der Alltag mit unserem ersten Kind auch manchmal an unsere Grenzen, aber mit unserem zweiten leben wir gefühlt seit Jahren jenseits unserer Belastungsgrenzen, und es wird einfach nicht leichter«, beschreibt der Vater zweier Kinder, eines davon gefühlsstark, den immensen Unterschied.

Darüber zu sprechen, wie kräftezehrend das Familienleben mit gefühlsstarken Kindern ist, ist in unserer Gesellschaft jedoch ein Tabu. Versuchen Eltern zum Ausdruck zu bringen, dass ihre alltäglichen Herausforderungen sich mit denen anderer Familien nicht vergleichen lassen, stehen sie schnell entweder als Jammerlappen da, oder als selbst ernannte Super-Mütter und -Väter, die sich vor anderen profilieren wollen. Als wäre Elternsein ein Wettbewerb, und wer's dabei am schwersten hat, gewinnt. Dabei ist es in Wirklichkeit meist umgekehrt: Wer Kinder hat, die aufgrund ihres angeborenen eher regulationsstarken Temperaments ziemlich unkomplizierte, sonnige Zeitgenossen sind, erfährt dafür viel Lob und Anerkennung. Wer hingegen ein Vielfaches an Energie investieren muss, um seinem gefühlsstarken Kind einen zumindest einigermaßen sozialverträglichen Umgang mit seinen großen, wilden Emotionen beizubringen, bekommt dafür meist viel weniger Wertschätzung entgegengebracht – schließlich verhält sich das Kind ja immer noch anstrengender als andere. Umso wichtiger ist es, dass Eltern gefühlsstarker Kinder wissen: Dass ihr Familienalltag um ein Vielfaches herausfordernder ist als der vieler anderer Mütter und Väter, bilden sie sich nicht ein. Sie sind nicht schwächer, weinerlicher, weniger belastbar. Sie stehen einfach nur allein oder zu zweit vor einer Aufgabe, für die es eigentlich ein ganzes Dorf bräuchte: einem Kind gerecht zu werden, das oft kein Maß und keine Pause kennt. Das Nähe und Aufmerksamkeit in einem Maß sucht und fordert, das selbst die zugewandtesten, liebevollsten Erwachsenen an ihre Grenzen bringt – und das in seinem Gegenüber gleichzeitig unglaubliche Klarheit und innere Stärke braucht, um sich selbst nicht im Sturm seiner wilden Emotionen zu verlieren. Das jeden Tag zu leisten, ist eine völlig andere Hausnummer als die Herausforderungen eines ganz normalen Familienlebens. Und so ist es kein Wunder, dass Eltern gefühlsstarker Kinder weit überdurchschnittlich gefährdet sind, irgendwann an den Anforderungen ihres Alltags seelisch kaputtzugehen. Wenn die Belastung über Jahre gleichbleibend hoch ist, und adäquate Unterstützung fehlt, führt die Fürsorge für ein gefühlsstarkes Kind oft auf direktem Weg in den psychischen Zusammenbruch: Depression, Suchterkrankungen und Burnout können die Folge sein. Besonders häufig zeigen sich diese psychischen Folgeerscheinungen jahrelanger Überbelastung einige Jahre nach der Baby- und Kleinkindphase, dann also, wenn in unserer Gesellschaft davon ausgegangen wird, dass Eltern das Gröbste hinter sich haben. Bezogen auf die Eltern gefühlsstarker Kinder bedeutet das: Obgleich sie in den ersten Lebensjahren oft unglaubliche Energiereserven mobilisieren müssen, kommt die richtig schwierige Zeit für sie oft erst, wenn gefühlt in all den Familien rundum ruhigere Zeiten anbrechen, also etwa zwischen dem fünften und dem zehnten Lebensjahr des gefühlsstarken Kindes.

Das hat mehrere Gründe: Zum einen fordert die jahrelange körperliche und seelische Arbeit irgendwann ihren Tribut – all die schlaflosen Nächte, die unglaubliche Lautstärke, die körperliche Anstrengung durch das viele Tragen, Halten und Wiegen, aber auch der seelische Dauerstress, das Sorgenmachen, die Schuldgefühle und die Auseinandersetzung mit der eigenen Scham. Dazu kommt das schwindende Verständnis aus dem Umfeld: Je reifer und verständiger andere Kinder im späten Kindergarten- und frühen Schulalter werden, desto krasser fallen gefühlsstarke Kinder aus dem Rahmen. Und schließlich ist das Älterwerden gefühlsstarker Kinder für ihre Eltern oft auch mit dem schmerzlichen Schwinden einer großen Hoffnung verknüpft: Dass irgendwann alles von alleine leichter wird. Dass das Kind nur größer werden muss, und dann wird alles gut. Kommen dann die ersten schwierigen Rückmeldungen aus der Schule, die Berichte über Heul- und Wutausbrüche im Sportverein, die mal sorgenvollen, mal verständnislosen Blicke anderer Schulkind-Eltern, trifft viele Mütter und Väter die bittere Erkenntnis wie ein Schlag: Es wird nicht alles leichter. Es wird nur anders schwer. Denn Gefühlsstärke ist nichts, was sich einfach verwächst. Unsere Kinder bleiben herausfordernder als andere. Und wieder müssen wir neue Strategien finden, damit gemeinsam umzugehen.

## Wenn gefühlsstarke Kinder älter werden: Was anders wird

Menschenkinder nehmen sich fürs Großwerden viel Zeit. Keine andere Art gönnt ihrem Nachwuchs eine so lange Kindheit wie die unsere – und das hat einen guten Grund: Was unsere Söhne und Töchter lernen müssen, um die komplexen Regeln des Lebens in einer menschlichen Gemeinschaft zu verstehen, ist unendlich vielfältiger und schwieriger als die Entwicklungsaufgaben jeder anderen Spezies. Denn neben dem Offensichtlichen – dem Laufen, Sprechen, Schreiben und Lesen – lernen unsere Kinder in dieser Phase, die sozialen Spielregeln unserer Gesellschaft zu verinnerlichen: all die unsichtbaren Normen und Gesetze, die unser Miteinander prägen, obgleich sie kaum jemandem bewusst sind. Gefühlsstarke Kinder sind von diesem Entwicklungsprozess in besonderem Maße gefordert. Denn durch ihre feinen Antennen spüren sie jede noch so kleine Unstimmigkeit, jede stille Missbilligung einer Normverletzung. Gleichzeitig treibt ihr stürmisches, neugieriges, rebellisches Grundtemperament sie immer wieder dazu an, Grenzen zu übertreten, Regeln zu verletzen und geltende Ordnungen in Frage zu stellen. So kommt es, dass das Älterwerden gefühlsstarker Kinder in einem permanenten Spannungsfeld aus Dazugehören und Aufbegehrenwollen, aus Regelversessenheit und Regelverstoß passiert. Diesen inneren Konflikt nach und nach aufzulösen, gelingt den meisten gefühlsstarken Kindern erst im Jugendalter. Für uns Eltern bedeutet das: Die Herausforderungen im Alltag mit unseren gefühlsstarken Kindern werden mit deren Größerwerden nicht unbedingt kleiner, aber sie werden andere. Die wichtigsten Veränderungen ungefähr ab dem Schulalter:

- Dank der nun **ausgereiften kommunikativen Fähigkeiten** lassen die in der frühen Kindheit so typischen unerklärbaren Schrei-, Tobe- und Weinanfälle langsam nach. Stattdessen kommen gefühlsstarke Kinder nun in ein Alter, in dem sie alles kommentieren und diskutieren wollen. Der immense Entwicklungsfortschritt dabei: Die starken Gefühle werden zusehends verbalisiert und nicht mehr einfach urschreiartig herausgebrüllt. Der nervenzehrende Nebeneffekt: Jede Planänderung, jeden Frust und jede Ungerechtigkeit in ausführlichen Gesprächen emotional aufzufangen und zu verarbeiten, kostet unendlich Kraft und Geduld. Und: Werden die Emotionen zu groß und überwältigend, legen auch große gefühlsstarke Kinder noch tränenreiche Gefühlsausbrüche hin, bei denen sie ebenso einfühlsamer Begleitung bedürfen wie ein Kleinkind.

- Die **immense Empfindlichkeit der Sinne** lässt bei gefühlsstarken Kindern mit dem Älterwerden zwar nicht grundsätzlich nach. Die typischen Konflikte rund ums Anziehen, Essen und Zähneputzen werden trotzdem weniger, weil Eltern und Kinder besser in einen Austausch darüber gehen können, wie eine für alle einigermaßen zufriedenstellende Lösung aussehen kann. Konkret heißt das: Mit bequemen Klamotten, keinem Druck am Esstisch und einer berechenbaren Abendroutine können viele typische Klippen aus dem Leben mit gefühlsstarken Kleinkindern im Alltag nun ohne Wut und Tränen genommen werden.
- **Die Wildheit und der immense Bewegungsdrang** gefühlsstarker Kinder ist und bleibt eine große Herausforderung, sowohl im sozialen Miteinander als auch im Schulalltag, in dem von Kindern nun zusehends erwartet wird, ihre Impulse zu kontrollieren und still sitzen zu können. Gleichzeitig sind Grundschulkinder kognitiv so weit entwickelt, dass sie aktiv dabei mithelfen können, Lösungsstrategien für dieses Problem zu entwickeln. Dabei sind sie jedoch auf Erwachsene angewiesen, die sehen und verstehen, was für eine immense Impulskontrolle es gefühlsstarken Kindern abverlangt, ihren Bewegungsdrang für einen bestimmten Zeitraum auch nur einigermaßen

im Griff zu haben – und die für genügend Gelegenheiten zum Ausgleich sorgen.

- Das **große körperliche Nähebedürfnis** gefühlsstarker Kinder nimmt mit dem Älterwerden langsam ab – aus Kleinkindern, die 24 Stunden Körperkontakt einforderten, werden Jungen und Mädchen, die längst nicht mehr ständig kuscheln wollen. Das heißt jedoch nicht, dass diese nicht auch im späten Kindesalter noch ein besonderes Bedürfnis nach Nähe und Rückversicherung hätten – es zeigt sich nur in anderer Weise. So finden es beispielsweise viele gefühlsstarke Kinder schwierig, auf einem anderen Stockwerk zu spielen als da, wo die Eltern sind – sie brauchen das Wissen um die unmittelbare Nähe, auch wenn sie Mutter oder Vater gerade nicht sehen. Auch Schulübernachtungen und Klassenfahrten stellen gefühlsstarke Kinder oft noch vor große Schwierigkeiten. Gleichzeitig sind sie nun zusehends offen für die Erfahrung, dass Bindungssicherheit nicht auf Mama und Papa beschränkt ist, sondern sich auch anderswo finden lässt: bei den Großeltern, der Lieblingslehrerin oder guten Freunden.
- Ist in der frühen Kindheit gefühlsstarker Kinder das bestimmende Thema oft die Überforderung mit den Eindrücken dieser Welt, beginnt in der späteren Kindheit eine **bewusste und tiefgehende Hinwendung zu den Fragen und Problemen** der eigenen Umwelt. Nun bricht die grüblerische, besorgte, manchmal auch schwarzmalerische Seite des gefühlsstarken Temperaments immer deutlicher hervor: Warum haben manche Menschen kein Zuhause? Wieso gibt es Krieg und Vertreibung? Wer nimmt in Kauf, dass Tiere leiden? Diese und weitere Fragen treiben gefühlsstarke Kinder nun oft intensiv um und belasten sie teilweise so stark, dass ihre Lebensfreude empfindlich darunter leidet.
- Je älter Kinder werden, desto deutlicher registrieren sie die Gemeinsamkeiten und Unterschiede zwischen sich selbst und an-

deren Menschen. Ist für kleine Kinder ihre eigene Gefühlsstärke schlicht normal und das einzige, was sie kennen und sich vorstellen können, realisieren Kinder mit dem Älterwerden, dass sich ihr Temperament von dem anderer unterscheidet. Dies führt häufig dazu, dass **gefühlsstarke Kinder sich selbst zusehends kritisch betrachten** oder gar einzelne Aspekte ihrer Persönlichkeit ablehnen, weil sie lieber so wie andere Kinder wären, die sie kennen. Damit umzugehen, fällt den meisten Eltern sehr schwer. Schließlich lieben sie ihr Kind und wollen, dass es sich selbst liebt. Und gleichzeitig sehen sie natürlich auch, warum ihr Kind manchmal gerne anders wäre – weil es dann leichter wäre in dieser Welt, dieser Wunsch ist ihnen ja selbst auch nicht fremd. Gefühlsstarke Kinder beim Erwachsenwerden zu begleiten, bedeutet deswegen mit den Jahren immer mehr, die Selbstkritik des eigenen Nachwuchses nicht zu unterbinden, sondern die wertvolle Chance auf Entwicklung und Veränderung darin zu sehen – und gleichzeitig das Selbstwertgefühl des Kindes durch bedingungslose Liebe und starken Rückhalt auch in schwierigen Situationen kontinuierlich zu stärken: »Du bist anders, du bist gut!«

## Die zwei großen Rettungsanker: Selbstregulation und Selbstfürsorge

Bei Vorträgen und Workshops zum Thema »Gefühlsstarke Kinder« wird keine Frage öfter gestellt als diese: Wann wird es endlich leichter? Das zeigt: Viele Eltern wünschen sich ein Ziel, am besten eine klare Jahreszahl, auf die sie hinarbeiten können – um nicht im Hier und Jetzt die Kraft und den Mut zu verlieren. Leider gibt es diese magische Altersgrenze nicht. Gefühlsstärke begleitet Menschen ein Leben lang, und wie lange es dauert, einen Umgang damit zu finden, der es der ganzen Familie leichter macht, ist individuell sehr verschieden. Doch das heißt nicht, dass erschöpfte Eltern gefühlsstarker Kinder keinen Grund hätten, auf Erleichterung zu hoffen: Anders als auf die Frage, *wann* das Leben mit gefühlsstarken Kindern leichter wird, gibt es auf die Frage, *wie* es leichter wird, nämlich durchaus eine klare Antwort. Nämlich: Durch Selbstfürsorge und Selbstregulation. Konkret heißt das: Damit Eltern und Kinder gemeinsam an der Herausforderung Gefühlsstärke nicht zerbrechen, sondern wachsen, ist es ungeheuer wichtig, dass zwei Dinge gleichzeitig passieren:

- **Gefühlsstarke Kinder** müssen die Möglichkeit bekommen, ihre Fähigkeit zur *Selbstregulation* zu entdecken und zu schulen, also zum bewussten, selbstbestimmten Umgang mit ihren eigenen Impulsen und Reaktionsmustern. Denn nur so können sie lernen, sich der Wucht der Gefühle in ihrem Inneren stark und selbstbewusst entgegenzustellen.
- **Eltern gefühlsstarker Kinder** brauchen gleichzeitig die Chance, ihre Fähigkeit zur *Selbstfürsorge* zu entdecken und zu schulen, also zum freundlichen, stärkenden, kraftspendenden Umgang mit sich selbst. Denn nur wenn Mütter und Väter Verantwortung für ihr eigenes Wohlergehen übernehmen, können sie ihren Kindern dauerhaft die starken, klaren Begleiter sein, die diese für ihre Entwicklung so dringend brauchen.

In diesem Buch soll es deshalb um beides gehen: Darum, wie wir unsere gefühlsstarken Kinder darin unterstützen können, einen gesunden, sozialverträglichen Umgang mit ihrem intensiven Gefühlsleben zu finden. Und darum, wie wir Eltern dabei die Nerven behalten und gut für uns selbst sorgen können, auch wenn die starken Bedürfnisse unserer Kinder weder ausgedehnte Sauna-Besuche noch entspannte Städtereisen zu zweit als Ausgleich zum alltäglichen Stress realistisch erscheinen lassen. Gelingt es uns, diesen beiden Entwicklungsaufgaben in unserem

Familienleben genügend Raum zu geben, werden wir nicht nur im ganz gewöhnlichen Alltag weniger unter Anspannung stehen, wir werden auch Klippen und Krisensituationen gemeinsam mit unserem Kind gelassener meistern. Zu behaupten, das Familienleben mit einem gefühlsstarken Kind würde durch die in diesem Buch vorgestellten Strategien regelrecht entspannt, wäre zu viel versprochen – die tagtägliche Achterbahnfahrt der großen Gefühle hört durch einen anderen Umgang mit ihnen ja nicht unbedingt auf. Und es wäre vermessen, davon auszugehen, dass uns unsere gefühlsstarken Kinder nicht aller klugen Strategien zum Trotz immer wieder an unsere Grenzen bringen würden und darüber hinaus. Doch die Erfahrung unzähliger Familien zeigt auch: Dass sich der Alltag mit gefühlsstarkem Kind manchmal nach einer einzigen Abwärtsspirale aus Wut, Enttäuschung, Scham und Überlastung anfühlt, ist eine schlimme und gleichzeitig weit verbreitete Erfahrung. Doch es gibt zuverlässig Wege da raus, hinein in ein Leben, in dem wir das Zusammensein mit unseren Kindern wieder genießen und ihre Besonderheiten wieder lieben und wertschätzen können. Und genau da wollen wir jetzt hin.

adidas

# ZWEITES KAPITEL

## Umbaumaßnahmen im Gehirn: Gefühlsstarke Kinder beim Erwachsenwerden begleiten

## Die Schaltzentrale verändert sich

Gefühlsstarke Kinder sind Wirbelwinde von Kopf bis Fuß. Doch die Wurzeln ihrer überschießenden Emotionen, ihrer Rastlosigkeit, ihres Bewegungsdrangs, ihres unbändigen Gerechtigkeitssinns und auch ihrer nachdenklichen, grüblerischen Seite liegen in ihrem Gehirn, der Schaltzentrale alles menschlichen Fühlens und Tuns. Dank der modernen Hirnforschung wissen wir heute mehr darüber als je zuvor, wie unsere neuronalen Strukturen unser Temperament und unsere Persönlichkeit prägen. Diese Erkenntnisse können uns helfen, unsere Kinder besser zu verstehen und zu lernen, was sie wirklich von uns brauchen.

Besonders bedeutsam sind dabei die Erkenntnisse über die Plastizität des menschlichen Gehirns, also über dessen ungeheure Wandlungsfähigkeit gerade in der Kindheit. Sind die Veränderungen im Gehirn in den ersten Lebensjahren ausschließlich Reaktionen auf unmittelbare Erfahrungen mit der eigenen Umwelt und insbesondere den engsten Bezugspersonen, kommt ab dem siebten Lebensjahr eine neue Dimension der Persönlichkeitsentwicklung hinzu: Nun haben Kinder die intellektuelle Reife, selbst zu *beschließen*, was sie lernen und welche Fähigkeiten sie vertiefen wollen. Das heißt: Sie nehmen nun die Entwicklung ihrer eigenen Persönlichkeit zusehends selbst in die Hand. Dabei erfahren sie zwar immer noch Prägungen durch ihr Umfeld, können diese aber aufgrund ihres nun immer besser arbeitenden Neokortex zusehends auch reflektieren und gegebenenfalls als nicht hilfreich ablehnen. Wie bedeutsam diese Entscheidungen sind, welchen Input Kinder für sich annehmen und welchem sie sich verschließen, wird umso deutlicher, wenn wir uns klarmachen, dass das Gehirn unserer Kinder, je älter sie werden, immer stärker nach dem *Use-it-or-loose-it*-Prinzip arbeitet. Das heißt: Das Gehirn befindet sich nun in einem permanenten Optimierungsprozess, im Zuge dessen nicht oder nur wenig gebrauchte Gehirnverbindungen kurzerhand gekappt und abgeschafft werden, um die ganze Energie in die Stärkung jener Synapsen zu stecken, die am intensivsten genutzt werden. Das Gehirn des Kindes spiegelt nun also immer weniger seine angeborenen Grundeinstellungen und immer stärker seine individuellen Interessen, Verhaltensweisen und Aktivitätsmuster wider. Die Hirnstrukturen, die auf diese Weise entstehen und sich verfestigen, prägen Persönlichkeit und Charakter eines Menschen oft ein Leben lang – und zwar deutlich stärker als sein angeborenes Grundtemperament. Denn auch wenn das Gehirn lebenslang formbar und veränderbar bleibt: Neue Synapsenverbindungen zu etablieren, wird mit zunehmendem Lebensalter immer schwieriger. Deshalb ist es so wichtig, welche Wege Kinder und Jugendliche an der Schwelle zum Erwachsenwerden einschlagen und wie sie dabei unterstützt werden – denn die Lern- und Lebenserfahrungen dieser Zeit bestimmen maßgeblich, wie ihr Gehirn später arbeitet und funktioniert.

## Einmal alles neu programmieren: Was in der späten Kindheit passiert

Das menschliche Gehirn ist niemals »fertig« – es verändert sich stetig und passt sich so den Herausforderungen der jeweiligen Lebensphase an. Doch die größte Umbaumaßnahme im Gehirn passiert während der späten Kindheit und der frühen Jugend – jetzt wird es nämlich von einem primär reagierenden zu einem aktiv steuernden und planenden Organ. Grund dafür ist, dass die neuronalen Verbindungen im menschlichen Gehirn, wie es die US-amerikanische Neurologie-Professorin Frances E. Jensen plastisch ausdrückt, »von hinten nach vorne«[3] ausreift. Das heißt: Spielen in der Hirnentwicklung der ersten Lebensjahre vor allem das Stammhirn sowie die zunehmende Ausreifung und Verknüpfung der linken und rechten Gehirnhälften die Hauptrolle, sind der direkt hinter der Stirn sitzende Frontallappen sowie der präfrontale Kortex als letztes an der Reihe. Das heißt: Kinder können viel früher Emotionen spüren und sich in ihrem Verhalten von ihnen leiten lassen, als sie die kognitive Fähigkeit haben, diese Emotionen rational zu bewerten und zu kontrollieren. Für gefühlsstarke Kinder gilt das ganz besonders, da ihr »Draht« zur Amygdala, dem Teil des Gehirns, der Gefahrenfrüherkennung betreibt, so stark ist – sie rasten schneller aus, als sie gucken können. Und der Hirnbereich, der dieses Reaktionsmuster am effektivsten stoppen könnte – der frontale und präfrontale Kortex, der fürs Ruhigbleiben und Nachdenken, Reflektieren und Überlegen zuständig ist –, hat bis ins sechste, siebte Lebensjahr hinein noch kaum seine Arbeit aufgenommen. Und zwar bei allen Jugendlichen, nicht nur bei gefühlsstarken.

Dazu kommt, dass in der Übergangszeit zwischen früher Kindheit und spätem Jugendalter sich der gesamte Aufbau des Gehirns noch einmal verändert – allerdings nicht in allen Hirnarealen gleichzeitig, sondern Stück für Stück. So nimmt bereits vor Beginn der Pubertät der Anteil an sogenannter grauer Hirnmasse, also jenen Zellen, die Informationen, Wahrnehmungen und Bewegungsmuster speichern können, zu. Gleichzeitig ist in diesem Alter signifikant zu wenig weiße Hirnmasse vorhanden, um all diese Informationen auch sinnvoll zwischen den verschiedenen Hirnarealen hin und her zu transportieren und so zu verarbeiten. Frances E. Jensen vergleicht das Gehirn junger Jugendlicher deshalb mit einem brandneuen Ferrari in den Händen eines Fahranfängers: Es hat bereits ungeheuer viele PS, aber noch wenig Straßensicherheit. Das liegt daran, dass die Verbindung zwischen dem limbischen System, in dem Gefühle verarbeitet werden, und dem vorn im Gehirn angesiedelten, steuernden und planenden Stirnlappen zwar schon angelegt ist, aber noch nicht besonders gut funktioniert. Stattdessen führt in der späten Kindheit und den frühen Jugendjahren die Amygdala das Ruder, die als empfindliche, überaus kraftvolle Alarmanlage des Gehirns bereits sehr, sehr gut mit dem limbischen System verknüpft ist. Die Psychologie-Professorin Marwa Azab beschreibt sie auch als die »Gerüchteküche unseres Körpers«[4], weil sie sich so begeistert auf alles potenziell Spannende und Abenteuerliche stürzt und jede Form von Drama liebt. Für gefühlsstarke Kinder und Jugendliche heißt das einerseits, dass mit steigendem Alter die Unterschiede zwischen ihnen und gleichaltrigen Jungen und Mädchen kleiner werden, weil *alle* Jugendlichen stark amygdalagesteuert sind. Andererseits sind sie mit ihrer überdurchschnittlich sensiblen Amygdala in dieser Zeit auch besonders herausgefordert, weil die hormonellen Begleiterscheinungen der Vorpubertät und Pubertät das Drama-Potenzial in ihrem Leben in ungeahnte Höhen schießen lassen.

Besonders spannend sind in diesem Zusammenhang die Forschungen des Entwicklungspsychologen und Kinderarztes Dr. W. Thomas Boyce, der mit seinem Team – anknüpfend an die Langzeit-Temperament-Studien Jerome Kagans – eine Gruppe gleichaltriger Kinder aus Wisconsin über viele Jahre wissenschaftlich begleitete und ihre Persönlichkeitsentwicklung untersuchte. Dabei stellte er ebenso wie Kagan fest, dass der überwiegende Anteil der Kinder eine deutlich höhere Selbstregulationsfähigkeit aufwies als eine kleine Minderheit der Jungen und Mädchen, die vom Kleinkindalter an als besonders sensibel und empfindlich, willensstark, aber sehr leicht frustriert auffiel. Boyce, der anders als der analytische Jerome Kagan einen Hang zur bildhaften, poetischen Sprache hat, teilte die kleinen Teilnehmerinnen und Teilnehmer an seiner Studie daraufhin in die große Gruppe der Löwenzähne und die kleine Gruppe der Orchideen ein. Denn die regulationsstarken Kinder erschienen ihm so stark, widerständig, unkompliziert und weit verbreitet wie Löwenzahnpflanzen, während gefühlsstarke und hochsensible Kinder ihn an Orchideen erinnerten – selten und verletzlich, anspruchsvoll und fragil, gleichzeitig besonders und wunderschön. Besonderes Augenmerk legte Boyce in seiner Untersuchung auf die späte Kindheit und die Pubertät der Orchideen-Kinder: Wie würde ihre besondere Veranlagung sich in dieser Zeit großer körperlicher und seelischer Veränderungen auswirken? Das verblüffende Ergebnis seiner Forschung: Während sich das elterliche Erziehungsverhalten auf den Verlauf der Pubertät von Löwenzahn-Kindern in der Studie kaum auswirkte, zeigten sich unter den Orchideen-Kindern signifikante Unterschiede zwischen den Jungen und Mädchen, die aus sehr liebevollen, unterstützenden Elternhäusern kamen, und denen, deren familiärer Hintergrund eher problematisch war. Die Löwenzahn-Kinder legten mit großer Mehrheit eine Pubertät hin, die sich – sowohl was die körperlichen Entwicklungen als auch die Verhaltensweisen anging – sehr nahe an den statistischen Durchschnittswerten bewegte. Die Orchideen hingegen blieben ihrem Hang zu den Extremen treu und sprengten das Feld in beide Richtungen auf: Kamen sie aus eher schwierigen Verhältnissen mit unsicheren Bindungserfahrungen, begannen sie signifikant früher und heftiger zu pubertieren als ihre Altersgenossen. Hatten sie hingegen ein unterstützendes Elternhaus im Rücken und starke Bindungserfahrungen im Gepäck, setzte die Pubertät bei ihnen ungewöhnlich spät ein und nahm einen überdurchschnittlich langsamen, milden Verlauf. Das heißt: Stärker als bei allen anderen Jugendlichen hing es bei gefühlsstarken und hochsensiblen Teenagern von ihrem familiären Hintergrund ab, ob sie eine weit überdurchschnittlich hohe Affinität zu riskanten Verhaltensweisen wie intensivem Alkohol- und Drogenkonsum, gefährlichen Mutproben sowie frühen sexuellen Aktivitäten zeigten. Oder ob sie eine unaufgeregte und überdurchschnittlich sichere Pubertät durchlebten mit signifikant weniger Alkohol- und Drogeneskapaden als durchschnittliche Jugendliche, risikobewusstem Verhalten und einer verhältnismäßig späten Aufnahme sexueller Aktivitäten. Das heißt: Boyces Forschungen zufolge haben gefühlsstarke Kinder gleichzeitig ein erhöhtes und ein verringertes Risiko für

Alkohol- und Drogenprobleme, sexuell übertragbare Infektionen, Teenager-Schwangerschaften und andere handfeste Gefahren. Und anders als die meisten Kinder, die in dieser Zeit vor allem von Gleichaltrigen beeinflussbar sind, scheinen bei unseren anspruchsvollen, verletzlichen Orchideen primär wir Eltern darauf Einfluss zu haben, in welche Richtung das Pendel schwingt.[5]

## Wie Eltern das Gehirn ihrer Kinder prägen

Gefühlsstarke Kinder kommen meist mit einer besonderen Grundeinstellung ihres Gehirns zur Welt: Ihre auf Stresserkennung programmierte Amygdala ist leicht vergrößert und besonders sensibel, ihr beruhigender Vagusnerv eher schwach ausgeprägt. Und wie bei allen Babys und Kleinkindern ist ihr Neokortex, also das für bewusste Entscheidungen und Impulskontrolle verantwortliche Hirnareal, noch extrem unausgereift. Im Laufe der kommenden Jahre verändert sich diese Grundstruktur stetig, wie bei jedem Menschen. Wer als Kind viel Unsicherheit, Angst und Stress erlebt, dessen Amygdala wird größer und empfindlicher, bei gefühlsstarken wie bei nicht gefühlsstarken Menschen. Aus evolutionärer Sicht ist das nur logisch. In einer potenziell unsicheren oder gar richtiggehend gefährlichen Umgebung groß zu werden, erfordert eine sehr aktive Alarmanlage im Gehirn, die schnellstmöglich anspringt. Für gefühlsstarke Kindern hat das Aufwachsen in unsicheren, unberechenbaren Familienverhältnissen jedoch besonders drastische Auswirkungen: Ihre ohnehin schon hoch reaktive Amygdala wird durch den Dauerstress noch empfindlicher und agiert irgendwann wie eine kaputte Alarmanlage, die immer wieder auch dann Gefahr signalisiert, wenn eigentlich gar nichts passiert. Konkret heißt das: Damit ihre von Natur aus überdurchschnittlich sensible Amygdala mit den Jahren etwas unempfindlicher werden kann, brauchen gefühlsstarke Kinder verlässliche

Bezugspersonen, mit denen sie sichere Bindungserfahrungen machen können, sowie einen Alltag, der von erwartbarer Geborgenheit geprägt ist statt von Unberechenbarkeit und Dauerstress.

Und was ist mit dem Vagusnerv? Der Vagusnerv – auch umherwandernder Nerv genannt – ist eigentlich nicht ein Nerv, sondern ein Strang feiner Nervenfäden, die sich im ganzen Körper auffächern. Ihre Aufgabe: Ruhe und Entspannung in den Körper tragen. Damit ist der Vagusnerv in gewisser Weise der biologische Gegenpart zur Amygdala: Während sie den Körper in einer vermeintlichen oder tatsächlichen Gefahrensituation blitzschnell in einen hochangespannten Alarmzustand versetzt, ist er dafür zuständig, im Körper wieder Ruhe einkehren zu lassen, wenn keine Gefahr (mehr) herrscht. Dafür trägt der Vagusnerv das Entspannungssignal aus dem Gehirn zu sämtlichen Organen und Muskeln. Das Herz bekommt ein Zeichen, langsamer zu schlagen, der Magen darf sich entkrampfen, die Muskeln können lockerlassen, die Bronchien und die Lungen erhalten den Impuls, ruhiger zu atmen. Es ist völlig normal, dass Babys und Kleinkinder einen schwächeren Vagusnerv haben als Erwachsene – deshalb fällt es ihnen oft so schwer, sich nach Stresssituationen alleine zu beruhigen. Gefühlsstarke Kinder haben es dabei besonders schwer: Ihr Vagustonus ist im Schnitt noch geringer als derjenige von gleichaltrigen Kindern, was zur Folge hat, dass sie aus innerem Stress und körperlicher Anspannung nur sehr schwer herausfinden. Interessanterweise reagiert der Vagusnerv jedoch ausgesprochen gut auf sogenannte Co-Regulationsangebote, also auf Ruhe- und Entspannungssignale von außen. Das heißt: Fällt es einem Menschen schwer, seinen eigenen Vagusnerv zu aktivieren, ist es ihm eine große Hilfe, wenn ein anderer Mensch von außen Impulse gibt, die das Vagussystem anregen. Besonders gut spricht der Vagusnerv auf körperliche Nähe und Rückversicherung an, sowie auf leise, beruhigende Worte, kurz: auf klassisches Trösten. Dies gilt insbesondere für Kinder. Werden sie in einer Stresssituation von einem vertrauten Gegenüber in den Arm genommen, freundlich angesprochen oder sanft gestreichelt, aktivieren diese zärtlichen Gesten ihren Vagusnerv und helfen ihrem Körper, in die Ruhe zu finden. Werden Kinder mit Stress, Frust oder Schmerz hingegen alleine gelassen, fehlt ihrem Vagusnerv dieser Impuls, und er springt nur schwer oder gar nicht an. Die Folge: Irgendwann werden zwar auch diese Kinder ruhig, doch nicht, weil sie sich innerlich entspannt haben, sondern weil sie erschöpft sind. Die innere Habachtstellung bleibt aber aller Müdigkeit zum Trotz aktiv – und sorgt dafür, dass der nächste Stressmoment diese Kinder ganz schnell wieder aus der Bahn wirft. Spannenderweise hilft Trösten und Beruhigen jedoch nicht nur im konkreten Augenblick, den Vagusnerv zu aktivieren und das Stresslevel zu reduzieren – der Vagusnerv kann durch die regelmäßige Aktivierung von außen auch gestärkt werden wie ein Muskel. Das heißt: Mit jedem freundlichen Wort, jedem Streicheln, jedem Dasein und Begleiten stärken Eltern jene neuronalen Strukturen, die für die Selbstregulationsfähigkeit ihres Kindes wichtig sind. Sich alleine zu beruhigen, lernen Kinder also nicht, indem man sie mit Stress alleine lässt. Sondern indem man sie tröstet und begleitet, wieder und wieder und wieder. Für gefühlsstarke Kinder gilt dies in besonderem Maße: Bis ihr Vagusnerv so weit ausgereift ist, dass sie sich alleine beruhigen können, vergehen viele Jahre. Es ist ganz normal, dass Eltern in dieser Zeit oft an sich zweifeln. Schließlich wird ihnen in unserer Gesellschaft oft vermittelt, dass Kinder selbstständig werden, indem man sie möglichst viel möglichst früh alleine schaffen lässt. Doch in der Frage der Selbstregulationsfähigkeit führt der Weg in die große Selbstständigkeit tatsächlich über die totale Unselbstständigkeit. Kinder, die liebevoll durch dunkle Gefühle und schwere Momente begleitet werden, entwickeln signifikant mehr Selbstwirksamkeit im Umgang mit Frust und Stress als Kinder, die in überfordernden Stresssituationen auf sich allein gestellt sind.

Je älter gefühlsstarke Kinder werden, desto ungeduldiger warten Eltern auf diesen Moment: Irgendwann muss sich all das liebevolle, geduldige Begleiten doch auszahlen! Es kann doch nicht sein, dass ein Kind mit acht sich noch genauso wenig im Griff hat wie mit zwei! Müssten die kontinuierliche Stärkung des Vagusnervs und die allmähliche Beruhigung der Amygdala nicht langsam mal erkennbar werden? Tatsächlich gibt es keinen festen Zeitpunkt, zu dem alle gefühlsstarken Kinder auf einmal deutlich entspannter werden, wenn sie nur liebevoll genug begleitet wurden. Dafür sind wir Menschen einfach zu verschieden. Dazu kommt, dass die Anforderungen und Stressfaktoren im Leben eines Kindes in unserer Gesellschaft mit zunehmendem Alter signifikant ansteigen. Das heißt: Wie viel mehr Selbstregulationsfähigkeit unsere Kinder seit ihrer frühen Kindheit bereits entwickelt haben, fällt uns Eltern im Alltag oft gar nicht so auf, weil das Stresslevel dabei ja auch ständig gestiegen ist. Konkret heißt das: Eine Siebenjährige, die immer noch im Schnitt täglich zwei massive Wutanfälle hinlegt wie damals mit zwei, ist in Sachen Selbstregulationsfähigkeit nicht auf demselben Level wie vor fünf Jahren, auch wenn es auf den ersten Blick so aussehen mag. Schließlich musste sie damals weder Hausaufgaben noch Klassenarbeiten, weder Leistungsdruck noch komplizierte Freundschafts-Dynamiken wegstecken, die heute zu ihrem Alltag gehören. Dass sie trotz all dieser neuen Anforderungen trotzdem *nur* zwei Mal pro Tag ausrastet, ist also im Grunde genommen ein immenser Fortschritt. Und dennoch, klar: irre anstrengend. Doch solche Fortschritte zu sehen und darüber hinaus zu verstehen, welche Entwicklungsschritte es braucht, damit der Alltag mit einem gefühlsstarken Kind allmählich ruhiger werden kann, hilft Eltern dabei, nicht die Nerven zu verlieren.

Dass die Entwicklung echter Selbstregulationsfähigkeit bei Kindern so verflixt lange dauern kann, liegt vor allem daran, dass nicht nur Amygdala und Vagusnerv reifen müssen, damit Kinder ihre Emotionen und Impulse besser kontrollieren können –

auch der Neokortex spielt dabei eine wichtige Rolle. Er ist aus evolutionärer Sicht der jüngste Teil des menschlichen Gehirns und gilt außerdem als der, der uns zum Menschen macht: Mit diesem Hirnareal denken wir nach, wägen wir ab, beleuchten wir die langfristigen Konsequenzen unserer Entscheidungen. Dank ihm können wir Ziele entwickeln und langfristig verfolgen, Handlungen im Voraus planen, uns konzentrieren und unsere Aufmerksamkeit bewusst dahin lenken, wo wir sie haben wollen. Auch unser Gewissen und Moralempfinden sind in diesem Hirnbereich angesiedelt. Damit wir spontane Impulse und Reaktionen unterdrücken und uns bewusst entscheiden können, uns anders zu verhalten, als es für uns gerade am bequemsten oder schönsten wäre, braucht er viel Zeit zum Reifen.

In den ersten zwei Lebensjahren ist der Neocortex noch so gut wie gar nicht aktiv – was erklärt, warum Babys und Kleinkinder in dieser Zeit unmittelbar und ohne nachzudenken zubeißen oder -hauen, wenn ihnen etwas gegen den Strich geht. Erst im dritten Lebensjahr nimmt der Neocortex dann ganz langsam seine Arbeit auf, indem er anfängt, Informationen über die Folgen bestimmter Handlungen abzuspeichern. So lernen Kinder in dieser Zeit beispielsweise, Gesichtsregungen zu entschlüsseln: Wenn ich mit Essen werfe, guckt Papa wütend. Wenn ich mich ohne Widerstand in den Kindersitz schnallen lasse, guckt er hingegen entspannt. Aha. In einem zweiten Schritt lernen Kinder nun, wiederkehrende Muster in bestimmten Situationen zu erkennen und im Gehirn abzuspeichern. Zum Beispiel: Wenn ich ein anderes Kind haue, fängt es an zu weinen. Jedes Mal. Interessant. Dass kleine Kinder beginnen, diese Reaktionsmuster zu beobachten und abzuspeichern, bedeutet jedoch nicht, dass sie auch schon in der Lage wären, Konsequenzen aus ihren Beobachtungen zu ziehen. Sie sind sozusagen noch in der Erforschungsphase: Was passiert, wenn ich was tue? Die Auswertung erfolgt erst später. Von diesem Ausgangspunkt bis zur vollen Reife der Entwicklung des

Neocortex vergehen etwa 22 (!) Jahre. Ja, der Prozess, der den vernünftigen, wohlüberlegten und planvollen Teil des Gehirns immer öfter die Führung übernehmen lässt, dauert so lange, dass Jugendliche selbst im Teenageralter erst über ein zu 80 Prozent gereiftes Gehirn verfügen. Die 20 Prozent Hirnreife, die im Vergleich zu einem Erwachsenengehirn noch fehlen, liegen genau in diesem Bereich: Impulskontrolle, Selbstregulation, Überlegtheit, Stabilität.[6] Das heißt: Auch wenn unsere Kinder offiziell mit 18 erwachsen sind, ist die Entwicklung ihrer Reflexionsfähigkeit noch lange nicht abgeschlossen. Erst mit etwa 25 Jahren ist der Neokortex so weit ausgereift, dass er auch in extremen Stresssituationen die Führung behält. Das heißt: Zwischen ihrem dritten und ihrem fünfundzwanzigsten Lebensjahr befinden sich Kinder, Jugendliche und junge Erwachsene in einem ausgedehnten Entwicklungs- und Reifungsprozess, der die Weichen dafür stellt, wie sie später mit Stress und Frust, aber auch mit Herausforderungen und Zielen umgehen werden. Für gefühlsstarke Kinder ist dieser Entwicklungsprozess besonders wichtig, weil sie nur mit einem starken, selbstwirksamen Neokortex den emotionalen Stürmen in ihrem Inneren etwas entgegensetzen können. Gleichzeitig ist er für sie auch besonders schwer, weil der rationale Teil ihres Gehirns in ihrer hyperreaktiven Amygdala einen starken Gegenspieler hat. Versetzt die Amygdala ihr Gehirn nämlich erstmal in den für Gefahrensituationen vorgesehenen Kampf-oder-Fluchtmodus, kann der Neokortex dem nichts mehr entgegensetzen – er wird im Zuge dieses Überlebensmechanismus kurzzeitig schlicht ausgeschaltet.

Um ihre starken Gefühle und impulsiven Verhaltensweisen zu regulieren, müssen gefühlsstarke Kinder also die Fähigkeit entwickeln, ihre Gefühle und spontanen Reaktionsmuster mithilfe ihres Neocortex einzuordnen und zu reflektieren, bevor die Amygdala das Ruder übernehmen kann. Bis das zuverlässig gelingt, braucht es viel Übung. Die schlechte Nachricht: Dieser Übungsprozess passiert nicht automatisch. Abwarten allein reicht nicht, damit ein Kind seine Selbstregulationsfähigkeit entwickeln und schulen kann – sonst gäbe es keine Erwachsenen mit mangelnder Empathie und Selbstregulationsfähigkeit. Doch die gute Nachricht ist: Ob Kinder Selbstregulationsfähigkeit entwickeln, ist auch kein Zufall und keine Frage von Glück. Eltern müssen sich dafür auch nicht völlig verausgaben oder fehlerfrei erziehen. Sie müssen ihren Kindern nur einen Rahmen geben, in dem diese das in ihnen angelegte Potenzial zur Entwicklung hin zu einem sozialen, zur Selbstregulation fähigen Menschen entfalten können.

## Unzerbrechliche Kinder gibt es nicht

In den vergangenen Jahren wurde die Liste der Eigenschaften, die wir unseren Kindern fürs Leben mitgeben wollen, um ein weiteres Schlagwort reicher: Resilienz, also innere Stärke und Widerstandskraft auch unter schwierigen Bedingungen, heißt das Gebot der Stunde. Als Beleg für die Wunderwirkungen echter Resilienz werden gerne Geschichten von Kindern angeführt, die schier unerträgliches Leid erfahren mussten und trotzdem zu glücklichen, psychisch gesunden Erwachsenen herangewachsen sind. Für Eltern gefühlsstarker Kinder ist die Betonung der Wichtigkeit von Resilienz oft eine schwierige Botschaft. Schließlich wünschen sie ihrem Kind zwar nichts mehr als die innere Stärke, sich von all dem Unverständnis und den negativen Rückmeldungen, die es im Laufe seines Lebens erfährt, nicht unterkriegen zu lassen. Doch gleichzeitig ist Müttern und Vätern natürlich schmerzlich bewusst, dass gerade die große Verletzlichkeit ihrer gefühlsstarken Kinder eben auch mit sich bringt, dass sie sich den Stürmen des Lebens nicht stark und widerständig entgegenstellen, sondern von ihnen ordentlich durchgeschüttelt und gebeutelt werden. Deshalb ist es so wichtig, die wertvollen Erkenntnisse aus der Resilienzforschung nicht auf die schöne Geschichte von unverwundbaren Kindern zu reduzieren, die wie durch ein Wunder selbst schlimmstes Leid unbeschadet überstehen. Die wahre Botschaft, die das Wissen um die menschliche Resilienz für uns bereithält, ist nämlich die, dass es keine unverletzlichen Menschen gibt – aber viele Wege, die innere Widerstandskraft eines jeden Menschen zu stärken. Das heißt: Manche Kinder sind von Geburt an mit mehr Resilienz ausgestattet als andere, doch genau wie bei der Gefühlsstärke auch verändert sich diese angeborene Grundeinstellung mit den Erfahrungen, die ein Mensch im Laufe seines Lebens macht. Gefühlsstarke Kinder sind von Geburt an deshalb zwar verletzlicher und weniger resilient als andere Kinder, doch sie sind auch besonders offen für zwischenmenschliche Erfahrungen – und zwar die, die ihre innere Widerstandskraft stärken genauso wie die, die sie beschneiden. Das heißt: Bei gefühlsstarken Kindern geht die Schere in der Resilienzentwicklung noch deutlich weiter auseinander als bei anderen Kindern. Mit einer grundsätzlich eher geringen Resilienz geboren, werden gefühlsstarke Kinder, die in ihrem Umfeld nur wenig Verständnis und Unterstützung erfahren, oft immer noch weniger widerstandsfähig. Umgekehrt können gefühlsstarke Kinder, die in einer wertschätzenden, bestärkenden Atmosphäre groß werden, dadurch besonders stark in ihrer Resilienzentwicklung profitieren. Welche ganz praktischen Auswirkungen diese »Erfahrungsschere« auf die individuelle Entwicklung gefühlsstarker Kinder hat, lässt sich anhand verschiedener Studien eindrucksvoll zeigen. So haben gefühlsstarke Kinder im Schnitt zwar eine höhere Wahrscheinlichkeit für Verhaltensprobleme im späten Kindheits- und frühen Jugendalter[7], gehen mehr Risiken ein[8], haben häufiger als andere Kinder AD(H)S und andere Diagnosen[9] sowie eine Wahrscheinlichkeit für Drogenkonsum und andere riskante Verhaltensweisen im Jugendalter[10].

Gleichzeitig ist jedoch auch nachgewiesen, dass gefühlsstarke Kinder eine hohe Selbstregulationsfähigkeit erlernen können, wenn ihre Eltern einen respektvollen Erziehungsstil wählen und im Umgang mit ihrem Kind weitestgehend auf Druck und Strafen verzichten.[11] Unter solch günstigen Umständen, so die Psychologin Dr. Laura Markham, können gefühlsstarke Kinder mit ihrer besonderen Veranlagung mit dem Älterwerden sogar richtig glänzen: »Gefühlsstarke Kinder haben eine überdurchschnittlich starke intrinsische Motivation, das heißt, sie verfügen über einen kraftvollen inneren Antrieb, der sie oft zu leidenschaftlichen Führungspersönlichkeiten heranwachsen lässt. Sie sind weniger empfänglich für ›peer pressure‹, also den Druck, Gleichaltrigen gefallen zu wollen, und tun mehr das, was sie für richtig halten. Dass sie selber lernen wollen statt Wissen bloß wiederzugeben und dabei auch Grenzen in Frage stellen und übertreten, befeuert unter den richtigen Rahmenbedingungen ihren Erfolg.«[12] Dazu passt eine Untersuchung der Lebensläufe verschieden temperamentvoller Kinder, die zum Ergebnis hatte, dass rebellische, »schwierige« Kinder als Erwachsene im Schnitt mehr verdienen und häufiger eigene Unternehmen führen als ihre braveren Altersgenossen.[13]

Für uns Eltern gefühlsstarker Kinder bedeuten diese Forschungsergebnisse: Unsere Kinder haben nicht per se bessere oder schlechtere Chancen auf ein erfülltes, gesundes, glückliches Leben als andere Kinder. Aber sie haben eine erhöhte Wahrscheinlichkeit, in puncto Erfolg und Lebensglück entweder deutlich oberhalb oder unterhalb der Mittellinie zu landen. Sie bleiben ihrem Hang zu Extremen also treu. Damit stehen wir in einer besonderen Verantwortung: Gerade weil unsere Kinder ein erhöhtes Risiko für allerlei Probleme haben, liegt es an uns, die Weichen so zu stellen, dass die positiven Potenziale, die mit einer gefühlsstarken Persönlichkeit einhergehen, die schwierigen und gefährlichen Aspekte dieses besonderen Temperaments langfristig überstrahlen. Dabei ist es jedoch wichtig, nicht dem Irrglauben zu verfallen, ein gutes, liebevolles Elternhaus sei ein Garant für eine Persönlichkeitsentwicklung, wie wir sie uns für unsere Kinder wünschen. Denn auch wenn wir Eltern statistisch gesehen einen nicht zu unterschätzenden Einfluss auf die Entwicklung unserer gefühlsstarken Kinder haben, lässt sich daraus nicht ableiten, dass schwierige Verhaltensweisen und handfeste Probleme gefühlsstarker Menschen im Jugend- und Erwachsenenalter automatisch die Schuld ihrer Eltern seien. Leider kann auch die liebevollste Begleitung manchen Leidensweg nicht verhindern, manche Gefahr nicht bannen. Uns als Eltern zu bemühen, unseren gefühlsstarken Kindern alles mitzugeben, was sie für ein gutes Leben brauchen, ist keine Garantie dafür, dass sich dieser Wunsch erfüllt. Aber es ist der Weg, der mit der höchsten Wahrscheinlichkeit dazu führt, dass es unseren Kindern jetzt und später mit sich und ihrem besonderen Temperament gut geht.

## Vorsicht, Scharlatane: Wenn Hoffnung zum Geschäftsmodell wird

Viele Eltern gefühlsstarker Kinder empfinden in ihrem Alltag einen hohen Leidensdruck. Sie machen sich große Sorgen um ihr Kind, das so anders ist als andere und so oft traurig, wütend und unzufrieden wirkt. Gleichzeitig spüren sie, wie die geduldige Begleitung der heftigen Gefühlsausbrüche, ohne dass diese jemals besser zu werden scheinen, an ihren Nerven zehrt. Da ist es verständlich, dass sie sich oft an jeden Strohhalm klammern, der eine Verbesserung der Situation verspricht. Im Fall gefühlsstarker Kinder wird diese Hoffnung oft von Anbietern aller möglichen alternativen Heilmethoden geschürt. Kaum ein Elternteil eines gefühlsstarken Kindes, das nicht schon wahre Wundergeschichten gehört hätte von dieser einen tollen Heilpraktikerin, die sicher helfen kann, das Kind wieder in seine innere Balance zurückzuführen, bei diesem und jedem Kind habe das schließlich auch geklappt. Wundert es da, dass Eltern gefühlsstarker Kinder nicht selten ein kleines Vermögen investieren in Behandlungen, für deren Wirksamkeit es weder wissenschaftliche Evidenz noch eine medizinisch einleuchtende Erklärung gibt, die aber trotzdem so vertrauenserweckend wirken, dass man zumindest nichts unversucht lassen will? Problematisch daran: Gefühlsstärke ist keine Krankheit und keine Störung, sondern ein Temperament unter vielen. Deshalb verlangt sie weder nach einer Diagnose noch nach einer Therapie, sondern einem sozialen Umfeld, das dem gefühlsstarken Kind Verständnis entgegenbringt sowie Chancen bietet, seine Selbstregulationsfähigkeit zu trainieren. Wird einem Kind stattdessen irgendeine Pseudo-Diagnose samt Therapiebedarf gestellt, bekommen Kind wie Eltern dadurch das Signal, die Gefühlsstärke tatsächlich wie eine Krankheit zu sehen und zu behandeln. So wurden gefühlsstarken Kindern bereits Störungen in ihrer Aura, vorgeburtliche Bindungsprobleme, übertragene Mutterkonflikte früherer Generationen sowie fehlende nichtstoffliche Hüllen attestiert, die es dann in zeit- und geldaufwändigen Behandlungen zu beheben galt, meist von derselben Person, die die Diagnose überhaupt erst erstellt hatte. Für die betreffenden Kinder bedeutet das, seltsame und teilweise sehr unangenehme Behandlungen über sich ergehen zu lassen, die ihnen das Gefühl vermittelten, irgendwie krank zu sein. Und für Eltern endet dieser Weg oft mit einem beträchtlichen Loch im Portemonnaie – und der Erkenntnis, dass sich Gefühlsstärke weder wegpendeln noch sanft und natürlich wegmedikamentieren lässt.

Konkret heißt das: Gefühlsstarke Kinder sind gut und richtig, genauso, wie sie sind. Sie brauchen weder homöopathische Globuli noch eine Familienaufstellung, um ruhiger und »zentrierter« zu werden, noch irgendwelche anderen alternativen Therapien. Denn auch wenn es im ersten Moment so wirken mag, als könnten derlei Behandlungen nicht schaden und als würden sie vielleicht sogar kurzfristig eine Verbesserung bringen: Es hilft niemandem, wenn so getan wird, als gäbe es für die Alltagsprobleme mit gefühlsstarken Kindern eine wirksame Lösung, die man sich eben nur leisten können muss. Denn bei der Entwicklung und Stärkung der Selbstregulationsfähigkeit gibt es keine Abkürzungen und keine irgendwie geartete feinstoffliche Unterstützung. Das Einzige, was dabei hilft, kostet kein Geld, dafür aber jene Menge Zeit, Kraft und Nerven: die einfühlsame und gleichzeitig klare Begleitung unserer Kinder.

## Gefühlsstark Plus: Wenn zu einem besonderen Temperament eine medizinische Diagnose kommt

Viele Eltern reagieren verunsichert und verletzt, wenn ihnen aus ihrem Umfeld gespiegelt wird, mit ihrem Kind stimme doch etwas nicht, das sollten sie mal untersuchen lassen. Das ist verständlich, denn solche Aussagen zeugen oft von wenig Verständnis und Feinfühligkeit und fühlen sich eher wie unterschwellige Kritik an. Gleichzeitig kann dahinter natürlich auch echte Sorge stecken: Verweist das Verhalten dieses Kindes vielleicht wirklich auf irgendein medizinisches oder psychologisches Problem? Dass Müttern und Vätern allein dieser vage Verdacht oft schon Angst macht, zeigt, wie groß der Anpassungsdruck in unserer Gesellschaft ist, und welch ein Stigma nach wie vor mit Diagnosen wie etwa AD(H)S oder Autismus verbunden ist. Oft haben Eltern das Gefühl, ihr Kind würde mit einem solchen Befund in eine Box gesteckt, die es als unnormal abwertet. Deshalb vermeiden viele Familien eine sorgfältige professionelle Diagnostik ihres Kindes, so lange es irgend geht. Dabei kommt es teilweise vor, dass Eltern die Erklärung, ihr Kind sei eben gefühlsstark, für sich als Begründung hernehmen, um auf Diagnostik zu verzichten: »Wir kennen ja jetzt den Grund für seine Besonderheit.« Dabei bedeutet Gefühlsstärke nicht, dass ein Kind – oder auch ein Erwachsener – nicht zusätzliche Besonderheiten mitbringen kann, die sich tatsächlich im Rahmen einer psychologischen oder psychiatrischen Diagnostik erfassen lassen. Davor zurückzuscheuen, ist zwar menschlich verständlich, verschlimmert aber langfristig oft den Leidensdruck betroffener Familien. Denn eine professionelle Diagnose kann auch entlastend wirken. Sie erklärt, warum ein Mensch in bestimmten Teilbereichen seines Lebens besonders herausgefordert ist. Und, was fast noch wichtiger ist: Sie öffnet in unserem Gesundheitssystem die Tür für Unterstützungsangebote. Ob Nachteilsausgleich oder Schulbegleitung, Pflegestufe oder Medikamente: Es wäre schade, aus Angst vor Stigmatisierung auf passende Hilfen zu verzichten, wenn sie dem eigenen Kind zustehen und guttun. Deshalb ist es durchaus empfehlenswert, sehr gefühlsstarke Kinder, deren Reaktionsmuster im Alltag einen großen Leidensdruck bedeuten, in einer guten kinderpsychologischen oder kinderpsychiatrischen Praxis vorzustellen, in der auf Grundlage eines positiven, wertschätzenden Kinder- und Menschenbildes gearbeitet wird. Denn eine offizielle Diagnose ist nichts, was Eltern fürchten müssen: Sie wertet Kinder weder ab, noch steckt sie sie in eine Box. Sie liefert einfach nur eine Erklärung, warum ein Kind so ist, wie es ist – und eine Nummer für die Kostenstelle der Krankenkasse, damit entsprechende Hilfs- und Unterstützungsangebote auch bezahlt werden. Daran, dass jedes Kind wunderbar und einzigartig ist, ändern Diagnosen hingegen gar nichts.

*»›Machen Sie sich keine Sorgen, Ihr Kind ist eben sehr willensstark!‹ – Mit diesen Worten versuchte mich unsere Kinderärztin zu beruhigen, als meine Tochter gerade drei Jahre alt war. Schon damals hatte ich das Gefühl: Irgendetwas ist anders mit meinem Kind. Doch wo immer ich darüber sprach, wurde ich beschwichtigt: ›Manche Kinder sind eben so.‹ Als meine Tochter gerade in die Schule gekommen war, bedeutete ihr ›So-Sein‹ etwa, dass sie nach dem Unterricht nach Hause kam und erstmal völlig austickte. 30 bis 40 Minuten lang wütete und schrie*

*sie, schlug wild um sich und war nicht ansprechbar. Wieder versuchte ich, Hilfe zu bekommen, eine Zeit lang war meine Tochter sogar in einer Tagesklinik. ›Will sich Autoritäten nicht unterordnen‹, stand später im Entlassungsbericht, und weiter: ›wohl aufgrund einer reaktiven Bindungsstörung zur Mutter‹. Weil ich alleinerziehend bin und eine wirklich schwierige Trennung hinter mir habe, gingen die Ärzte automatisch davon aus, dass das Problem irgendwie bei mir lag. So verloren wir zwei weitere kostbare Jahre, bis ein erfahrener Psychiater endlich die richtige Diagnose stellte: Meine Tochter ist Asperger-Autistin. Ich weiß, dass viele Familien eine solche Diagnose fürchten, doch für uns war sie eine riesige Erleichterung: Endlich hatten wir schwarz auf weiß, dass mit unserer Bindung alles in bester Ordnung war, konnten eine Pflegestufe und eine Schulbegleitung für sie bekommen. Vor allem aber hatte auch meine Tochter selbst endlich eine Erklärung für ihr Anderssein. Sagte sie früher oft zu mir, sie glaube, sie komme von einem anderen Stern, weiß sie nun: Ihr Gehirn arbeitet anders als das anderer Menschen. Das leuchtet ihr ein und entlastet sie zugleich: Mit mir ist nichts verkehrt, ich ticke eben nur ein bisschen anders.*

*Natürlich ist unser Alltag immer noch voller Herausforderungen: Weil es meiner Tochter sehr schwerfällt, die Emotionen anderer Menschen zu lesen, eckt sie immer wieder an. Und wenn sie sich von der Welt mal wieder unverstanden und überfordert fühlt, hat das sogenannte Meltdowns zur Folge, heftige Gefühlsausbrüche, bei denen ich schon so manchen blauen Fleck davongetragen habe. Auch für ihre beiden Geschwister ist das Zusammenleben mit ihrer autistischen kleinen Schwester nicht leicht: Die Kleine bindet einfach unglaublich viel Aufmerksamkeit und Energie, sodass für meine beiden Älteren oft zu wenig übrig bleibt.*

*Doch insgesamt geht es uns allen deutlich besser, seit wir wissen, was wirklich hinter dem Anderssein meiner jüngsten Tochter steckt. So bitter ich es finde, dass wir so lange um die richtige Diagnose kämpfen mussten, so froh bin ich, dass ich auf mein Bauchgefühl gehört*

*habe, das mir von Anfang an sagte: Dieses Kind ist nicht einfach nur sehr willensstark – da steckt mehr dahinter!«*
***Christine***

## Schluss mit den Vorurteilen! Was jeder über gefühlsstarke Kinder wissen sollte

Wir haben heute so viel Wissen über gefühlsstarke Kinder. Und gleichzeitig das Problem, dass dieses Wissen so wenig verbreitet ist. Stattdessen regieren Vorurteile und grundfalsche Annahmen darüber, wieso Kinder sich herausfordernd verhalten und was Eltern dagegen tun müssten. Mütter und Väter gefühlsstarker Kinder müssen sich im Alltag also nicht nur mit den intrinsischen Herausforderungen herumschlagen, die das Leben mit einem hochemotionalen Energiebündel so mit sich bringt, sie müssen sich zusätzlich auch noch gegen all die Vorwürfe und all das Unverständnis wappnen, das ihnen in unserer Gesellschaft permanent entgegenschlägt. Das führt dazu, dass wir uns in der Öffentlichkeit oft härter und unnachgiebiger geben, als wir sind, um bloß nicht als verweichlichte Loser dazustehen, die ihr Kind nicht im Griff haben. So kennen wohl alle Eltern gefühlsstarker Kinder den Impuls, vorbeigehenden Fremden gegenüber mit einem genervten Augenrollen zu signalisieren, dass wir das Verhalten unseres Kindes gerade genauso unmöglich finden wie sie. Dieser Impuls entspringt unserer Sehnsucht nach Rückhalt und Solidarität, führt aber in der Praxis oft dazu, dass wir unserem Kind genau diese entziehen, indem wir uns mit denen gemein machen, die sein schwieriges Verhalten als unangemessen und störend abstempeln, und nicht als den Ausdruck unkontrollierbar großer Gefühle verstehen, der es ist. Um uns den fiesen Unterstellungen gegenüber uns und unseren Kindern selbstbewusst und klar entgegenstellen zu können, ist es deshalb wichtig, sich bewusst zu machen, welche

Falschannahmen über gefühlsstarke Kinder und ihre Familien es ganz genau sind, die uns jeden Tag aufs Neue das Leben schwer machen – und welche davon wir vielleicht sogar selbst unbewusst zumindest teilweise verinnerlicht haben.

## Die erste Falschannahme: Schwierige Kinder sind einfach schlecht erzogen

Das wohl gemeinste und gleichzeitig am weitesten verbreitete Vorurteil: Verhalten sich Kinder auffällig und schwierig, müssen die Eltern irgendwas falsch gemacht haben. Schließlich weiß doch jeder, dass Kinder quasi der Spiegel ihrer eigenen Erziehung sind. Bekommen sie gutes Sozialverhalten vorgelebt, zeigen sie gutes Sozialverhalten. Legen ihre Eltern Wert auf bestimmte Werte und Normen, tun sie das auch. Und wenn man Kindern dann noch genug Liebe und Aufmerksamkeit schenkt, kommt das tadellose Benehmen wie von allein. Es gibt tatsächlich viele Menschen, die genau das glauben. Und damit die Macht der Erziehung maßlos überschätzen – oft, weil sie selbst bislang nur Erfahrungen mit der großen Mehrheit der von Natur aus eher regulationsstarken Kinder sammeln durften, die diese Theorie zu bestätigen scheinen: Gute Eltern – wohlerzogene Kinder.

Die Wirklichkeit ist jedoch komplizierter: Klar gibt es Kinder, in deren schwierigem Verhalten sich ungünstiges Erziehungsverhalten widerspiegelt – eine Bindungsstörung kann sich durchaus ähnlich äußern wie Gefühlsstärke und hat doch eine völlig andere Ursache. Doch für die große Mehrzahl der oft als schwierig empfundenen Kinder gilt: Ihre Eltern sind unglaublich engagiert, liebevoll, zugewandt und klar. Sie nehmen ihren Job als Mutter oder Vater ausgesprochen ernst und arbeiten pausenlos daran, es ihrem Kind zu ermöglichen, soziale Erwartungen zu erfüllen und sich in unsere Gesellschaft so einzufügen, dass sie Freunde finden, Hobbys pflegen, Regeln einhalten und die Herausforderungen des Alltags gut bewältigen können. Sie sind nicht nur gute Eltern, sie sind fantastische Eltern. Weil sie es sein müssen. Denn mit einem gefühlsstarken Kind rächt sich jeder blöde Fehler im Umgang mit dem eigenen Kind doppelt. Heißt das, dass Eltern gefühlsstarker Kinder keine Fehler machen? Natürlich nicht – perfekte Eltern gibt es nicht und muss es auch gar nicht geben. Aber ein gefühlsstarkes Kind mit Liebe und Klarheit, Verständnis und Bestärkung ins Leben zu begleiten, ist das genaue Gegenteil von schlechter Erziehung.

### Die zweite Falschannahme: Eltern dürfen keine Rücksicht auf ihr Kind erwarten

»Zuhause können Sie mit Ihrem Kind ja umgehen, wie Sie wollen, aber bei uns gibt es nun mal Regeln, die für alle gelten« – Aussagen wie diese begegnen Eltern von Kindern, deren Verhalten nicht immer der sozialen Norm entspricht, überall: In der Schule, im Sportverein, beim Kommunionsunterricht. Und natürlich steckt in diesem Satz ein wahrer Kern: Wo mehrere Kinder zusammenkommen, ist es schwierig, den Bedürfnissen jedes Einzelnen hundertprozentig entgegenzukommen. Doch das erwarten Eltern gefühlsstarker Kinder in den allermeisten Fällen auch gar nicht. Im Gegenteil: Sie investieren unendlich viel Zeit und Energie darauf, ihr Kind auf derlei Situationen so vorzubereiten, dass es möglichst wenig aneckt oder stört – weil sie wissen, dass Lehr- oder Trainingspersonal in einer Gruppensituation nicht leisten kann, was sie zu Hause jeden Tag leisten. Weil sie wollen, dass ihr Kind keine Sonderbehandlung braucht. Weil ihnen nichts unangenehmer ist, als um Ausnahmen von der Regel zu bitten. Doch zu erwarten, dass Eltern sämtliche Auffälligkeiten im Verhalten ihres gefühlsstarken Kindes bitte allein und zu Hause bearbeiten, damit es in Schule, Sportverein und Co nicht auffällt, ist ein unrealistischer Anspruch, der nahezu zwangsläufig in der völligen Überforderung betroffener Eltern endet. Denn damit gefühlsstarke Kinder ihre Selbstregulationsfähigkeit stärken und einen gesunden Umgang mit ihren großen, intensiven Gefühlen erlernen können, ist es wichtig, dass sie von verschiedenen Menschen in ihrem sozialen Umfeld auf diesem Weg begleitet und unterstützt werden – nicht nur von uns Eltern. Im Klartext heißt das: Gefühlsstarken Kindern ein Lebens- und Lernumfeld zu geben, in dem sie sich angenommen und sicher fühlen und ihre Potenziale entfalten können, ist nicht die Privatangelegenheit betroffener Familien, sondern eine gesamtgesellschaftliche Aufgabe. Deshalb ist es auch nicht zu viel verlangt, von Menschen, die mit Kindern arbeiten, zu erwarten, dass sie sich auf Jungen und Mädchen mit einem für sie vielleicht ungewohnt intensiven Verhalten einlassen und gemeinsam mit den jeweiligen Eltern nach Lösungen suchen, auch diese Kinder gut in die Gruppe zu integrieren. Schließlich geht es dabei nicht darum, Extra-Würste für verwöhnte Prinzen und Prinzessinnen zu braten, sondern um Inklusion im besten Sinne: Die Haltung, dass jeder Mensch ein Recht auf die Unterstützung hat, die er braucht, um seinen Platz in der Mitte der Gesellschaft zu finden und einzunehmen.

### Die dritte Falschannahme: »Pflegeleichte« Kinder haben ein Recht darauf, nicht von »schwierigen« Kindern behelligt zu werden

Gefühlsstarke Kinder können verflixt anstrengend sein – auch für andere Kinder. Wenn sie ihre Wut nicht im Griff haben und beißen und um sich schlagen, wenn sie vor lauter Überschwänglichkeit im Spiel andere umschubsen oder grob anfassen, wenn sie Grenzen übertreten und Unruhe in die Gruppe tragen – in all diesen Fällen ist es kein Wunder, dass andere Eltern genervt sind und sich fragen: Muss das wirklich sein, dass mein nettes, unkompliziertes Kind unter diesen Rowdys leidet? Dahinter steckt in erster Linie der absolut verständliche Impuls, das eigene Kind zu schützen – vor körperlichen Übergriffen, aber auch vor der Lautstärke und Unruhe, die von den fremden Störenfrieden ausgehen. Oft schwingt in diesem Anspruch jedoch auch stilles Verurteilen mit: »Wenn andere es schon nicht hinkriegen, ihr Kind richtig zu erziehen, soll das nicht unser Kind ausbaden müssen, das sehr gut weiß, was sich gehört.« Tatsache ist: Es ist erste Erwachsenenpflicht, dafür zu sorgen, dass Kinder vor seelischen und körperlichen Übergriffen auch untereinander geschützt werden. Hat ein Kind seine Wut nicht im Griff, dürfen dadurch andere nicht gefährdet werden. Insofern ist der Anspruch von Eltern, ihr Kind möge gefälligst vor den Ausrastern eines anderen Kindes wirksam geschützt werden, völlig gerechtfertigt. Nicht gerechtfertigt ist jedoch die Erwartung, anstrengende Kinder mögen doch am besten vollständig aus dem Umfeld unauffälligerer Kinder entfernt werden, da jene ohnehin nur die Gruppe aufmischten und störten und unverhältnismäßig viel Aufmerksamkeit abzögen. Ob in der Schule oder beim Judo gilt jedoch: Es gibt kein Recht darauf, ausschließlich von unkomplizierten Zeitgenossen umgeben zu sein. Dass unterschiedliche Kinder mit unterschiedlichen Temperamenten aufeinandertreffen, ist vielmehr normal und wichtig – für alle Beteiligten. Denn so anstrengend und schwierig gefühlsstarke Kinder manchmal sein können, so herzensgut und liebevoll können sie sich zeigen, wenn es ihnen gut geht, sie sich wohl und angenommen fühlen.

Gruppenerfahrungen bergen deshalb für alle Kinder ein großes Lernpotenzial: Gefühlsstarke Kinder bekommen ehrliche Rückmeldungen von Gleichaltrigen, welches Verhalten okay und welches »drüber« ist, und können so ihre Sozialkompetenz und ihre Selbstregulationsfähigkeit schulen. Und nicht gefühlsstarke Kinder machen die Erfahrung, dass Menschen unterschiedlich sind und es okay ist, dass manche mit gewissen Herausforderungen mehr zu kämpfen haben als andere. Je stärker die verantwortlichen Erwachsenen diese wertschätzende Grundhaltung vorleben, desto selbstverständlicher werden auch die Kinder sie verinnerlichen.

## Die vierte Falschannahme: Manche Kinder sind einfach Arschlochkinder

Eine besonders verletzende Einstellung gegenüber in irgendeiner Weise schwierigen Kindern und ihren Familien ist die These, manche Kinder seien eben von Natur aus unsympathische, unangenehme Charaktere. Dahinter steckt das Weltbild, dass bei manchen Kindern sozusagen Hopfen und Malz verloren sei: Einmal schwierig, immer schwierig. Besser meiden, solche Menschen. Arschlochkind bleibt Arschlochkind.

Nichts, wirklich gar nichts ist unwahrer als diese Annahme. Es gibt keine schlechten Kinder. Nur schlechtes Verhalten, und das ist immer ein Symptom für etwas anderes: Stress, Überforderung oder Reizüberflutung, Frust oder Wut, Angst oder Traurigkeit. Ein Kind, das sich problematisch verhält, ist kein Problem, es hat ein Problem. Es braucht Hilfe, keine Verurteilung.

## Die fünfte Falschannahme: Dank Helikoptereltern gibt es immer mehr anstrengende Kinder

Der Begriff Helikoptereltern hat Hochkonjunktur. Besonders häufig findet er Verwendung, wenn Eltern sich von anderen Eltern abgrenzen wollen – denen, die es übertreiben, die wirklich mal ein bisschen lockerlassen könnten, die offensichtlich die Grenze zwischen Fürsorge und Überfürsorge überschreiten. Ursprünglich in den USA als Begriff für Eltern geprägt, die ihren bereits erwachsenen Nachwuchs einfach nicht loslassen können und wie besorgte Helikopter über den Universitäten und Colleges junger Erwachsener kreisen, findet der Begriff mittlerweile Verwendung für alle Eltern, die nach Ansicht anderer zu viel des Guten tun – und zwar vom Babyalter ihres Kindes an.

Das Problem dabei: Helikopter-Eltern, das sind immer die anderen. Niemand stellt sich hin und sagt: Ich helikoptere gern und viel. Weil es aber auch keine klare Definition dafür gibt, wann

Helikoptern beginnt, wird viel mit gefühlten Wahrheiten operiert: »Ein Kind mit fünf noch bis in die Umkleidekabine zu begleiten, muss ja wohl nicht sein.« »Mit sieben kann man doch allein zur Schule laufen.« »Wenn ein Kind mit neun noch Mamas Hand zum Einschlafen braucht, ist doch irgendwas schiefgelaufen.« Es ist nicht schwer, eine große Anzahl Menschen zu finden, die solchen Pauschalaussagen zustimmen würde – basierend auf eigenen Kindheitserinnerungen sowie auf Erfahrungen mit den eigenen Kindern. Und auch viele Experten sind sich nicht zu schade dafür, bestimmte Reifeschritte an konkrete Altersangaben zu knüpfen, als sei jedes Kind mit fünf, sieben oder neun Jahren zu exakt denselben Dingen in der Lage und emotional bereit.

Doch gerade gefühlsstarke Kinder passen oft nicht in dieses Raster: Während sie in manchen Punkten ihrer Entwicklung ihren Altersgenossen oft weit voraus sind, brauchen sie für andere Entwicklungsschritte signifikant länger. Die Folge: Richten sich Eltern in Sachen Selbstständigkeitsentwicklung nach dem individuellen Entwicklungstempo ihrer gefühlsstarken Kinder, stehen sie schnell als Helikoptereltern dar – weil sie ihr Kind auch dann noch begleiten, wenn andere Kinder vieles schon alleine regeln können. Weil sie Schwierigkeiten ihrer Kinder ernst nehmen, auch die, die die meisten Gleichaltrigen schon längst überwunden haben. Weil sie wissen, dass das Gras nicht schneller wächst, wenn man daran zieht. Bei der individuellen Suche nach alltagstauglichen Lösungen kommen dann manchmal Szenarien heraus, bei denen andere Eltern die Hände über dem Kopf zusammenschlagen: Eltern, die ihre Zweitklässlerin jeden Morgen im Bett unter der warmen Decke anziehen, damit sie im Bad nicht friert und sich mit dem Start in den Tag leichter tut. Dritt- und Viertklässler, die immer noch jeden Tag bis zum Schultor begleitet werden. Mütter und Väter, die während des Schwimmtrainings das Bad nicht verlassen. Hinter all diesen Entscheidungen steht eine Geschichte, ein ganz persönliches Abwägen von Für und Wider, Preis und Ertrag, der für

Außenstehende oft nicht zu verstehen ist. Ja, selbst das Anföhnen der Klobrille am Morgen – das Beispiel für Helikopterelterntum, über das 2018 ganz Deutschland lachte – kann im Zusammenleben mit einem gefühlsstarken Kind durchaus ein kreativer und in sich schlüssiger Weg sein, ein tagtägliches Problem mit einem extrem sensiblen Kind, das jeden Sinnesreiz hundertfach verstärkt wahrnimmt, schnell und pragmatisch zu lösen. Konkret heißt das: Es gibt weder immer mehr Helikoptereltern, noch immer mehr gefühlsstarke Kinder – der Anteil der Menschen mit dieser Persönlichkeitsstruktur ist seit Jahrtausenden konstant. Was es jedoch gibt, sind immer mehr Kinder, die so sein dürfen, wie sie sind. Und mehr Eltern, die versuchen, auf die individuellen Bedürfnisse ihrer Kinder einzugehen, anstatt sie in ein unpersönliches Schema zu pressen, wonach jedes Kind in einem bestimmten Alter bestimmte Selbstständigkeits-Meilensteine erreicht haben muss, egal wie es ihm damit geht.

DRITTES KAPITEL

# Von Bedürfnissen und Wünschen: Gefühlsstarke Kinder besser verstehen

## Die Bedürfnisse hinter den Gefühlen sehen

Wie wir auf unser Gegenüber reagieren, hat immer damit zu tun, wie gut wir uns in sein Denken und Fühlen hineinversetzen können. Sehen wir etwa ein wild fauchendes Tier, gehen wir vielleicht davon aus, dass es aggressiv und gefährlich ist, und nehmen eine entsprechende Abwehrhaltung ein. Sehen wir dann, dass das Tier mit seinen Pfoten in einer fiesen Falle steckt, ändert sich unsere Einschätzung der Situation schlagartig – und damit auch unsere emotionale Reaktion. Statt Angst und Abwehr spüren wir plötzlich Mitleid. Das wilde Fauchen des Tieres, das wir gerade noch als aggressiv empfanden, stellt sich uns nun als Verzweiflung dar. Statt wegzurennen, haben wir den Impuls zu helfen. Und all das nur, weil wir plötzlich ein Detail sehen, das uns vorher entgangen ist.

Genauso verhält es sich im Umgang mit unseren Kindern. Hören wir sie nur ohne ersichtlichen Grund fauchen und wüten, ist unsere erste emotionale Reaktion Abwehr und Rückzug. Sehen wir hingegen, welche Not hinter ihrem wilden Gebaren steckt, entdecken wir die Falle, in der sie gerade stecken, werden in uns Mitgefühl und der Wunsch zu helfen geweckt. Deshalb ist es so wichtig, dass wir lernen, unsere Kinder und ihre oft unsinnig wirkenden Verhaltensweisen zu verstehen. Denn Verständnis bahnt den Weg zu Mitgefühl, und mit wem wir mitfühlen, mit dem sind wir auch in größtem Stress verbunden. Genau das ist es, was unsere Kinder von uns brauchen.

## Ich liebe dich! Ich hasse dich! Im Wechselbad der Gefühle

Auf überschwängliche Liebesschwüre folgen wutschnaubende Beschimpfungen: Was gefühlsstarke Kinder ihren Eltern so alles an den Kopf werfen, lässt Außenstehende oft empört nach Luft schnappen: »Also mein Kind würde sowas ja *nie* sagen!« Das kann gut sein. Doch gefühlsstarke Kinder sind nicht wie andere Kinder. Sie leben, denken und fühlen nicht nur in Extremen – sie schöpfen auch in ihrer Sprache die ganze Bandbreite der Ausdrucksmöglichkeiten aus. So feinsinnig und differenziert sie in ruhigen Momenten über ihr Fühlen und Erleben sprechen können, so wortgewaltig holen sie aus, wenn sie sich gerade mal wieder mitten im Auge eines Gefühlsorkans befinden.

»Ich hasse dich! Ich wünschte, du wärst tot!« – es ist nicht ungewöhnlich, solch eine Verwünschung von einem acht-, neun- oder zehnjährigen gefühlsstarken Kind zu hören, dessen Frust sich gerade an einem Elternteil (oder leider manchmal auch an einem Geschwisterkind) entlädt. Das klingt schockierend und verletzend – und ist doch nichts anderes als das verbale Äquivalent des hilflosen Um-sich-Schlagens eines überforderten Kleinkinds. Die wichtigste und zugleich schwerste Aufgabe für Eltern ist, solche Äußerungen weder wörtlich noch persönlich zu nehmen, sondern durch die wüsten Beschimpfungen hindurch die hilflose Verzweiflung zu sehen, die hinter dem erratischen Ausbruch steht. So, wie unsere Kinder sämtliche Sinneswahrnehmungen hundertfach stärker fühlen als andere, so drücken sie ihre Gefühle oft auch hundertfach stärker aus. Und so, wie es uns im Alltag oft hilft, unsere Kinder besser zu verstehen, wenn wir uns jedes laute Geräusch als ohrenbetäubenden Krach, jedes Licht als Feuerwerk, jedes Kratzen auf der Haut als schier unerträglichen Schmerz vorstellen, so kann es uns im Fall solcher verbaler Entgleisungen umgekehrt nützen, sie uns andersrum zurück zu übersetzen.

»Ich hasse dich« heißt aus dem Mund eines gefühlsstarken Kindes nichts anderes als »Ich ärgere mich gerade über dich«, und aus dem bedrohlichen »Ich wünschte, du wärst tot« wird ohne das Brennglas der Gefühlsstärke ein harmloses »Geh weg, du nervst«. Solche inneren Übersetzungshilfen zu benutzen kann Eltern helfen, in stressigen Situationen selbst Ruhe zu bewahren, anstatt sich über das unmögliche Gebaren des eigenen Kindes so aufzuregen, dass sie ihm überhaupt nicht mehr beistehen können. Was hingegen überhaupt nicht hilft, sind schnippische oder sarkastische Antworten wie »Prima, dann kannst du dir ja morgen selbst dein Mittagessen kochen, wenn ich am liebsten tot sein soll«. Genau dieses Wörtlich-Nehmen verschärft die Eskalation nur, ebenso wie jeder Versuch einer schlagfertigen Antwort das ohnehin schon völlig überforderte Kind noch weiter in die Enge treibt.

Heißt das, wir Eltern müssen uns von unseren Kindern beleidigen und beschimpfen lassen, ohne eine Regung zu zeigen? Natürlich nicht: Haben sich die Gemüter wieder beruhigt, ist es durchaus wichtig und richtig, über die Macht von Worten zu sprechen und darüber, wie Menschen starke Wut und großen Frust ausdrücken können, ohne andere dabei zu verletzen. Doch in dem Moment, in dem ein gefühlsstarkes Kind so ausrastet, ist kein Platz für derlei Reflektionen. Da braucht es die Fähigkeit, über solchen Beschimpfungen zu stehen, und die ruhigen, verlässlichen Rettungsanker zu sein, die das aufgelöste Nervenbündel vor uns jetzt braucht.

## Neue Farben in der Palette: Welche Gefühle jetzt hinzukommen

Wenn Kinder klein sind, sind ihre Gefühle groß und mächtig, und gleichzeitig meist relativ leicht zu erkennen und zu verstehen: Fröhliche Kinder lachen, traurige Kinder weinen, wütende Kinder wüten. Je jünger Kinder sind, desto weniger wissen sie von den Masken, die wir in unserer Gesellschaft oft über Gefühle legen, gerade über die sozial schwierigen oder unerwünschten. Stattdessen zeigen sie ganz offen und unverstellt, wie es ihnen geht. Das ist für uns Erwachsene manchmal unangenehm oder peinlich, gleichzeitig hilft es uns, die Stimmungen unserer Kinder zu »lesen« – wir sehen ja, wie es ihnen geht. Werden Kinder älter, verinnerlichen sie immer stärker die sozialen Normen, die sie umgeben. Sie lernen, dass Lächeln immer gut ankommt, Wutausbrüche hingegen weniger. Sie machen die Erfahrung, dass Kinder netter behandelt werden, wenn sie bestimmte Gefühlsregungen und Impulse für sich behalten. Sie spüren, dass es Gefühle gibt, die den Erwachsenen in ihrem Umfeld so unangenehm sind, dass sie selbst höchst unangenehm werden – und versuchen diese Gefühle daraufhin so gut sie können zu unterdrücken. All dies geschieht nicht bewusst, sondern ist Teil eines uralten Wirkmechanismus, der es uns Menschen seit Jahrtausenden ermöglicht, in Gruppen zusammenzuleben: Wir alle tragen die Fähigkeit in uns, die unausgesprochenen Regeln unserer Gemeinschaft zu erspüren und fühlen den Drang, uns daran anzupassen. So verändert sich je nach Kultur, in der Kinder aufwachsen, ihr Umgang mit ihren eigenen Emotionen. Dabei spielen auch subtile Botschaften über Geschlechterbilder eine Rolle: Kleine Jungen lernen in unserer Kultur etwa nach wie vor oft, ihre Traurigkeit lieber als Wut zu kaschieren, während Mädchen verinnerlichen, ihre Wut besser als Traurigkeit auszudrücken. In gleichem Maße, in dem Kinder zusehends lernen, welche Strategien zum Umgang mit Gefühlen ihre Kultur ihnen anbietet und von ihnen erwartet, verändert sich in der fortschreitenden Kindheit jedoch auch die Palette der Gefühle selbst:

**Babys** kennen zwei Grundgefühle: Das Gefühl von Sicherheit und Geborgenheit, und das von Angst und Gefahr. Für ihre gesunde emotionale Entwicklung ist es wichtig, dass das Sicherheits- und Geborgenheitsgefühl zum bestimmenden Gefühl ihres Lebens wird. So entsteht das sogenannte Urvertrauen.

**Kleinkinder** brauchen ein Grundgefühl von Sicherheit und Geborgenheit, um weitere wichtige Gefühle entdecken zu können: Interesse und Neugierde, Liebe und Verbundenheit, Freude und Glück. Doch auch Wut, Eifersucht, Traurigkeit und Angst sind Gefühle, die Kinder nun kennen und voneinander unterscheiden lernen, wenn sie von vertrauten Bezugspersonen benannt und begleitet werden.

**Vorschulkinder** entwickeln ein erstes Gefühl für Schuld und Scham, aber auch für Empathie – ein Zeichen dafür, dass sie nun soziale Erwartungen spüren und erfüllen wollen. Beim Umgang mit diesen Gefühlen brauchen sie aber noch viel Hilfestellung.

**Schulkinder** lernen Verantwortungsgefühl und Solidarität sowie ein differenzierteres Gefühl dafür, wann sie Nähe und wann sie Distanz brauchen.

**Jugendliche** entdecken, dass das Gefühl von Liebe noch viel mehr Facetten hat als bisher angenommen. Sie entwickeln außerdem ein Konzept von Würde und Respekt, und differenzieren zwischen dem Gefühl, sich fremd im eigenen Körper zu fühlen oder in sich zu Hause zu sein. Weil sie nicht mehr ausschließlich im Hier und Jetzt leben, lernen sie das Gefühl von Sehnsucht und Nostalgie kennen. Sie entwickeln nun die Fähigkeit, Ironie, Sarkasmus und Zynismus zu erkennen, zu verstehen und selbst zu verwenden, als Strategie, um Schmerz und Bitterkeit die Schärfe zu nehmen.

## Mit neuen Gefühlen umgehen lernen

Es liegt also in der Natur des Menschen, ein reiches Emotionsleben zu haben, das sich vom Baby- hin zum Erwachsenenalter immer weiter auffächert und ergänzt. Da könnte man meinen, Kinder und Jugendliche seien dementsprechend auch von Natur aus gut darauf vorbereitet, mit dieser ständig wachsenden Fülle der Gefühle gut umzugehen. Zum Teil stimmt das auch: Mit fortschreitender Hirnreife können auch immer komplexere und vielfältige Emotionen erfasst und eingeordnet werden. Für Kinder und Jugendliche, die alle Gefühle sehr intensiv wahrnehmen, stellen gerade die immer wieder neu hinzukommenden Emotionen trotzdem eine große Herausforderung dar. Es ist, als müssten sie lernen, mit immer mehr Bällen zu jonglieren. Kaum haben sie den Umgang mit großer Freude, wilder Wut und tiefer Traurigkeit einigermaßen drauf, müssen sie auch noch heftige Scham- und Schuldgefühle verarbeiten. Haben sie das gemeistert, kommen schon Sehnsucht und Einsamkeit dazu sowie das unheimliche Gefühl, sich selbst fremd zu sein und erst seinen Platz in der Welt finden zu müssen. Kein Wunder, dass gerade Menschen, die sämtliche Gefühle besonders stark spüren, im Zuge dieses Prozesses manchmal an ihre Grenzen kommen, sich hilflos und überfordert fühlen. Da kann es helfen, heranwachsenden Kindern und Jugendlichen **zehn Wahrheiten** zum Thema Gefühle zu vermitteln, die zusammenfassen, was wir heute über den menschlichen Gefühlshaushalt wissen:

### 1. Gefühle können nicht zu groß sein

Es gibt kein richtiges Maß an Traurigkeit, Freude oder Wut – Menschen fühlen unterschiedlich und so intensiv, wie es ihrer Persönlichkeit und ihrem Erleben entspricht.

### 2. Gefühle brauchen keinen guten Grund

Es ist müßig, darüber zu diskutieren, ob eine bestimmte emotionale Reaktion angemessen ist – entscheidend ist, dass sie durch irgendetwas ausgelöst wurde und jetzt schlicht da ist.

### 3. Gefühle wirken nach außen und nach innen

Wie ich mich fühle, hat nie nur Einfluss auf mich selbst, sondern auch auf die Menschen um mich herum. Es ist nicht meine *Schuld*, wenn meine Gefühle auch bei anderen Menschen emotionale Reaktionen auslösen – diese Gefühle sind aber auch nicht weniger valide als meine.

### 4. Gefühle lassen sich nicht einfach wegdrücken

Natürlich können wir lernen, Gefühle nicht zu zeigen – doch damit sind sie nicht verschwunden. Stattdessen wirken unterdrückte Gefühle in uns weiter und brechen oft in anderer Form erneut durch.

### 5. Gefühle brauchen Antworten

Unerträglich werden Gefühle immer dann, wenn sie ins Leere laufen – wenn wir also unsere Emotionen zeigen und keine Reaktion zurückkommt. Denn wir Menschen suchen intuitiv nach Verbindung. Zeigen uns andere, dass sie unsere Gefühle sehen und ernst nehmen, fühlen wir selbst uns gesehen und ernst genommen.

### 6. Gefühle existieren gleichzeitig

Oft stellen wir uns Gefühlszustände eindimensional vor: Ein Mensch ist entweder traurig oder fröhlich, entweder glücklich oder enttäuscht, entweder voller Angst oder voller Vorfreude. In Wirklichkeit können Menschen viele Gefühle gleichzeitig in sich vereinen, auch sehr widersprüchliche.

### 7. Gefühle lassen sich nicht anteilig herunterdimmen

Wenn Gefühle zu groß, zu schmerzhaft, zu mächtig werden, ist eine Schutzreaktion unseres Körpers oft, die gesamte Wirkkraft der Gefühlspalette auf ein Minimalmaß herunterzuregeln. Das fühlt sich ein bisschen an wie betäubt sein: Jedes Gefühl ist plötzlich nur noch vage zu erspüren, als sei eine dicke Decke darüber gelegt. So hilfreich diese Gefühlstaubheit in extrem belastenden Situationen kurzfristig sein kann, so ungünstig ist sie langfristig: Der Körper kann nämlich nicht nur die dunklen Gefühle ausblenden, sondern wenn, dann alle auf einmal. Die unmittelbare Folge dieser Gefühlstaubheit ist also, auch kaum noch Freude, Glück und Lebensfreude zu spüren.

## 8. Manchmal sind Gefühle erblich

Jeder Mensch erlebt Angst, Wut oder Schuldgefühle unterschiedlich stark – doch wenn ein Kind oder Jugendlicher ein einzelnes Gefühl besonders intensiv erlebt und auslebt, liegt das manchmal auch daran, dass dieses Gefühl in seiner Familie besonders viel Raum einnimmt. So können besonders ängstliche Eltern ihrem Kind ihre Angst vererben. Manchmal geben Eltern ihren Kindern jedoch auch unbewusst Gefühle weiter, die sie sich selbst nicht auszuleben trauen – so wird dann beispielsweise die ganze eigene, nie ausgelebte Wut ans Kind weitergereicht. Solche Dynamiken aufzudecken und zu verstehen, kann dabei helfen, Kinder von der Last eines solchen Erbes zu befreien.

## 9. Gefühle verstecken sich oft hinter anderen Gefühlen

Gefühlsstarke Kinder wirken oft ungeheuer schnell wütend – doch hinter den aggressiven Ausbrüchen steht oft keine Wut an sich, sondern ein anderes »Schattengefühl«, das sich hinter der Wut versteckt: Traurigkeit, Angst oder Einsamkeit zum Beispiel. Wer scheinbar grundlos oder aus nichtigem Anlass heraus zornig wird, übertreibt also nicht, sondern lebt mit diesem Wutausbruch eine andere, tiefer liegende Emotion aus, die ihm oft selbst gar nicht bewusst ist. Zu dieser Wurzel vorzudringen, ist der Schlüssel, die Wut in den Griff zu bekommen.

## 10. Gefühle lassen sich regulieren

Viele Menschen haben das Gefühl, dass sie im Umgang mit ihren Gefühlen nur zwei Möglichkeiten haben: Rauslassen oder

Runterschlucken. Doch es gibt noch einen dritten Weg – und das ist der seelisch gesündeste: Gefühle selbst regulieren. Das heißt: Die eigenen Gefühle wahrnehmen und zum Ausdruck bringen, sich von ihnen aber nicht überwältigen lassen. Selbstregulationsfähigkeit gelingt, wenn die klar denkenden und die intensiv fühlenden Bereiche unseres Gehirns gut zusammenarbeiten. Dann können wir nämlich wahrnehmen, welche Gefühle in uns aufsteigen, und uns aktiv dafür *entscheiden*, wie wir sie leben und äußern wollen. Anders als bei der Selbstkontrolle werden auch schwierige und schmerzhafte Emotionen dabei nicht unterdrückt oder verdrängt, sondern reflektiert und in sozial verträgliche Bahnen geleitet, so dass sie gelebt werden können, ohne andere zu verletzen.

## Ich will Nähe, ich will Freiheit: Das Spannungsfeld menschlicher Bedürfnisse

Wir Menschen sind verschieden, doch unsere Bedürfnisse sind universal: Das ist die Überzeugung des Kommunikationspsychologen Marshall Rosenberg. Er geht davon aus, dass sämtliche unserer Reaktionen und Verhaltensweisen davon getrieben sind, uns mindestens ein Bedürfnis zu erfüllen – auch wenn wir uns dieses inneren Antriebs oft gar nicht bewusst sind und ganz andere Erklärungen für unser Verhalten anführen. In »So viel Freude, so viel Wut« haben wir die vier seelischen Grundbedürfnisse kleiner Kinder kennenlernen können, die neben ihren körperlichen Grundbedürfnissen (etwa nach Nahrung oder Schlaf) ihr tagtägliches Verhalten bestimmen. Diese vier Grundbedürfnisse sind

- das Bedürfnis nach Nähe und Bindung
- das Bedürfnis nach Halt und Orientierung
- das Bedürfnis nach Selbstwirksamkeit und Autonomie
- das Bedürfnis nach Wertschätzung und Akzeptanz.

Es liegt in der Natur dieser seelischen Grundbedürfnisse, dass sie widersprüchlich sind und nie gleichzeitig vollkommen erfüllt sein können. Tatsächlich ist es genau diese Spannung zwischen Verbindungs- und Autonomiebedürfnis, die uns Menschen antreibt, eine für uns gesunde Balance zu finden, wie wir Teil einer Gemeinschaft sein und gleichzeitig selbstständig und selbstbestimmt leben können.

Gefühlsstarke Kinder, die alle ihre Bedürfnisse besonders intensiv und drängend spüren, erleben dieses an sich konstruktive Spannungsfeld jedoch oft als seelische Zerreißprobe: Die Unvereinbarkeit ihres unbändigen Freiheitsdrangs und ihres gleichzeitig ebenso starken Bedürfnisses nach Halt und Sicherheit durch die Nähe vertrauter Menschen bringt sie oft in Konflikt mit sich selbst. Dieser innere Konflikt äußert sich oft in widersprüchlichem, kratzbürstig wirkendem Verhalten, bei dem die engsten Bezugspersonen gleichzeitig festgehalten und zurückgewiesen werden und das Gefühl bekommen, es ihrem Kind einfach nicht recht machen zu können – weder mit ganz viel Nähe noch mit mehr Distanz. Werden gefühlsstarke Kinder älter, wird ihr Seelenleben um weitere Grundbedürfnisse reicher. Denn auch wenn Rosenberg zufolge in allen Menschen dieselben neun Grundbedürfnisse von Geburt an angelegt sind, kommen einige von ihnen erst nach der frühen Kindheit zusehends zum Tragen. Mit dieser sich verändernden Bedürfnislage ändert sich auch das Verhalten unseres Kindes – und es ist enorm hilfreich, sich der immer stärker wirksam werdenden Bedürfnisse älterer Kinder bewusst zu sein, um sie weiterhin einfühlsam begleiten zu können.

## Die neun universalen menschlichen Bedürfnisse nach Marshall Rosenberg sind

- Das Bedürfnis nach körperlichem Wohlbefinden
- Das Bedürfnis nach Sicherheit
- Das Bedürfnis nach Liebe

- Das Bedürfnis nach Empathie
- Das Bedürfnis nach Kreativität
- Das Bedürfnis nach Bindung und Geborgenheit
- Das Bedürfnis nach Spiel, Spaß und Erholung
- Das Bedürfnis nach Willensfreiheit und Autonomie
- Das Bedürfnis nach Sinn und einer Aufgabe im Leben

Im Zusammenleben mit Babys spielen hauptsächlich fünf dieser Grundbedürfnisse eine zentrale Rolle, die sich vor allem mit viel körperlicher Nähe und dem aufmerksamen Reagieren auf die kindlichen Signale erfüllen lassen – denn so erfährt das Baby körperliches Wohlbefinden, Liebe, Sicherheit, Empathie sowie Bindung und Geborgenheit zugleich.

Im Kleinkindalter wird dann das Bedürfnis nach Willensfreiheit und Autonomie bei gleichzeitiger Bindung und Geborgenheit zum bestimmenden Thema, gerade im Leben mit einem gefühlsstarken Kind. Viele Eltern erleben jetzt zum ersten Mal die Herausforderung, scheinbar unvereinbare Bedürfnisse unter einen Hut kriegen zu wollen: Wie können wir unserem Kind größtmögliche Freiheit bei gleichzeitig größtmöglicher Geborgenheit bieten? War in der Babyzeit noch gefühlt fast jedes Bedürfnis mit Tragen, Stillen oder Kuscheln zu befriedigen, müssen jetzt immer öfter neue Strategien her, Nähe bei gleichzeitiger Autonomie zu schenken. Mit dem dritten Lebensjahr brechen sich dann die Bedürfnisse nach Kreativität sowie nach Spiel, Spaß und Erholung immer stärker Bahn. Kinder wollen ihr Leben nun selbst in die Hand nehmen, ihre Vorstellungskraft in Rollenspielen trainieren, eigene Spielideen entwickeln und verwirklichen. Ihr Spielbedürfnis ist so stark, dass sie oft jede Unterbrechung dieses Flows als absolut unerträgliche Störung empfinden, gegen die sie heftig rebellieren, was oft für neue Konfliktherde sorgt – zumal sie ihren Drang zu spielen nicht nur mit expliziten Spielsachen ausleben, sondern ihr gesamtes Lebensumfeld als kreativen Spielort begreifen: Die Kakaopackung über dem eigenen Kopf auszuleeren ist für sie eine prima Strategie, ihr Bedürfnis nach Spaß, Spiel und Kreativität zu befriedigen, und es ist ihnen unverständlich, dass Mama und Papa diese Idee nicht genauso lustig finden.

In der späten Kindheit – also etwa im Grundschulalter – sowie während Vorpubertät und Pubertät macht dann das immer stärker werdende Bedürfnis nach einem Sinn und einer Aufgabe im Leben die Bedürfnispalette komplett. Es geht damit einher, dass Kinder nach ihrem Platz in der Welt suchen, sich kritisch mit sich selbst auseinandersetzen, nach Gemeinsamkeiten und Unterschieden zwischen sich und anderen suchen. Gerade für gefühlsstarke Kinder und Jugendliche setzt dieses Sinnsuche-Bedürfnis oft einen schwierigen und teilweise schmerzlichen Prozess in Gang, in dem sie sich fragen, warum sie selbst mit so vielen Herausforderungen mehr zu kämpfen haben als Gleichaltrige, und in dem sie an ihrer eigenen Sensibilität und Wildheit manchmal regelrecht verzweifeln. Deshalb ist es so wichtig, dass gefühlsstarke Kinder beim Älterwerden nicht nur Sicherheit, Nähe und Geborgenheit erfahren sowie Gelegenheiten bekommen, sich auszuprobieren, freizuschwimmen und kreativ zu sein. Sie brauchen auch die Botschaft, dass in ihnen besondere Begabungen und Talente schlummern, die sie zu einer Bereicherung für diese Welt machen – genau wie jedes andere Kind auch. Damit gefühlsstarke Heranwachsende ihr Bedürfnis nach Sinn und einer Aufgabe im Leben erfüllen können, ist es also wichtig, sie mit ihrem selbstkritischen Blick auf ihr eigenes Anderssein nicht alleinzulassen, sondern ihnen durch alle eigenen Zweifel und Ängste hinweg immer wieder zu zeigen: Du magst anders sein als andere – aber du bist gut und richtig, genauso wie du bist.

## Bedürfnisse in Balance

Das Spannende an Rosenbergs Konzept von den neun Universalbedürfnissen ist zum einen, dass er die unterschiedlichen Bedürfnisse nicht nach ihrer Bedeutung rankt, also nicht so tut, als seien körperliche Grundbedürfnisse wichtiger als seelische, und als sei Geborgenheit wichtiger als Selbstverwirklichung oder Lebenssinn. Stattdessen stehen bei ihm alle Bedürfnisse gleichberechtigt nebeneinander, und jeder Mensch kann und darf selbst erspüren, welche davon für ihn in welcher Lebensphase gerade besonders prägend und wichtig sind.

Der zweite sehr wichtige Aspekt bei Rosenbergs Ansatz ist, dass er das Verbindende zwischen allen Menschen betont. So unterschiedlich wir auch sein mögen, so verschieden unsere Temperamente und Persönlichkeitsstrukturen gelagert sein können, egal ob wir 9, 39 Jahre oder 99 Jahre alt sind – letztlich werden wir alle von denselben Bedürfnissen angetrieben. Diese Sichtweise ermöglicht es nicht nur Eltern, ihre Kinder besser zu verstehen, sondern auch sich selbst. Denn es ist eben nicht so, dass wir als Mütter und Väter ständig kindliche Bedürfnisse erkennen und erfüllen müssen, die mit unseren eigenen nichts zu tun haben. Sondern in jedem Bedürfnis, das unser Kind uns zeigt, spiegelt sich ein Bedürfnis wider, das wir auch selbst in uns tragen – auch wenn wir vielleicht nie gelernt haben, es bewusst zu spüren und nach zielführenden Strategien zu suchen, es uns zu erfüllen. Anstatt also an den starken Bedürfnissen unserer Kinder zu verzweifeln, können wir sie zum Anlass nehmen, mehr über uns selbst und unsere eigenen erfüllten und unerfüllten Bedürfnisse zu erfahren, die unser Denken, Handeln und Fühlen bisher vielleicht vor allem unbewusst geprägt haben. Dabei lernen wir nicht nur viel darüber, was uns antreibt, sondern können auch die tiefer liegenden Beweggründe für unsere eigenen starken Gefühle entdecken, die unser gefühlsstarkes Kind oft in uns auslöst. Rosenberg selbst vergleicht Gefühle gerne mit den Warnlampen in einem Auto: Sie zeigen an, wie gut der Tank unserer verschiedenen Grundbedürfnisse gefüllt ist. Fühlen wir uns überwiegend ausgeglichen und zufrieden, zeigt dies, dass alle unsere neun Grundbedürfnisse in unserem Alltag ziemlich gut bedient werden. Erleben wir uns selbst hingegen überwiegend als erschöpft, genervt und leicht reizbar, ist diese Grundstimmung ein Indikator dafür, dass eins oder mehrere dieser Bedürfnisse unerfüllt ist oder sind. In unserer Kultur sind wir stark darauf gepolt, angesichts dunkler Gefühle nach dem Schuldigen zu fragen. Schnell landet der schwarze Peter bei unseren gefühlsstarken Kindern: Kein Wunder, dass wir so erschöpft und unzufrieden sind, wenn sie ständig so viel fordern und uns so wenig Raum zum Regenerieren lassen. Genauso schnell verurteilen wir Eltern uns selbst: Wir betreiben eben nicht genug Selbstfürsorge, und sind deshalb an unserem Leiden selbst schuld. Keiner dieser Ansätze bringt uns jedoch im Alltag weiter, weil wir die Ursache dafür, dass wir uns schlecht fühlen, letztlich im Außen suchen statt im Inneren, bei unseren eigenen Bedürfnissen.

## Der Weg durch das Nadelöhr: Von Bedürfnissen und Strategien

Wenn wir in unserem ganz normalen Sprachgebrauch von Bedürfnissen sprechen, verwenden wir diesen Begriff meist ziemlich undifferenziert – wir meinen damit irgendwie alles, was irgendjemand braucht oder zu brauchen scheint. Insbesondere unter Eltern wird der Bedürfnis-Begriff oft geradezu inflationär verwendet: »Es ist eben das Bedürfnis unseres Kindes, nur von Mama ins Bett gebracht zu werden.« – »In letzter Zeit hat unser Sohn wieder das ganz starke Bedürfnis, am Tablet abzuschalten.« Oder auch: »Klar habe ich das Bedürfnis, mal wieder zu zweit ins Kino zu gehen, aber mit unserer Tochter ist das nicht drin.« Kurz: Alles, was ein Kind mag, will oder kennt, wird schnell als sein ureigenstes Bedürfnis interpretiert, genauso wie alles, was wir Eltern dafür aufgeben oder opfern: »Für uns stehen die Bedürfnisse unseres Kindes eben über unseren eigenen.« Dahinter steht die Vorstellung, dass sich Bedürfnisse von Kindern und Erwachsenen nun mal oft unvereinbar gegenüberstehen – und dass liebevolle, zugewandte Eltern in solchen Situationen denen ihres Kindes Priorität einräumen, weil es kleiner und schwächer ist und mit unerfüllten Bedürfnissen schlechter umgehen kann als ein Erwachsener. Dieser Gedanke ist grundsätzlich nicht falsch: Tatsächlich können insbesondere sehr kleine Kinder Bedürfnisse nur sehr schwer aufschieben, während Erwachsene dazu durchaus in der Lage sind. Doch wenn wir uns Rosenbergs Liste der neun Grundbedürfnisse jedes Menschen ansehen, werden wir feststellen, dass weder »nur von Mama ins Bett gebracht werden« noch »mal wieder zu zweit ins Kino gehen« auf dieser Liste stehen. Heißt das, dass wichtige Bedürfnisse auf Rosenbergs Liste fehlen? Nein, vielmehr definiert er Bedürfnisse anders: als das, was jeder Mensch körperlich und seelisch braucht, um gut und gerne leben zu können. *Wie genau* wir diese Bedürfnisse am liebsten erfüllt hätten, ist eine Frage unserer persönlichen Wünsche, die Rosenberg Strategien nennt. Das heißt: Wir Menschen haben alle verhältnismäßig wenige Grundbedürfnisse. Aber tausende individuelle Strategien, uns diese Bedürfnisse zu erfüllen.

- Hunger ist ein Bedürfnis. Einen Apfel zu essen ist eine mögliche Strategie, dieses Bedürfnis zu erfüllen. Einen Schweinebraten zu essen ist eine andere.

- Geborgenheit ist ein Bedürfnis. Mit Mama zu kuscheln ist eine mögliche Strategie, dieses Bedürfnis zu erfüllen. Bei Oma auf dem Schoß zu sitzen eine andere.

Das heißt: Unsere Bedürfnisse haben wir alle gemeinsam. Nur in unseren erlernten und lieb gewonnenen Strategien unterscheiden wir uns. Dabei liegt in beiden Begriffen keine Wertung: Eine Strategie ist nichts schlechtes oder gar manipulatives, sondern schlicht ein Weg, mit dem wir ein Bedürfnis erfüllen können oder wollen. Gefühlsstarke Kinder sind in ihren Strategien oft besonders festgelegt. Haben sie einmal einen Weg gefunden, sich ein bestimmtes Bedürfnis zu erfüllen, weichen sie nur sehr ungern davon ab. Deshalb wirkt es oft so, als seien ihre Strategien Bedürfnisse – unverhandelbar und unveränderlich. Doch das sind sie nicht. Und das ist ein Glück, denn dadurch können Eltern gemeinsam mit ihren Kindern darauf hinarbeiten, bewährte Lieblings-Strategien durch neue zu ergänzen oder zu ersetzen, die mit den Bedürfnissen der anderen Familienmitglieder kompatibler sind, ohne dass dabei unerfüllte Bedürfnisse zurückbleiben.

## Sag mir doch einfach, was du brauchst! Warum das gefühlsstarken Kindern oft so schwerfällt

»Sag mal, was genau ist eigentlich dein Problem?« – Fast alle Eltern gefühlsstarker Kinder kennen diese Momente, in denen wir unserem Nachwuchs erschöpft und verzweifelt diese Frage stellen, in der ehrlichen Hoffnung, endlich einen Lösungsansatz zu bekommen. Was um alles in der Welt muss ich dir geben, damit du nicht mehr so anstrengend sein musst? Und das befragte Kind? Zuckt mit den Schultern, guckt nach unten und sagt: »Weiß nicht.« Es ist zum Haareraufen. Wie können Kinder nur so dauerhaft unausgeglichen sein und gleichzeitig nicht die leiseste Ahnung haben, was ihnen dagegen helfen könnte? Tatsächlich fällt es vielen gefühlsstarken Kindern ausgesprochen schwer, selbst den Zusammenhang zwischen ihren starken Gefühlen und den dahinterstehenden unerfüllten Bedürfnissen herzustellen. Sie wissen *wirklich* nicht, was sie jetzt brauchen – sie spüren nur eine diffuse innere Unruhe, die sie mit aller Wucht nach außen tragen. Anders als eher regulationsstarke Kinder, die oft sehr präzise spüren und benennen können, was sie wann brauchen, sind gefühlsstarke Kinder deshalb auch noch im Grundschul- und frühen Teenie-Alter darauf angewiesen, dass wir Erwachsenen mit darauf achten, dass ihre Bedürfnistanks gut gefüllt sind, damit ihr Gefühlsleben auch einigermaßen im Lot bleibt.

Das heißt konkret: Einem sechs, neun oder auch zwölf Jahre alten Kind weitgehend allein die Verantwortung für seine Mahlzeiten, seine Schlafenszeit, seinen Medienkonsum und seine Freizeitgestaltung zu überlassen, stellt für gefühlsstarke Jungen und Mädchen oft eine kolossale Überforderung dar. Was sie brauchen, sind Erwachsene, die ein Auge darauf haben, welcher Tag- und Nachtrhythmus, wie viele Pausen, wie viel Bildschirmzeit, wie viel Bewegung, wie viel Rückzug und wie viel Gemeinschaft ihnen gut tun, und den Familienalltag entsprechend mitgestalten. Dabei geht es nicht darum, gefühlsstarke Kinder mit minutengenauen Tagesplänen zu quälen oder ihnen jegliches Selbstbestimmungsrecht abzusprechen – im Gegenteil! Gefühlsstarke Kinder haben nicht umsonst ein hohes Autonomiebedürfnis und brauchen ganz dringend die Möglichkeit, eigenverantwortlich Entscheidungen zu treffen. Doch sie bedürfen dabei auch in der späten Kindheit noch einer starken Co-Regulation, also einer einfühlsamen, engmaschigen Begleitung, die ihnen hilft, ihre eigenen Bedürfnisse zu erkennen und zu berücksichtigen. Konkret heißt das: Um sicherzustellen, dass die Bedürfnistanks ihrer gefühlsstarken Kinder im Alltag nicht leer werden, ist es wichtig, dass Eltern einen Rahmen schaffen, in dem für all diese Bedürfnisse Platz ist: für körperliches Wohlergehen durch regelmäßige Mahlzeiten, angenehme Kleidung und ausreichend Schlaf. Für Bindung und Geborgenheit im Rahmen vertrauter Gemeinschaften, für Freiheit und Autonomie, für Kreativität, Spiel, Spaß und Entspannung, für

Empathie, Liebe und Sinn. Damit im Leben eines gefühlsstarken Kindes all diese Bedürfnisse genug Raum bekommen, kann ein fester Rahmen sinnvoll sein mit einer klaren Aufsteh- und einer festen Schlafenszeit, mit regelmäßigen Mahlzeiten, wiederkehrenden Ritualen des Zusammen- und Für-sich-Seins, mit begrenzter Zeit vorm Bildschirm und erwartbaren Aktivitäts- und Ruhezeiten. Innerhalb dieses Rahmens haben gefühlsstarke Kinder große Freiheit, doch der Rahmen selbst gibt Halt und Sicherheit.

## Aneinander dranbleiben – trotz allem

Aus der frühen Kindheit unserer gefühlsstarken Kinder sind wir Eltern gewohnt, nahezu unverzichtbar zu sein – schließlich war es jahrelang unser Job, jedes große Gefühl mit aufzufangen und zu begleiten, weil unser Kind damit allein völlig überfordert war. Da ist es ganz schön krass, wenn einige Jahre später dasselbe Kind mitten in einem Gefühlsausbruch krachend die Kinderzimmertür vor unserer Nase zuschlägt. Doch so absurd es klingen mag: Dass gefühlsstarke Kinder mit dem Älterwerden immer öfter unsere unmittelbare Begleitung durch einen Wutausbruch verweigern und uns schreiend und tobend abwehren, wenn wir sie trösten wollen, ist im Grunde genommen ein Indiz für einen unglaublichen Reifeschritt. Denn auch wenn sie bei ihren ersten Abgrenzungsbemühungen nicht gerade zimperlich vorgehen und so manches Mal ganz sicher übers Ziel hinausschießen, so zeigen uns unsere Kinder in diesen Momenten doch, was sie in den Jahren des ständigen Kuschelns und Tröstens durch all die Trauer, Verzweiflung und Wut gelernt haben: sich selbst zu beruhigen. Zumindest wollen sie das jetzt versuchen, und deshalb schmeißen sie uns raus. Dass sie hinter der Tür dann immer noch eine ganze Zeit lang fauchen und toben – geschenkt. Jetzt zeigt sich, dass wir ihr Selbstberuhigungssystem soweit gestärkt haben, dass unsere Kinder der feste Willen packt, sich ihren großen, wilden Gefühlen nun auch einmal im Alleingang zu stellen. Klappt das bei den ersten Versuchen immer? Natürlich nicht. Und so ist es völlig normal, dass unsere Kinder uns erst entschieden des Zimmers verweisen und schließlich doch wieder die Tür aufreißen und nach uns rufen. Da haben sie gemerkt: Ganz ohne Hilfe von außen klappt es mit der Selbstregulation doch noch nicht. So anstrengend dieses Hin und Her ist, so wichtig ist es, den paradoxen Mix aus Ablehnung und Annäherung nicht persönlich zu nehmen, sondern wie ein überaus höflicher englischer Butler möglichst stoisch und ungerührt hinzunehmen, dass hier ein junger Mensch gerade den schwierigen Balanceakt zwischen Autonomie- und Nähebedürfnis in Krisensituationen probt.

Das heißt: Wenn ein gefühlsstarkes Kind seine Eltern vor die Tür setzt, tun diese gut daran, nicht gleich wieder reinzugehen und aufs Trösten zu bestehen, sondern ihrem Kind tatsächlich den Raum zu geben, einmal auszuprobieren, wie sich das anfühlt: Mit der eigenen Traurigkeit oder Wut einen Moment allein zu sein und zu versuchen, sich selbst zu beruhigen. Und wenn Mutter oder Vater dann doch wieder reinkommen sollen – bitte nicht die beleidigte Leberwurst geben (»Aha, jetzt bin ich also doch nicht die blöde Mama.«), sondern freundlich und zugewandt beim Ruhigwerden begleiten. Denn all das Rausschmeißen, Schimpfen, Türenknallen und Toben richtet sich nicht gegen uns und dreht sich auch nicht um uns. Es sind einfach nur Begleiterscheinungen eines inneren Kampfes, in dem unser gefühlsstarkes Kind auszuloten lernt, wie viel Unterstützung es noch im Umgang mit seinen großen, dunklen Gefühlen braucht – und wie viel es schon alleine schafft.

## Nun sprich doch mit mir! Aktives Zuhören statt Druck und Vorwürfe

Es gibt gefühlsstarke Kinder, aus denen sprudeln die Geschichten über ihr reiches, buntes Innenleben nur so heraus. Und andere, die ihre wilden Emotionen vor allem in ihrem Verhalten zeigen, sich aber schwer tun, über ihre Gefühle zu sprechen. Gerade mit Beginn der Vorpubertät werden viele Kinder gegenüber ihren Eltern zudem schweigsamer und zurückhaltender als zuvor und lassen sie weniger offen Anteil daran nehmen, was in ihnen gerade so vorgeht. Ein guter Weg, trotzdem nah an unseren Kindern dranzubleiben und mehr darüber zu erfahren, was sie gerade beschäftigt, ohne sie zu bedrängen, ist das sogenannte aktive Zuhören nach Thomas Gordon. Dabei geht es darum, ganz bewusst eine Atmosphäre für einen Austausch zu gestalten, in dem es wirklich darum geht, zu hören, was der andere sagt, und nicht, was wir gerne hören würden oder zu hören glauben. Ziel ist es also, unserem Kind eine so ehrlich interessierte, unvoreingenommene Erzählmöglichkeit zu geben, dass es von sich aus das Bedürfnis verspürt, mehr über sich zu erzählen, als es dies auf eine typische Eltern-Kind-Frage wie »Und, wie war's in der Schule?« hin tun würde. Gordon, selbst Familientherapeut, geht davon aus, dass Kinder oft unbewusst ungünstige Strategien wählen, um darauf aufmerksam zu machen, dass sie ein Problem haben: Sie meckern und motzen, benehmen sich daneben, ziehen Eltern die Nerven lang.

Der erste wichtige Schritt in Richtung aktives Zuhören ist es, den Hilfeschrei in diesem anstrengenden Verhalten zu sehen und nicht die Provokation, als die es wirkt. Der zweite Schritt ist dann, einen sogenannten Türöffner zu finden, also einen einladenden, offenen Gesprächseinstieg: Ein Angebot zum Austausch, das unserem Kind nichts aufzwingt, sondern das es ohne Scheu annehmen oder ablehnen kann. Prima Gelegenheiten für solch einen Gesprächseinstieg stellen all die Situationen dar, in denen ein Kind, offensichtlich wütend, frustriert oder traurig, ein provokatives Statement in den Raum wirft:

»Ich geh nie wieder in die Schule!«

»Ich wünschte, ich wäre ein Einzelkind!«

»Du bist der doofste Papa der Welt!«

»Ich ziehe aus!«

Anstatt nun besorgt, wütend oder schlagfertig zu kontern, können Eltern einen wertfreien, den Raum für ein ehrliches Gespräch aufmachenden Türöffner setzen:

»Ach ja?«

»Darüber will ich mehr erfahren!«

»Wirklich?«

»Wie kommt's?«

Viele Kinder sind von dieser Reaktion so verblüfft, dass sie tatsächlich zu erzählen beginnen. Um den Gesprächsfluss in Gang zu halten, sind spiegelnde Rückfragen ein wichtiges Instrument, mit denen wir uns versichern, unser Kind auch wirklich richtig verstanden zu haben. »Kapiere ich das richtig, dass du eigentlich nicht die ganze Schule doof findest, sondern vor allem Sophie?« Dann kann das Kind bestätigen (»Ja, das stimmt«) oder widersprechen (»Nee, das hast du völlig falsch verstanden, ich hasse auch noch Johann!«) und behält so die Deutungshoheit über sein eigenes Erleben. Wichtig ist, dass das Kind spürt, dass es auch seinen Frust über seine eigenen Eltern bei diesen selbst ansprechen kann, ohne dass sie verletzt, beleidigt oder sauer reagieren oder sofort in die Defensive springen (»Wir meinen es doch nur gut mit dir!«). Stattdessen ist das Ziel, uns einfach anzuhören, was unser Kind zu sagen hat, ohne das Gesagte zu beurteilen oder zu bewerten. Das klingt bedeutend leichter, als es ist, wie dieses

Gespräch zwischen einem gefühlsstarken neunjährigen Kind und seinem Vater zeigt.

Ich wünschte, ich wäre ein Einzelkind!
*Ach so?*
Ja, dann wären Jan und Paula nämlich nie geboren.
*Du wünschst dir also, unser einziges Kind zu sein?*
Ja! Dann hätte ich Mama und dich ganz für mich allein.
*Verstehe ich das richtig – du willst Mama und mich am liebsten gar nicht teilen?*
Genau! Immer drängelt sich der Paul auf Mamas Schoß, wenn ich da sitzen will.
*Hmm, verstehe.*
Und Paula lässt mich nie mitspielen, wenn Sarah da ist.
*Das fühlt sich schlimm an, was?*
Ja, ganz schlimm. Als würde sie dann gar keine Schwester haben wollen.
*Als wäre sie gerne auch ein Einzelkind?*
Ja.
*Hmm. Ich sehe schon, Geschwister zu haben fühlt sich manchmal ganz schön blöd an, oder?*
Ja. (denkt eine Weile nach) Aber natürlich nicht immer. Manchmal ist es auch süß, wenn Jan mit mir Bücher angucken will oder so.
*Dann geht es dir gut?*
Ja, weil er so süß ist.
*Du findest Geschwister zu haben also manchmal richtig blöd und manchmal gut?*
Ja.
*Und vor allem wünschst du dir, dass Mama und ich mehr Zeit für dich haben?*
(weint) Ja.
*Danke, dass du mir das erzählt hast. Das kann ich gut verste-*

*hen. Heute Abend werde ich mit Mama darüber reden, was wir da machen können, einverstanden?*

Je näher die Probleme unserer Kinder an unseren eigenen wunden Punkten liegen, desto schwieriger ist es, ein Gespräch so annehmend zu führen. Denn natürlich lässt es uns nicht kalt, wenn unsere Kinder die Existenz ihrer Geschwister infrage stellen. Oder wenn sie darüber sinnieren, ob Papa *und* seine neue Freundin nicht bei uns einziehen könnten. Kinder stellen sich Fragen, die an Tabus rühren und die uns manchmal richtig tief treffen. So manches ehemalige gefühlsstarke Kind mag sich deshalb an die Ohrfeige erinnern, die es kassierte, als es mitteilte, es habe seinen Koffer gepackt und werde jetzt zur Oma ziehen – nicht ahnend, dass es für die eigene Mutter keine größere Provokation geben konnte, als die verhasste Schwiegermutter ihr vorzuziehen.

Es ist ein zutiefst menschlicher Impuls, manche Äußerungen unserer Kinder als verletzend zu empfinden. Und gerade deshalb machen wir unseren Söhnen und Töchtern ein unglaublich kostbares Geschenk, wenn wir uns in solchen Momenten, in denen sie sich uns anvertrauen, nicht von unserem eigenen Schmerz leiten lassen, sondern ihnen zeigen, dass sie uns wirklich alles anvertrauen können – auch das, was in uns Widerstand auslöst, was Tabus berührt, was uns schmerzt. Denn hinter all den auf den ersten Blick vielleicht taktlosen Botschaften stecken letztlich Bedürfnisse, die auf diese Weise ans Tageslicht kommen – und uns so die Chance geben, uns um sie zu kümmern, wenn auch vielleicht auf ganz andere Weise, als der Gesprächseinstieg dies vermuten ließ.

## Zwischen Schützen und Schubsen: Der größte Balanceakt

Jedes Kind entwickelt sich in seinem ganz eigenen Tempo. Gefühlsstarke Kinder bewegen sich dabei oft an den äußersten Enden des normalen Entwicklungsspektrums: In Sachen Nachdenklichkeit und Reflexionsfähigkeit sind sie ihren Altersgenossen manchmal weit voraus, während sie in der Impulskontrolle, aber beispielsweise auch in der Autonomie-Entwicklung, vielleicht eher zu den langsameren Kindern gehören. Für ihre Eltern bedeutet dies zunächst einmal, sich von ziemlich vielen Erwartungen lösen zu müssen. Denn ihre gefühlsstarken Kinder zeigen ihnen jeden Tag, dass eben nicht jedes Kind mit sieben problemlos allein zur Schule geht, mit neun fröhlich auf Klassenfahrt fährt und sich mit elf oder zwölf im Alltag weitgehend selbst organisiert, Hausaufgaben inklusive. Stattdessen müssen sie damit klarkommen, dass andere Kinder in Sachen Selbstständigkeitsentwicklung in Riesenschritten an ihrem Sohn oder ihrer Tochter vorbeiziehen, während das eigene Kind gefühlt auf der Stufe eines Kleinkinds stehen bleibt: alleine einschlafen, auch mal alleine zu Hause bleiben, sich stundenlang mit sich selbst beschäftigen? Keine Chance, auch nicht mit acht, neun oder zehn Jahren.

Sicher: Nicht bei allen gefühlsstarken Kindern sind alle Teilbereiche der Selbstständigkeitsentwicklung gleich stark betroffen. So gibt es solche, die tagsüber durchaus ziemlich autonom sind, die allein den Schulweg bewältigen und auch das eine oder andere Hobby am Nachmittag. Nur wenn es ans Einschlafen geht, werden sie anhänglich, und Übernachtungen woanders sind nach wie vor schwierig. Andere gefühlsstarke Kinder haben mit dem Schlafen gar nicht so große Probleme, dafür brauchen sie tagsüber – etwa in schwierigen Übergangssituationen oder im sozialen Miteinander – mehr Co-Regulation und Unterstützung als andere.

Die schwierige Herausforderung für Eltern gefühlsstarker Kinder ist nun, eine gesunde Balance zwischen Schützen und Schubsen zu finden – ihren Kindern also ihr eigenes Entwicklungstempo zuzugestehen, sie aber auch immer wieder herauszufordern, den nächsten Schritt zu schaffen. Denn so draufgängerisch gefühlsstarke Kinder sein können, so fest hängen sie oft auch an bestehenden Strukturen: Was einmal so war, soll am liebsten immer so bleiben. Und so kann es passieren, dass aus einem echten Bedürfnis – etwa: zum Einschlafen nicht alleine sein – mit den Jahren eine Gewohnheit wird, die die Kinder selbst überhaupt nicht mehr hinterfragen. Sie sind schließlich noch nie anders eingeschlafen – warum sollte sich daran nun etwas ändern? Ganz geduldig und entspannt darauf zu warten, dass der Sohn oder die Tochter schon von selbst anzeigt, wann er oder sie zu welchem Entwicklungsschritt bereit ist, reicht deshalb nicht aus. Es braucht vielmehr häufig einen Impuls von außen, um sich einer Herausforderung zu stellen und den nächsten Schritt in Richtung Selbstständigkeit zu nehmen. Ob allein zum Fußballtraining gehen oder Hausaufgaben machen, ohne dass jemand direkt daneben sitzt: Wichtig ist, dass Kinder nicht von einem Tag auf den anderen mit einer Erwartung konfrontiert werden, die sie gefühlt völlig überfordert. Sondern dass sie Schritt für Schritt die Erfahrung machen, was sie alles schon alleine können. Besser als radikale Änderungen auf einen Schlag (»Ab heute schläfst du alleine ein, ich habe keinen Nerv mehr für dein Gezappel!«) sind dabei natürlich sanfte Veränderungen, die von Zutrauen geprägt sind (»Ich bin mir sicher, auch du kannst alleine einschlafen. Wir üben es einfach gemeinsam zu Hause, bis du dich so sicher fühlst, dass du endlich auch mal bei Sara übernachten kannst!«).

Die ideale Ausgangslage für ihre Persönlichkeitsentwicklung haben gefühlsstarke Kinder also in einer Atmosphäre, in der sie sich einerseits geschützt und geborgen fühlen, in der sie andererseits aber auch immer wieder aus ihrer Komfortzone gelockt und herausgefordert werden. Dieses Spannungsfeld im Alltag zu halten, ist alles andere als leicht. So gehen viele Eltern intuitiv in eine schützende Verteidigungshaltung gegenüber jeder Erwartung, die an ihr Kind gestellt wird: »Das kann mein Kind nicht, und das muss es auch nicht können!« Dieses kämpferische Einstehen dafür, dass der eigene Nachwuchs das Recht hat, sich ohne Druck von außen zu entwickeln, entsteht oft in der Baby- und Kleinkindzeit, in der an Eltern wie Kinder oft völlig unrealistische Erwartungen herangetragen werden, gerade was Themen wie Schlaf oder Selbstständigkeitsentwicklung angeht. Und der Impuls, das eigene Kind vor derlei Übergriffigkeiten bewahren zu wollen, ist ja auch nicht falsch. Doch wenn die »Mein-Kind-muss-gar-nichts«-Haltung zum automatisierten Selbstverständnis für viele Jahre wird, steht der Impuls, den Sohn oder die Tochter vor den Erwartungen anderer zu schützen, oft ebenso einer gesunden Persönlichkeitsentwicklung im Weg, wie es umgekehrt auch ein ständiges Drängen und Zerren ohne Rücksicht auf das individuelle Entwicklungstempo tun würde.

Als Eltern gefühlsstarker Kinder müssen wir uns also immer wieder fragen, was jetzt gerade dran ist: Schützen oder schubsen? Braucht unser Kind uns gerade in der Rolle der Löwenmutter oder des Löwenvaters, der sich schützend vor es stellt und gegen alle anderen verteidigt? Oder müssen wir gerade eher wie Vogeleltern sein, die ihr flügges Junges sanft, aber bestimmt aus dem Nest schubsen in dem Wissen, dass es nur so fliegen lernt? Es ist unmöglich, diese Balance immer perfekt auszutarieren. Zum Elternsein für ein gefühlsstarkes Kind gehört es unweigerlich dazu, manchmal in die Überbehütung hineinzurutschen, weil wir uns selbst so ängstlich und besorgt fühlen, und manch anderes Mal unser Kind vielleicht auch zu unsanft zu schubsen, weil wir selbst so erschöpft und genervt sind. Dass uns all das passiert, ist menschlich und normal und kein Grund, uns selbst Vorwürfe zu machen. Wichtig ist nur, dass wir über solche Fehler nicht aufhören, uns weiterhin für beides verantwortlich zu fühlen: Unseren Kindern Zuflucht zu bieten, ihnen aber auch zuzutrauen, an Zumutungen zu wachsen.

*»Unsere neunjährige gefühlsstarke Tochter Kati leidet enorm unter Trennungsangst. Sie kann nicht einschlafen, ohne dass einer von uns an ihrer Bettkante sitzt und ihre Hand hält. Beim Flötenunterricht oder beim Reiten können wir sie nicht einfach abliefern, sondern müssen draußen auf sie warten, sonst kriegt sie Panik. Selbst vom Schultor allein ins Klassenzimmer zu gehen, mussten wir monatelang ganz behutsam mit ihr üben. Vieles, was für andere Familien ganz normal ist, wäre für uns undenkbar: Kati mal kurz zehn Minuten allein zu Hause zu lassen, um schnell zum Bäcker zu gehen. Dass sie allein im Auto wartet, während ich an der Tankstelle bezahle. Dass sie mal bei einer Freundin übernachtet. Viele Jahre lang haben wir uns einfach damit abgefunden, dass unser Kind all das eben nicht kann. ›Sie braucht uns eben noch sehr‹, sagte ich immer, halb trotzig, halb entschuldigend. Und dachte: Irgendwann wird sie schon von selbst so weit sein. Doch dann merkten wir, dass Kati selbst zusehends darunter litt, was sie alles nicht konnte. ›Ich würde so gerne auch mal bei Lisa übernachten‹, sagte sie zum Beispiel. ›Aber so was kann ich ja nicht.‹ Sie hatte offensichtlich total das Bild verinnerlicht, das wir ihr die ganze Zeit über ja auch unbewusst bestätigt hatten: Dass sie uns eben noch so braucht und deshalb vieles nicht kann, was Gleichaltrigen ganz selbstverständlich gelingt. Da wurde uns klar, dass wir Kati keinen Gefallen damit taten, ihrer Angst davor, von uns getrennt zu sein, immer uneingeschränkt nachzugeben. Also fingen wir an, sie mit kleinen Herausforderungen zu konfrontieren: ›Bisher habe ich beim Flötenunterricht ja immer draußen auf dich gewartet, aber heute muss ich ganz dringend zur Post. Ich bringe dich also rein, gehe dann kurz meine Briefe wegbringen, und komme dann pünktlich zum Stundenende zurück. Ich bin mir sicher, du schaffst das!‹ Wichtig*

*war uns, nicht alle ihre Ängste auf einmal anzugehen, sondern uns nach und nach vorzuarbeiten und jeden kleinen Teilerfolg gebührend zu würdigen: ›Guck, jetzt bist du schon vier Mal allein beim Reiten geblieben, jetzt schaffst du es auch, kurz zu Hause zu bleiben, während ich nebenan die Blumen gieße.‹ Gerade üben wir alleine einschlafen, mit dem großen Ziel vor Augen, dass sie in den Sommerferien tatsächlich mal bei Lisa übernachten kann. Wir merken, dass es auch für uns eine Umstellung ist, nach so vielen Jahren, in denen wir so intensiv gebraucht wurden, den Schalter umzulegen und zu sagen: Das schaffst du jetzt auch ohne uns! Aber wir merken auch, wie viel besser es Kati geht, seit sie sich ihren Ängsten auch mal stellen darf.*
***Sonja***

## So viel Neugier, so viel Kraft: Was in gefühlsstarken Kindern und Jugendlichen alles steckt

Groß werden ist ganz schön anstrengend – dieser Satz könnte wie ein Motto über den späten Kinder- und frühen Jugendjahren unserer gefühlsstarken Kinder stehen. Denn auch wenn wir Erwachsene dazu neigen, diese Zeit zu einer der schönsten des Lebens zu verklären, so ist sie doch für die, die mittendrin stecken, ganz schön nervenaufreibend – insbesondere, wenn sie sämtliche Hochs und Tiefs der Reise ins Erwachsenwerden so intensiv und kraftvoll erleben wie unsere gefühlsstarken Kinder. Denn dadurch erleben unsere Kinder auch besonders stark, wie wenig unsere moderne Welt auf ihre sich wandelnden Bedürfnisse eingestellt ist. So weist etwa der Kinderarzt und Evolutionsforscher Dr. Herbert Renz-Polster zu Recht daraufhin, dass Jugendliche binnen weniger Jahre unglaubliche Kompetenzen entwickeln: Eine Innovationsfreude und einen Erfindergeist, die ihresgleichen suchen – »niemand verfügt über eine derart fluide Intelligenz, niemand ist kreativer«, so Renz-Polster in seinem Blog[14] –, gepaart mit unglaublich starken sozialen Kompetenzen, einer riesigen Offenheit für Neues, und einem immensen Gerechtigkeits- und Moralempfinden.

All diesen Eigenschaften kam in der Menschheitsgeschichte eine große Bedeutung zu: Es war die Aufgabe der Jugendlichen, ihre Kultur mit neuen Ideen und Erfindungen voranzubringen, wertvolle Außenbeziehungen zu neuen Clan-Gruppen zu knüpfen und zu unterhalten, Risiken nicht zu scheuen, die Moral der Gruppe hochzuhalten und – nicht zuletzt – zügig zum Arterhalt beizutragen, also geschlechtsreif zu werden und Sex zu haben. Folgen Jugendliche heute diesem in ihnen angelegten Programm, stürzen sie sich also mit Begeisterung auf die schier unbegrenzten Möglichkeiten neuer Technologien, vernetzen sie sich untereinander mit ihren Smartphones, organisieren sie Demos für den Klimaschutz oder ein offenes Internet während der Schulzeit und entdecken sie ihre Sexualität, schlagen wir Erwachsene oft die Hände zusammen über die Jugend von heute. »Und hier ist die Tragik dieses ganz speziellen Menschenvölkchens, den Jugendlichen«, schreibt Renz-Polster. »Dieses Völkchen ist bereit. Es scharrt mit den Hufen. Und bekommt heute nicht etwa die Aufgabe, das Feuer des Stammes zu hüten, sondern – den Erwachsenen zuzuhören. Tatsächlich geht heute das Leben vieler Jugendlicher jahrelang genauso weiter wie im Kindergarten und in der Grundschule. Wo sie sich längst über die Kindheit hinaus entwickelt haben, haben sie immer noch die Aufgabe von Kindern. Sie sitzen im Warteraum des Lebens und langweilen sich.«

Viel spricht dafür, dass gefühlsstarke Teenager diesen Spagat zwischen Loslaufen-Wollen und Zurückgehalten-Werden besonders intensiv empfinden. Dazu passen auch die wissenschaftlichen Untersuchungen, die ergaben, dass gefühlsstarke Jugendliche überdurchschnittlich häufig stark riskantes Verhalten aufweisen und ihre ausgebremste Abenteuerlust oft in exzessivem Feiern mitsamt Drogen- und Alkoholexzessen ausleben. Für Renz-Polster und andere Evolutionsforscher ist dieses teilweise an Selbstzerstörung grenzende Verhalten Ausdruck einer maßlosen, organisierten Unterforderung angesichts eines Lebens, das nicht ihrem Entwicklungsstand und nicht ihren evolutionären Fähigkeiten entspricht. Die gute Nachricht ist: Viele Jugendliche – auch viele gefühlsstarke Jugendliche – finden heute einen Weg, ihr Bedürfnis nach echter Autonomie und Verantwortung auf konstruktive Weise auszuleben: Sie engagieren sich in Vereinen und Initiativen, hinterfragen kritisch ihr eigenes Konsumverhalten und das ihrer Familien, suchen aktiv nach einer gesunden Balance zwischen Online- und Offline-Zeiten. Doch wenn unsere Jugendlichen diesen Spagat nicht von selbst hinkriegen und uns ihre Alltagsgestaltung Sorgen macht, kann es hilfreich sein, sich bewusst zu machen, für wie viel Verantwortung, wie viel Erwachsensein sie in dieser Lebensphase eigentlich gemacht sind. Und nach Wegen zu suchen, sie trotz Schulpflicht und anderen äußeren Zwängen das Feuer hüten zu lassen – vor allem das in ihrem Inneren.

# VIERTES KAPITEL

# Viel Freiheit und ein fester Rahmen: Wie gefühlsstarke Kinder Selbstregulationsfähigkeit entwickeln

## Wenn Kuscheln nicht mehr hilft: Neue Strategien für alte Probleme

Im Alltag mit gefühlsstarken Babys und Kleinkindern ist körperliche Nähe oft die Antwort auf (fast) alle Probleme. Denn kuscheliger Körperkontakt ist für kleine Kinder meist *die* Co-Regulationsstrategie schlechthin: Sie klinken sich dabei quasi in unser erwachsenes Selbstberuhigungssystem ein und regulieren ihre starken Emotionen direkt über uns. Werden gefühlsstarke Kinder älter, werden die Herausforderungen der Co-Regulation komplizierter. Denn einen Achtjährigen können wir nicht einfach ins Tragetuch packen, wenn er von den Reizen der Welt mal wieder überfordert ist – vielleicht dürfen wir ihn nicht einmal in den Arm nehmen.

Für viele Eltern stellt das eine äußerst belastende Situation war: Immer wieder erleben sie ihr Kind in emotionalen Extremsituationen und wissen nicht, wie sie ihm da raushelfen sollen, weil es die vertraute Nähe nicht mehr zulässt. Was also können wir tun für ein tobendes, weinendes, völlig aufgelöstes, großes gefühlsstarkes Kind? Zunächst einmal: anerkennen, dass es kein Baby und kein Kleinkind mehr ist. Auch wenn es von seinen großen Gefühlen gerade sichtlich überfordert ist, hat es in den vergangenen Jahren bereits gewisse Selbstregulationsstrategien entwickeln können, die wir ihm durch unser beständiges Trösten und Begleiten mitgegeben haben. Und das heißt: Dass unser Kind sich jetzt plötzlich nicht mehr kuscheln lassen will, kann auch schlicht bedeuten, dass es diese enge Co-Regulation jetzt nicht mehr braucht, weil es ausprobieren will, wie es allein in die Ruhe finden kann. Wir Eltern müssen also im Kopf den Schritt machen, uns nicht mehr bedingungslos zuständig zu fühlen für jeden Wutanfall und jeden Gefühlsausbruch, sondern unserem Kind zugestehen und zutrauen, solche Dinge in Zukunft zusehends selbst zu regeln. Schickt uns unser gefühlsstarkes Schulkind also plötzlich weg, wenn es von großen Gefühlen übermannt wird, sollten wir uns nicht abgelehnt oder gemein zurückgewiesen fühlen, sondern den Entwicklungsschritt in diesem Verhalten sehen: Hier versucht ein junger Mensch nach und nach, mit seinen heftigen Emotionen selbstständig klarzukommen – ist das nicht das, was wir immer wollten? Im Zuge dieses Prozesses ist es im Übrigen völlig normal, dass gefühlsstarke Heranwachsende noch eine ganze Zeit wie von Sinnen schreien, weinen und um sich schlagen, bevor sie tatsächlich zur Ruhe kommen. Solange sie dabei weder sich selbst noch andere gefährden, können wir sie bei diesem Frustabbau-Prozess getrost mit sich allein lassen. Wichtig ist nur, dass unsere Kinder wissen: Wenn sie merken, dass sie *doch* Hilfe brauchen, sind wir da.

Denn Co-Regulation, also die Unterstützung der Emotionsregulation durch ein Gegenüber, funktioniert nicht nur bei kleinen Kindern, sondern auch bei älteren Jugendlichen und sogar Erwachsenen. Wir alle sind darauf gepolt, uns via Spiegelneuronen in den Gefühlszustand eines anderen Menschen einklinken zu können und uns so zum Beispiel mit der Unterstützung eines ruhigeren Gegenübers zu erden, wenn wir selbst sehr aufgewühlt sind. Nehmen wir in den ersten Lebensjahren diese Beruhigungssignale vor allem über unmittelbaren Körperkontakt in uns auf, reicht später oft schon ein freundlicher Blick oder ein verständnisvoller Gesichtsausdruck, um unsere Selbstregulationssysteme zu aktivieren und zu stärken. Bezogen auf ältere gefühlsstarke Kinder heißt das: Die beste Unterstützung geben wir Eltern ihnen, wenn wir angesichts ihrer Gefühlsausbrüche selbst möglichst ruhig, freundlich und gelassen bleiben. Denn ein heranwachsendes Gehirn im Stresszustand reagiert extrem sensibel auf all die kleinen, nonverbalen Signale, die wir ausstrahlen. Verdrehen wir also genervt die Augen, schließen die Tür lauter und fester als notwendig oder knurren ein unfreundliches »Immer so ein Drama!«, bevor wir unser Kind mit seinem Frust zurücklassen, verstärken wir den ohnehin schon immensen Druck in seinem Inneren und machen es ihm dadurch unbeabsichtigt schwerer, sich selbst zu beruhigen. Ein respektvoller Rückzug, gefolgt von unaufgeregtem Tellerklappern in der Küche oder einem anderen Geräusch, das zeigt, dass hier niemand sauer oder enttäuscht ist, kann den Selbstregulationsprozess hingegen stark unterstützen.

## Die eigenen Emotionen regulieren lernen

Die Fähigkeit zu erlangen, Verantwortung für die eigenen Bedürfnisse und Gefühle zu übernehmen, ohne diese wegzuschieben oder zu verdrängen, ist eine der wichtigsten Entwicklungsaufgaben im Leben jedes Menschen, insbesondere jedoch im Leben eines gefühlsstarken Kindes. Denn je höher die emotionalen Wellen im Inneren schlagen und je weniger Selbstberuhigung ein Kind ihnen von Natur aus entgegenzusetzen hat, desto schwerer ist es, einen gesunden Umgang mit den eigenen Gefühlen zu erlernen. Was dann passiert, lässt sich an den vielen Erwachsenen ablesen, die nie gelernt haben, wie das geht: Gefühle wahrnehmen, identifizieren, reflektieren und sozialverträglich ausleben. Diese Menschen haben nämlich entweder heute noch immense Probleme mit der Impulskontrolle und wüten und toben in Stresssituationen wie ein überreiztes Kleinkind – oder sie haben so oft die Erfahrung gemacht, dass es nicht sicher ist, die eigenen Gefühle zu zeigen, dass sie die Kunst des Sich-Zusammenreißens perfektioniert haben und ihre eigenen Gefühle fast gar nicht mehr spüren.

Für unsere gefühlsstarken Kinder wünschen wir uns einen anderen Weg: Sie sollen ihre intensiven Gefühle als Teil ihrer Persönlichkeit annehmen und gleichzeitig Strategien entwickeln, mit ihnen konstruktiv und rücksichtsvoll umzugehen. Dafür brauchen sie vor allem eins: Selbstregulationsfähigkeit.

## Selbstregulation entwickeln: Was Kinder dafür brauchen

Selbstregulationsfähigkeit zu entwickeln, ist in unseren Kindern angelegt, und trotzdem entsteht sie nicht automatisch, sondern nur unter den richtigen Rahmenbedingungen. Deshalb gibt es wie in allen Elternfragen auch für die Förderung der Selbstregulationsfähigkeit zwar kein Patentrezept, aber doch eine ziemlich konkrete Zutatenliste, was Kinder dafür brauchen:

**1. Liebe und Anerkennung.** Die wichtigste Grundlage, um die Fähigkeit zu echter Selbstregulation zu erlangen, ist das Gefühl, angenommen und geliebt zu sein. Wer sich ständig falsch und fehlerhaft fühlt und um Liebe und Anerkennung kämpfen muss, hat vor lauter emotionalem Überlebenskampf keine Ressourcen für die komplexe Aufgabe der Selbstregulationsentwicklung übrig.

**2. Entspannung und Erholung.** Ein gestresstes Gehirn lernt nicht gut, und Selbstregulationsfähigkeit zu lernen, ist eine extrem anspruchsvolle und fordernde Lernaufgabe. In der Folge heißt das: Je stärker ein Kind unter Dauerstress steht, desto weniger ist sein Gehirn in der Lage, konstruktive Regulationsmechanismen auszubilden und zu verinnerlichen. Stattdessen agiert es meist aus dem impulsiven Kampf-oder-Flucht-Modus heraus, der in unserem Gehirn für Stress- und Notsituationen vorgesehen ist.

**3. Begleitung und Beruhigung.** Ihre eigenen Gefühle zu regulieren, lernen Kinder nicht, wenn sie auf sich allein gestellt sind, sondern in Gemeinschaft: Ihre Selbstberuhigungssysteme springen an, wenn vertraute Bindungspersonen sie durch stressige und frustrierende Situationen hindurch begleiten, sie trösten und beruhigen. Macht ein Kind zuverlässig die Erfahrung, mit seinen überwältigenden Gefühlen nicht allein zu sein, werden in seinem Inneren die körpereigenen Areale gestärkt, die für die Selbstberuhigung zuständig sind.

**4. Verständnis statt Vorwürfe.** Um Selbstregulationsfähigkeit zu erlangen, ist es wichtig, zu lernen, dass es keine verbotenen Gefühle gibt. Denn wenn Kinder verinnerlichen, dass bestimmte

Emotionen nicht sein dürfen, werden sie versuchen, diese in Zukunft zu unterdrücken, anstatt einen gesunden Umgang mit ihnen zu finden. Deshalb ist es so wichtig, Kinder für Wutausbrüche und andere Dramen nicht zu schimpfen und nicht zu bestrafen, sondern ihnen zu spiegeln, dass die dahinterstehenden Gefühle vollkommen normal sind – nur der Umgang damit soll ein anderer werden.

**5. Vorleben und Nachahmen.** Selbstregulation lernen Kinder am leichtesten am lebenden Beispiel. Das heißt: Wie wir selbst mit Stress und starken Emotionen umgehen, prägt, wie sie auf lange Sicht mit ihren eigenen Gefühlen zu leben lernen. Gerade für die vielen Erwachsenen, die in ihrer Kindheit keine guten Rahmenbedingungen hatten, um Selbstregulationsfähigkeit zu lernen, beginnt mit einem gefühlsstarken Kind also ein doppelter Lernprozess: Sie müssen ihrem gefühlsstarken Kind Selbstregulationsfähigkeit beibringen – und dafür auch sich selbst.

**6. Strategien und Routinen.** Die größte Herausforderung bei der Selbstregulation ist, sie auch dann anwenden zu können, wenn wir emotional richtig unter Strom stehen und kaum noch klar denken können. Dafür braucht es eine immense Impulskontrolle – schließlich ist Schreien und Zuschlagen, wenn man wütend ist, viel leichter, als erst innezuhalten und dann laufen zu gehen. Damit solche Umlenkungen auch im Ernstfall gelingen, ist es unerlässlich, sie so lange zu üben, bis sie zu unserem verinnerlichten Reaktionsmuster geworden sind und wir gar nicht mehr darüber nachdenken müssen, was wir bei welchem Gefühl am besten tun. Konkret heißt das: Um einem gefühlsstarken Kind eine neue Strategie im Umgang mit Wut, Enttäuschung und Frust beizubringen, reicht es nicht, ihm zu sagen, es solle nicht hauen. Stattdessen müssen wir eine Routine etablieren, dank der es verinnerlicht: Immer, wenn ich wütend werde, kann ich damit *so* umgehen.

**7. Herausforderungen und Frust.** Dunkle Gefühle gehören zum Leben dazu. Deshalb ist es ungeheuer wichtig, dass Kinder nicht nur einen gesunden Umgang mit positiven Emotionen wie Freude, Liebe oder Dankbarkeit lernen, sondern auch Gelegenheit bekommen, sich mit Frust, Enttäuschung, Ärger und Schmerz auseinanderzusetzen. Deshalb ist es wichtig, sie nicht wie unter einer Käseglocke großwerden zu lassen, abgeschirmt von all den Gemeinheiten und Ungerechtigkeiten dieser Welt, sondern ihnen zuzutrauen und zuzumuten, sich den Herausforderungen des echten Lebens zu stellen – inklusive all der Streits, Enttäuschungen und Frustrationen, die es mit sich bringt. Dunkle Gefühle allein lassen jedoch keine Selbstregulationsfähigkeit wachsen – im Gegenteil. Fühlen sich Kinder in Frustsituationen überfordert und alleingelassen, geht ihre Selbstregulationsfähigkeit sogar zurück. Machen sie hingegen immer wieder die Erfahrung, dunkle Gefühle mit einfühlsamer Begleitung aushalten und überwinden zu können, bringt sie das in ihrer Selbstregulationsfähigkeitsentwicklung entscheidend weiter.

**8. Halt und ein klarer Rahmen.** Es liegt im Wesen unserer Gefühle, dass sie wild und chaotisch sind. Mit ihnen umgehen zu lernen, beinhaltet jedoch, sie auf lange Sicht nicht mehr wie unberechenbare Tsunamis zu erleben, die völlig überraschend über uns hineinbrechen, sondern die innere Logik und Struktur unseres eigenen Gefühlslebens zu erkennen – denn nur so können wir schließlich lernen, die frühen Anzeichen für einen sich anbahnenden unkontrollierten Gefühlsausbruchs zu erkennen und entsprechend gegenzusteuern, bevor es zu spät ist. Diese innere Struktur zu entwickeln, fällt Kindern bedeutend leichter, wenn sie im Alltag eine äußere Struktur erfahren, also Halt und Begrenzung durch berechenbare Abläufe und Regeln, die sie vor dem Gefühl chronischer Überforderung schützen.

**9. Reflexion und Bestärkung.** Wenn Kinder mitten in einem Gefühlsausbruch stecken, sind sie für Argumente und Alternativvorschläge nicht zugänglich – doch wenn wieder Ruhe einkehrt, ist die perfekte Gelegenheit, noch einmal gemeinsam zu reflektieren, was da gerade passiert ist und wie beim nächsten Mal ein anderer Umgang mit diesem großen, alles beherrschenden Gefühl aussehen kann. Am effektivsten für die Entwicklung der Selbstregulationsfähigkeit sind dabei Gespräche, bei denen Kinder selbst auf Strategien kommen, die sie bei Wut, Traurigkeit oder Enttäuschung anwenden können. Wichtig dabei ist eine positive Feedback-Kultur: Schafft es ein Kind trotz aller guten Vorsätze nicht, eine Alternativ-Strategie zu nutzen, hagelt es weder Vorwürfe noch Kritik. Umgekehrt wird jeder Fortschritt in Sachen Selbstregulationsfähigkeit gesehen und gewürdigt: »Ich habe gesehen, wie du heute deine Hausaufgaben gemacht hast, ohne vorher rumzuschreien oder mit Sachen zu werfen, obwohl du überhaupt keine Lust hattest – das ist ein riesiger Fortschritt, auf den du echt stolz sein kannst.«

**10. Wertschätzung und Vertrauen.** Selbstregulationsfähigkeit zu entwickeln ist ein anstrengender, langwieriger Prozess, der nicht ohne Stolpersteine und Rückfälle auskommt. Gerade wenn ein Kind sich in manchen Situationen schon ziemlich gut selbst regulieren kann, schwindet bei vielen Erwachsenen jedoch das Verständnis gegenüber emotionalen Aussetzern: »Er kann schließlich, wenn er will.« Doch wie gut Selbstregulation in einer konkreten Situation gelingt, hängt immer von vielen Faktoren ab: Ein müdes Kind tut sich damit schwerer als ein ausgeschlafenes, ein hungriges schwerer als ein sattes, ein entspanntes schwerer als ein gestresstes. Dazu kommt die individuelle Tagesform sowie alle möglichen anderen externen Faktoren, die auf den Stresshaushalt Einfluss haben. Um das Vertrauen unserer Kinder in ihre eigene stetig wachsende Selbstregulationsfähigkeit nicht zu unterminieren, ist es deshalb wichtig, dass wir ihnen niemals unterstellen, sie würden sich mit Absicht, aus Faulheit oder nur um uns zu ärgern so schlecht benehmen. Sondern fest davon auszugehen, dass unser Kind jeden Tag sein Bestes gibt – auch wenn es nicht immer so aussieht.

**11. Werte und Normen.** Der innere Wunsch, die eigenen Gefühle regulieren zu lernen, entsteht und wächst nicht im luftleeren Raum. Sondern aus dem Bedürfnis heraus, sich in eine Gemeinschaft einzufügen und deren Werte und Normen zu achten. Das heißt: Um die Impulskontrolle heranwachsender Kinder und Jugendlicher zu stärken, ist es wichtig, ihnen gegenüber Werte und Normen zu vertreten, mit denen sie sich auseinandersetzen können. Dabei ist es ganz normaler Teil des Prozesses, dass manche Werte der Elterngeneration auch abgelehnt werden, während Werte Gleichaltriger hochgehalten werden. Entscheidend ist, dass Heranwachsende die Erfahrung machen: Es gibt Grundsätze, die sind wichtiger als kurzfristiger Lustgewinn, und Werte, für die es sich lohnt, die eigenen Bedürfnisse aufzuschieben.

**12. Zeit und Geduld.** Neben all den Rahmenbedingungen, die wir Eltern schaffen können, ist ein ganz wesentlicher Faktor für die Selbstregulationsausbildung jedoch auch ein Prozess, auf den wir keinen Einfluss haben: die natürliche Entwicklung der Hirnreife unseres Kindes. Denn um Selbstregulationsfähigkeit zu entwickeln, brauchen Kinder nicht nur liebevolle Unterstützung und Begleitung im Alltag, sondern auch einen Neokortex, der die reflektierte Regulation großer Gefühle rein kognitiv zu übernehmen in der Lage ist. Das heißt: Selbst unter optimalen Rahmenbedingungen wird es während der gesamten Kindheit und Jugend immer wieder zu Situationen kommen, in denen die stressempfindliche Amygdala unserer Kinder das Ruder übernimmt, weil der sich im Aufbau seiner Kapazitäten befindliche Neokortex einfach noch nicht weit genug ist, diesem extrem schnellen und bereits sehr gut entwickelten Hirnareal Paroli zu bieten. Dass unsere Kinder auch im fortgeschrittenen Teenie-Alter immer wieder emotionale Aussetzer haben, heißt also nicht, dass wir die Entwicklung ihrer Selbstregulationsfähigkeit nicht ausreichend ermöglicht und unterstützt hätten – sondern dass wir einfach noch etwas mehr Geduld brauchen, bis das Gehirn unseres Kindes so weit ausgereift ist, dass es sein volles Selbstregulationspotenzial entfalten kann.

## Selbstregulation trainieren – Fünf ganz praktische Tipps

### 1. Gemeinsam spielen

Nie lernen Kinder leichter als im Spiel, wenn sie ganz entspannt und im Flow sind. Gemeinsame Spielsituationen stellen deshalb das ideale Übungsfeld dafür dar, Selbstregulation und Impulskontrolle zu üben. Dabei ist es ganz normal, dass es für gefühlsstarke Kinder eine echte Herausforderung bedeutet, etwa ein angefangenes Brettspiel auch wirklich zu Ende zu spielen, oder beim »Mensch ärgere dich nicht« auszuhalten, rausgeschmissen zu werden. Genau solche Momente sind jedoch auch wunderbare Gelegenheiten, um gemeinsam nach kreativen Lösungen zu suchen, wie mit Ungeduld und Frust umzugehen ist. Manchen Kindern hilft es zum Beispiel, ihre Mitspieler mit kreativen Schimpfworten belegen zu dürfen, wenn sie rausgeworfen werden. Andere müssen einmal aufspringen und ihren Frust in die Luft boxen, bevor sie weiterspielen können. Entscheidend ist die Lernerfahrung, Frust und Wut zum Ausdruck bringen zu können, ohne für alle das Spiel kaputt zu machen. Nicht hilfreich für die Entwicklung der Selbstregulation ist es hingegen, zu schummeln oder die Spielregeln dem gefühlsstarken Kind zuliebe so abzuändern, dass es vor jedem Frust bewahrt wird.

### 2. Verantwortung übergeben

Sich selbst emotional zu regulieren setzt die bewusste Entscheidung voraus, Verantwortung für die eigenen Gefühle zu übernehmen.

Diese Verantwortung spüren Kinder aber nicht, wenn sie im Alltag vermittelt bekommen, dass für alles Wichtige sowieso die Erwachsenen verantwortlich sind. Deshalb ist es so wichtig, dass wir unseren Anspruch – »Übernimm die Verantwortung für deine eigenen Gefühle!« – auch Ansporn sein lassen, unseren Kindern in anderen Lebensbereichen nach und nach mehr Verantwortung zu übertragen. Je mehr Kinder innerhalb eines festen Rahmens selbst entscheiden dürfen, desto mehr Motivation verspüren sie, auch selbstverantwortlich ihre eigenen Emotionen zu regulieren. Konkret heißt das: Kinder selbst entscheiden zu lassen, was sie anziehen, wie sie ihr Zimmer gestalten, welche Hobbys sie pflegen wollen und ob sie mit zum Sonntagsspaziergang wollen, stärkt indirekt ihre Selbstregulationsfähigkeit.

### 3. Berechenbare Pläne schmieden

Besonders schwer fällt es gefühlsstarken Kindern, ihre Emotionen zu regulieren, wenn sie völlig unvorbereitet mit einer Stress- oder Frusterfahrung konfrontiert werden. Etwa, wenn sie sich nach einem langen Schultag auf einen entspannten Nachmittag ohne Stress oder Termine gefreut haben, und plötzlich doch noch mal los sollen zu so einem blöden Zahnarzttermin. Deshalb hat es sich für viele Familien bewährt, entweder am Vorabend oder beim Frühstück gemeinsam den genauen Plan für den Tag durchzusprechen und dabei bereits einzuplanen, wie die anstrengenden Übergangssituationen gelingen können. So können gefühlsstarke Kinder ihre Selbstregulationsstrategien aktivieren, bevor es akut wird.

### 4. Klarheit ausstrahlen

Im Leben mit Kindern gibt es immer wieder Situationen, in denen wir Eltern eine Entscheidung für unsere Kinder treffen, die diese doof finden. Und es ist verständlich, dass unsere sehr auf Autonomie und Selbstbestimmung bedachten gefühlsstarken Kinder dagegen oft besonders verbissen kämpfen. Beispiel Impfen: Viele Kinder scheuen den Pieks in der Arztpraxis so sehr, dass sie unendliche Energie investieren in ihre Bemühungen, uns umzustimmen – statt in Strategien, wie sie ihrer Angst Herr werden können. Um diesem Umweg in Vermeidungsstrategien vorzubeugen, ist es hilfreich, bereits gefallene Entscheidungen mit unmissverständlicher Klarheit zu kommunizieren: »Morgen um 14 Uhr fahren wir zusammen zu Dr. Schön und lassen dich gegen Röteln impfen.« Spüren gefühlsstarke Kinder, dass in diesem Punkt keine Diskussion möglich ist, erfüllt sie dies oft mit großer Verzweiflung, die sie lautstark nach außen tragen. Rechnen wir mit dieser Reaktion, können wir sie als die emotionale Bewältigungsstrategie ansehen, über die unser Kind in diesem Moment eben verfügt: Es muss seinen Frust und seinen Ärger nach außen tragen. Spannenderweise ist das Thema danach für die meisten Kinder aber auch wirklich durch. Haben sie sich einmal so richtig aufgeregt und emotional verausgabt, kommen sie am nächsten Tag widerspruchslos mit zum Kinderarzt. Und lernen dabei: Große Gefühle ändern nichts daran, dass manche Dinge einfach sein müssen.

### 5. Wartezeiten nutzen

Die Fähigkeit, die eigenen Emotionen zu regulieren, ist eng verknüpft mit der Fähigkeit, die eigenen Impulse zu kontrollieren und Bedürfnisse für eine bestimmte Zeit aufschieben zu können. All diese Fähigkeiten können wir mit unseren Kindern ganz nebenbei in all den Situationen trainieren, in denen wir gemeinsam irgendwo warten müssen, ob beim Bürgeramt, in der Hausarztpraxis oder an der Bushaltestelle. Warten fällt gefühlsstarken Kindern naturgemäß schwer, weil sie sich schnell langweilen und ständig nach neuen Reizen suchen. Umso effektvoller ist es für ihre Selbstregulationsentwicklung, wenn sie die Erfahrung machen, dass sie auch in einer langweiligen und potenziell frustrierenden Situation *die Wahl haben*, ob sie sich dem Frust hingeben oder ob sie nach kreativen Wegen suchen, ihm entgegenzuwirken. Diese Lernchance lassen wir Eltern ungenutzt, wenn wir unsere Kinder stattdessen einfach unser Handy in die Hand drücken.

*»Meinen gefühlsstarken Sohn beim Großwerden zu begleiten, ohne dabei wahnsinnig zu werden, war die schwerste Aufgabe meines Lebens. Am schlimmsten war für mich der konstante Druck von außen, doch endlich einmal durchzugreifen und mein Kind notfalls mit Gewalt in seine Schranken zu weisen. Doch ich verstand mich immer als die Anwältin meines Kindes. Was haben die Menschen getuschelt über mein verwöhntes Kind und mich, seine überbehütende Mutter! Dabei gab es bei uns durchaus klare Regeln und Grenzen. Aber eben keine Strafen, stattdessen lange Unterhaltungen: Warum hat das heute nicht geklappt wie besprochen? Was können wir tun, damit es beim nächsten Mal funktioniert? Oft weinte ich mich abends vor Erschöpfung in den Schlaf. Und gleichzeitig merkte ich, dass mein wichtigstes Bindeglied zu meinem Sohn unsere vertrauensvolle Beziehung war. Er wusste: Mama hält zu mir, egal was passiert. Heute ist mein Sohn 27 Jahre alt und ein wunderbarer junger Mann. Willensstark ist er immer noch, und bewegungsfreudig und leidenschaftlich auch. Doch anstatt wie früher von seinen großen, starken Gefühlen regelrecht überrollt zu werden, ist er nun derjenige, der den Schalthebel in der Hand hat – und das im wahrsten Sinne des Wortes: Nachdem sein erster Job in einem Software-Unternehmen nicht so spannend und erfüllend war wie von ihm erhofft, sattelte er nämlich noch einmal komplett um und wurde Pilot. Ich bin überzeugt, dass ihm bei dieser mutigen Entscheidung seine gereifte gefühlsstarke Persönlichkeit geholfen hat – wie viele Menschen verharren in einem Job, der sie nicht glücklich macht, aus Angst, etwas Neues zu probieren? Heute wünsche ich mir oft, die Lehrer, Ärzte und Nachbarn von damals könnten meinen Sohn*

*heute sehen. Was haben sie ihm für eine düstere Zukunft prophezeit – und was hat er aus sich gemacht! Wenn ich heute junge Eltern mit ihren willensstarken Kindern kämpfen sehe, möchte ich ihnen am liebsten zurufen: Haltet durch, es wird besser! Meist lächle ich sie jedoch einfach betont freundlich an und gehe weiter. Das hätte ich mir früher nämlich selbst oft gewünscht.«*
***Margot, 52 Jahre***

## Halt geben, Vertrauen schenken: Persönliche Grenzen vertreten

Gefühlsstarke Kinder brauchen festen Halt und einen klaren Rahmen, um sich mit ihren starken Bedürfnissen, Impulsen und Gefühlen nicht alleingelassen und chronisch überfordert zu fühlen. Gleichzeit brauchen sie aber auch die Erfahrung von Freiheit, Selbstwirksamkeit und Autonomie, um ihr volles Potenzial entfalten zu können und sich im Alltag nicht gedemütigt und klein gehalten zu fühlen. Wie können wir als Eltern diesen Balanceakt meistern?

Wenn Kinder wild und willensstark sind, bekommen ihre Eltern oft den Rat, sie müssten ihrem Kind eben mehr *Grenzen setzen*. Dieser Tipp basiert auf der veralteten Erziehungs-Überzeugung, dass Kinder Grenzen um der Grenzen willen bräuchten, also künstliche und mehr oder weniger willkürlich von Erwachsenen beschlossene Beschränkungen ihrer persönlichen Freiheit, die sie lehren sollen, sich anzupassen und unterzuordnen. Tatsächlich sind genau solche unpersönlichen Grenzen Gift für jede Eltern-Kind-Beziehung. Trotzdem sind sie in Familien immer noch weit verbreitet.

»Du musst jetzt aufräumen, weil ich es sage.«

»In unserem Schlafzimmer hast du nichts verloren.«

»Es ist mir egal, ob du das willst oder nicht: Zieh jetzt deine Jacke an!«

»Mit Essen spielt man nicht.«

Typisches Kennzeichen für derlei künstliche Grenzen: Eltern legen sie nach ihren eigenen Vorstellungen und Glaubenssätzen fest. Und erwarten von ihren Kindern, dass sie ihnen widerspruchslos Folge leisten. Es gibt Kinder, die lassen so mit sich umgehen. Gefühlsstarke Kinder gehören nicht dazu. Mit der Zuverlässigkeit von Spürhunden wittern sie die Ungerechtigkeit, die diesen innerhalb eines Machtgefälles willkürlich festgelegten Regeln innewohnt, und rebellieren mit aller Macht dagegen. Folgen Eltern in ihrem Erziehungsverhalten nun der Vorstellung, dass offener Widerstand noch mehr Grenzen Setzen erfordert, erhöhen sie meist den Druck, indem sie an ihre Grenzen Konsequenzen knüpfen. Das heißt, sie fangen an, ihren Kindern unangenehme Folgen anzudrohen, wenn sie ihnen nicht gehorchen.

»Wenn du jetzt nicht dein Zimmer aufräumst, ist Fußball morgen gestrichen.«

»Kommst du heute Nacht wieder zu uns ins Bett, darfst du morgen nicht fernsehen.«

»Ziehst du jetzt nicht augenblicklich deine Jacke an, gehen wir sofort nach Hause.«

»Wenn du weiter mit dem Essen spielst, ist dein Teller weg.«

Solche Druckmittel – gern auch verharmlosend »logische Konsequenzen« genannt – sollen das Kind dazu bewegen, sich zu fügen. Bei vielen Kindern, insbesondere bei gefühlsstarken, erreichen sie jedoch genau das Gegenteil: *noch* mehr Widerstand, *noch* mehr Wutanfälle, *noch* weniger Kooperation. Denn sie merken genau, dass hinter solchen Formulierungen nichts anderes steht als handfeste Erpressung: Tust du nicht, was ich dir sage, wirst du das noch bereuen! Und dagegen setzen sie sich zur Wehr.

An dieser Stelle ist wichtig, zu betonen: Eltern, die mit ihren Kindern solche Erziehungsmethoden anwenden, sind nicht böse oder gemein. Im Gegenteil: Sie wollen für ihre Lieben nur das Allerbeste. Sie setzen Grenzen und verhängen Konsequenzen, weil sie ihre Kinder gut erziehen wollen und gelernt haben, dass das so geht: In Elternzeitschriften und Erziehungsratgebern, in Beratungsstellen und von Schulpsychologen, von Freunden und Verwandten – oder schlicht, weil sie selbst genauso groß geworden sind. Das Problem dabei: So richtig es ist, dass Kinder Grenzen brauchen und aus den Folgen ihres Verhaltens lernen, so wenig hilfreich sind all diese künstlichen Grenzen und Konsequenzen im Familienalltag und insbesondere im Umgang mit gefühlsstarken Kindern. Denn was bei dieser Erziehungsmethode völlig aus dem Blick gerät, ist die Beziehung zwischen Eltern und ihren Kindern. Wer nach eigenem Gutdünken Regeln festlegt, Gehorsam einfordert und bei Nichtgehorsam Konsequenzen verhängt, verhält sich wie ein Machthaber – nicht wie ein liebendes Elternteil, das seinem Kind vertraut. Das heißt nicht, dass Eltern, die so handeln, ihr Kind nicht lieben – doch leider haben ihre Handlungen oft zur Folge, dass ihr Kind sich tief in seinem Inneren nicht wirklich und bedingungslos geliebt *fühlt*. Gerade mit einem gefühlsstarken Kind enden solche Erziehungsmethoden außerdem in einem zermürbenden Machtkampf, bei dem alle Seiten nur verlieren können: Die Eltern, weil ihnen irgendwann die Konsequenzen ausgehen, die sie noch verhängen könnten. Und die Kinder, weil sie all ihre Energie ins Auflehnen stecken, die sie eigentlich für ihre Persönlichkeitsentwicklung bräuchten. Vor allem aber bleibt bei einem solchen Dauer-Konflikt irgendwann die Eltern-Kind-Beziehung auf der Strecke: Eltern und Kinder stehen sich plötzlich wie Gegner gegenüber, statt sich als Verbündete zu erleben, die an einem Strang ziehen.

Eine völlig andere Familiendynamik entwickelt sich, wenn wir statt künstliche auf *persönliche Grenzen* setzen. Das heißt: Wir legen nicht einfach fest, was unser Kind tun oder lassen soll, und drohen auch nicht mit Strafen oder Konsequenzen, sondern bleiben erst mal ganz bei uns: Das will *ich*. Das will ich *nicht*. Das ist *meine* Grenze.

»Ich will jetzt in Ruhe meinen Tee trinken.«

»Mir ist kalt, ich will jetzt nach Hause.«

»Ich habe keine Lust, leere Joghurtbecher aus deinem Zimmer zu sammeln.«

»Ich will jetzt Feierabend haben.«

Diese persönlichen Grenzen darf jedes Familienmitglied selbst erspüren und formulieren. Das heißt: An die Stelle unumstößlicher Regeln, die fast wie Gesetze anmuten, treten individuelle Bedürfnisse, die selbstbewusst vertreten werden. Dabei ist es vollkommen legitim, wenn sich die persönlichen Grenzen zweier Elternteile voneinander unterscheiden, das Kind also beim einen darf, was der andere nicht will oder umgekehrt. Wichtig ist, dass Kinder lernen: Grenzen sind keine Mauern, die Machthaber willkürlich ziehen, um ihre Untertanen in ihrer persönlichen Freiheit zu beschränken, einfach weil sie es können. Grenzen sind vielmehr deutlich kommunizierte Bedürfnisse, die sich verändern und wandeln können, die wir aber immer verteidigen dürfen. Das Problem im Alltag ist nur, dass insbesondere gefühlsstarken Kindern das Respektieren dieser Grenzen oft sehr schwerfällt. Ihre eigenen Bedürfnisse erleben sie so intensiv, dass sie die anderer darüber leicht aus dem Blick verlieren – insbesondere, wenn wir Eltern unsere Bedürfnisse seit Jahren intuitiv eher zurückgestellt haben, wie dies im Zusammenleben mit einem gefühlsstarken Kind nahezu automatisch passiert.

Wie kann es uns also gelingen, unserem Kind gegenüber unsere persönlichen Grenzen zu vertreten, ohne dass wir doch wieder mit Strafen und Konsequenzen drohen müssen? Nun: Indem wir auf ihnen beharren und uns nicht erpressen lassen. Schließlich haben persönliche Grenzen immer mit uns selbst zu tun, mit dem also, was wir selbst zu tun oder nicht zu tun, zu geben oder nicht zu geben bereit sind. Wenn wir in Ruhe eine Tasse Tee trinken wollen, und unser gefühlsstarkes Kind will, dass wir stattdessen sofort aufstehen und spielen, dann ist es unsere Aufgabe, diesen Konflikt auszuhalten und das zu tun, was *wir* jetzt wollen – egal, was unser Kind tut, um uns davon abzubringen. Das ist schwerer, als es klingt, schließlich können gefühlsstarke Kinder nicht nur extrem willensstark und fordernd sein, sondern auch extrem *laut*. Wollen wir nicht, wie sie wollen, machen sie uns dementsprechend oft die Hölle heiß: Mit Schreien und Spucken, Heulen und Stampfen, Betteln und Flehen, Wüten und Toben. Da liegt es nahe, nachzugeben, weil ich so meine Tasse Tee ohnehin nicht mehr in Ruhe genießen kann. Doch wenn Eltern im Umgang mit ihrem Kind darauf setzen wollen, dass es nicht durch Strafen und Konsequenzen lernt, sondern aufgrund der Basis des Respekts vor persönlichen Grenzen, ist es ratsam, eben *nicht* ständig die eigenen Grenzen zu übertreten, weil das gefühlsstarke Kind sonst wieder so einen Aufstand macht. Stattdessen wäre es gut, dem eigenen Kind in solchen Situationen die Gelegenheit zu geben, sich in Frustrationstoleranz zu üben und zu lernen, dass jeder Mensch das Recht hat, für seine eigenen Bedürfnisse einzustehen – auch Mama und Papa. In der Praxis kann das so aussehen, dass ein Elternpaar in Ruhe miteinander Kaffee trinkt, während ihr gefühlsstarkes Kind nebendran völlig ausrastet, weil es will, dass Papa jetzt mit ihm X-Box spielt. Oder so, dass eine Mutter in aller Seelenruhe duschen geht, während ihr gefühlsstarkes Kind vor der Badezimmertür tobt, dass sie *jetzt* vorlesen kommen soll. Von außen betrachtet kann das Verhalten der Eltern in diesen Situationen befremdlich und sogar kaltherzig wirken – ihr Kind ist doch offensichtlich in Not! Doch wenn die innere Not eines Kindes daher rührt, dass es nicht über seine Eltern bestimmen kann, ist der Ausweg daraus nicht, sich seinen Wünschen bedingungslos zu fügen. Sondern ihm zu zeigen, dass nichts Schlimmes passiert, wenn Menschen gut für sich selbst sorgen. Im Gegenteil: Tun sie das, können sie drum herum viel einfühlsamer auf seine Bedürfnisse reagieren.

Im Familienleben auf persönliche Grenzen zu setzen, heißt jedoch auch: Ich kann zwar über mich bestimmen, aber nicht über dich. Ich kann also als Mutter oder Vater eines gefühlsstarken Kindes auf meine Tasse Tee, mein heißes Bad oder meinen Feierabend-Krimi bestehen – aber nicht darauf, dass es sein Zimmer aufräumt, seine Jacke anzieht oder seine Hausaufgaben macht. Das stellt für viele Eltern ein echtes Problem dar: Wenn ich mein Kind nicht erpressen will, wie bringe ich es dann dazu, zu tun, was ich will? Die ehrliche Antwort darauf lautet: Im Zweifelsfall gar nicht. Es ist tatsächlich unmöglich, einen anderen Menschen gewaltfrei dazu zu bewegen, etwas zu tun, was er partout nicht tun will – auch wenn dieser Mensch ein Kind ist. In vielen Situationen bedeutet das tatsächlich, dass wir Eltern von der Vorstellung Abstand nehmen müssen, das Recht zu haben, über unsere Kinder zu bestimmen, wenn wir mit ihnen nicht dauerhaft in einem Kampfmodus zusammenleben wollen. Ob unsere Kinder ihre Jacken anziehen, ihre Zimmer aufräumen oder ihre Hausaufgaben machen, ist dann tatsächlich erst mal – ihre Sache. Das ist die eine Seite der Medaille. Die andere Seite ist, dass wir Eltern unseren Kindern gegenüber trotzdem in einer klaren Führungsverantwortung sind. Über je weniger Impulskontrolle und Selbstregulationsfähigkeit sie verfügen, desto stärker sind wir als Mütter und Väter also in der Pflicht, für ihr körperliches und seelisches Wohlergehen zu sorgen – auch dann, wenn es ihren kurzfristigen Wünschen und Plänen entgegensteht. Das heißt: Wenn wir unsere gefühlsstarken Kinder einfach machen lassen, was sie wollen, weil sie sich von uns eh nichts sagen lassen, ist das kein respektvolles Elternsein – sondern im schlimmsten Fall Vernachlässigung. Und damit stehen wir vor einem echten Dilemma: Wie können wir die Integrität unseres Kindes wahren und gleichzeitig bestimmte Notwendigkeiten durchsetzen?

Mit natürlicher Autorität, also der Klarheit nach innen wie nach außen, dass wir als Eltern jetzt das Recht und die Verantwortung haben, ein Anliegen durchzusetzen, und zwar ohne dafür zu Drohungen oder Strafen greifen zu müssen. Kinder, und gerade gefühlsstarke Kinder, sprechen auf diese Art von Autorität intuitiv an, weil sie spüren: Hier geht es nicht um Macht und nicht darum, einen Kampf zu gewinnen oder zu verlieren. Hier geht es darum, dass meine Eltern Verantwortung übernehmen. Und das fühlt sich – bei allem Widerstand in der Sache – gut an.

Wie sieht diese natürliche Autorität in der Praxis aus? So, dass wir Eltern für unser Anliegen genauso bestimmt einstehen wie für unsere eigenen Bedürfnisse. So, wie wir uns nicht von einem Tobsuchtsanfall aus der Ruhe bringen lassen, wenn wir eine Tasse Tee trinken wollen, lassen wir uns nun von Tränen und Geschrei nicht schocken, wenn es um die Mathe-Hausaufgaben geht. Stattdessen sagen wir mir klarer, fester Stimme und innerer Überzeugung: »Jetzt sind deine Hausaufgaben dran.« Und steigen auf keine Diskussionen oder inhaltlichen Auseinandersetzungen darum ein. Stattdessen strahlen wir mit jeder Faser unseres Körpers aus: So ist das jetzt. Es kann sein, dass unser Kind jetzt tobt und schreit und wütet oder türenknallend in sein Zimmer rennt. Das ist okay. Es muss das vielleicht sogar tun, um seine Integrität zu wahren. Doch wenn es merkt, dass all sein Protest nichts an unserer Position ändert, wird es sich irgendwann in sein Schicksal fügen – ohne, dass ihm irgendeine Konsequenz drohen würde, wenn es das nicht tut. Einfach, weil im Rahmen unserer Eltern-Kind-Beziehung nun sein innerer Wunsch nach Kooperation mit uns über seinen Widerstand gegen die Hausaufgaben siegt. In diesem Moment ist es ganz wichtig, nicht nachtragend oder sauer zu sein, sondern auszustrahlen, dass wir nie daran gezweifelt haben, dass es genauso kommen würde – wir kennen doch unser Kind, wir wissen doch, dass wir uns auf es verlassen können –, und ihm alle Unterstützung anzubieten, die es jetzt braucht. Ein Kakao neben dem Matheheft? Hilfe beim Vokabeln Üben? Jemanden, der die Buntstifte anspitzt? Alles kein Problem. Schließlich können wir uns darauf verlassen, dass unser Kind im Zweifelsfall auch über seine innere Unlust hinweg mit uns kooperiert – da kooperieren wir auch gerne mit ihm.

## Abgrenzen – nicht ignorieren!

Für viele Eltern fühlt es sich falsch an, sich ihrem weinenden, schreienden Kind nicht augenblicklich zuzuwenden, egal, was sie eigentlich gerade vorhatten – schließlich ist da ein kleiner Mensch in Seelennöten! Die Vorstellung, in Ruhe eine Tasse Tee auszutrinken, während nebenan für das eigene Kind gefühlt die Welt untergeht, ist ihnen zutiefst zuwider. Ist das nicht schwarze Pädagogik? Das eigene Kind ignorieren, damit es lernt, dass es nicht immer seinen Willen durchsetzen kann? Dass immer mehr Mütter und Väter sich diese Frage stellen, ist großartig – denn es zeigt, wie viel Empathie mittlerweile in Familien herrscht und wie groß das Bedürfnis der heutigen Elterngeneration ist, den eigenen Nachwuchs seelisch unverletzt groß werden zu lassen. Die Schwierigkeit insbesondere im Zusammenleben mit gefühlsstarken Kindern ist nur, dass Mütter und Väter dabei gerade aufgrund ihrer empathischen, liebevollen Grundhaltung Gefahr laufen, ihre eigenen Grenzen so weit zu überschreiten, dass sie sich selbst darüber völlig verlieren, während ihr Kind mehr und mehr fordert und gar keine Vorstellung davon entwickelt, dass auch Eltern Grenzen haben. Das heißt jedoch nicht, dass Eltern sich in Härte und Unnachgiebigkeit üben müssten, um aus diesem Kreislauf auszubrechen. Im Gegenteil: Unser Verständnis, unser Mitgefühl und unsere ehrliche, unverbrüchliche Zuneigung zu unseren Kindern sind die wichtigste Voraussetzung dafür, dass wir unsere Kinder auch dann nicht verletzen, wenn wir ihnen eine Grenze aufzeigen. Denn bei allem, was wir tun, nehmen unsere Kinder nicht nur unsere *Handlung* wahr, sondern auch die *Haltung*, die wir dabei einnehmen.

Das heißt: Eine Situation, die sich in zwei Familien beinahe identisch abspielt, kann sich für die beiden betreffenden Kinder fundamental unterschiedlich anfühlen – je nachdem, welche emotionalen Signale sie dabei von ihren Eltern empfangen. Bleiben wir für einen Moment bei dem Beispiel mit dem Tee: In zwei Familien trinkt je ein Vater am Küchentisch eine Tasse Tee, während nebendran auf dem Fußboden sein weinendes, schreiendes Kind verlangt, er möge sofort mit ihm X-Box spielen – jetzt, augenblicklich. In beiden Familien gibt der Vater diesem Wunsch nicht nach, sondern nimmt sich seine Zeit.

Der eine Vater handelt so, weil er sich vorgenommen hat, das schlechte Benehmen seines Kindes nicht durch zusätzliche Aufmerksamkeit zu verstärken. Stattdessen wird er es ignorieren, bis es sich wieder gut benimmt. Während sein Kind also am Boden liegt und verzweifelt weint, geht der Vater innerlich auf Abstand. Vermeidet jeden Blickkontakt, hält seine Teetasse fest umklammert, wild entschlossen, diesen Machtkampf zu gewinnen. Als schließlich sein Kind versucht, auf seinen Schoß zu klettern, setzt er es unsanft wieder auf den Fußboden: »So brauchst du mir jetzt gar nicht zu kommen«, knurrt er dabei.

Der zweite Vater beharrt auf seiner Teepause nicht, um seinem Kind eine Lektion zu erteilen, sondern einfach, weil er merkt: Ich brauche jetzt einen Moment für mich, bevor ich wieder für mein Kind da sein kann. Dass sein Kind währenddessen weinend am Boden liegt, tut ihm zwar leid, ist aber gerade nicht zu ändern. Er lässt sich davon nicht unter Druck setzen – er weiß, dass Kinder auch an Frust wachsen können –, schottet sich aber innerlich auch nicht ab, sondern bleibt emotional mit seinem Sohn oder seiner Tochter in Verbindung. Immer wieder wirft er seinem Kind liebevolle Blicke zu, signalisiert Mitgefühl und Verständnis bei gleichzeitiger Klarheit. »Ich weiß, das ist jetzt schwer für dich«, sagt er. »Aber ich brauche jetzt eine kleine Pause, damit ich gleich wieder für dich da sein kann.« Als sein Kind schließlich versucht, auf seinen Schoß zu klettern, zieht er es nah an sich heran und nimmt es in den Arm.

Während beide Kinder von ihren Vätern also einen gewissen Frust zugemutet bekommen, ist die emotionale Grundstimmung in den geschilderten Situationen gänzlich verschieden: Während das Kind im ersten Beispiel mit seinem Schmerz alleingelassen wird und die Rückmeldung bekommt, mit seiner Verzweiflung zu stören und zu nerven, erfährt das Kind im zweiten Beispiel neben Frustration auch Verständnis und Zuwendung, die es ihm ermöglichen, Bewältigungsstrategien für seinen seelischen Schmerz zu entwickeln. Und genau das ist der Knackpunkt: Ein Kind, das ignoriert wird, lernt keine Frustrationstoleranz, sondern allenfalls Resignation. Ein Kind, das bei allem Frust Verbindung erfährt, macht hingegen die Erfahrung, dass es schwierige Situationen aushalten kann, ohne an ihnen zu zerbrechen – und genau aus diesem Gefühl erwächst echte Frustrationstoleranz.

Für uns Eltern heißt das: Es ist ein *richtiger* und *guter* Impuls, unsere Kinder niemals aus erzieherischen Gründen ignorieren zu wollen. Doch das heißt nicht, dass wir jeden Wut- und Frustanfall sofort stoppen müssten. Wir können für unsere Bedürfnisse einstehen und Wünsche auch mal nicht – oder *nicht jetzt* – erfüllen, ohne dafür emotional auf Distanz gehen zu müssen. Wir können uns abgrenzen, ohne darüber unsere Verbindung zu kappen. Das zu verinnerlichen, ist nicht nur für uns Eltern wichtig. Sondern auch für unsere Kinder.

## Der Unterschied zwischen Kooperation und Gehorsam

In den Ohren vieler Eltern gefühlsstarker Kinder hört sich die Aussage, jedes Kind wolle kooperieren, jedoch leider wie blanker Hohn an. Denn sie erleben jeden Tag das genaue Gegenteil: Ihr Kind setzt sich gegen alles zur Wehr und ignoriert jede noch so freundliche Bitte. Das fühlt sich nicht nur ungeheuer frustrierend an, sondern auch zutiefst verletzend, schließlich »lesen« wir Eltern dieses Verhalten immer auch auf der Beziehungsebene und empfangen deshalb die Botschaft: Ihr seid mir egal, ich mache was ich will, ihr habt mir gar nichts zu sagen. Und das ist schwer erträglich, wenn man sich jedem Tag Arme und Beine ausreißt, um den starken Bedürfnissen des eigenen Kindes gerecht zu werden. In dieser misslichen Lage ist es umso bedeutsamer, sich klarzumachen: Kinder tragen tatsächlich den tiefen Wunsch in sich, mit ihren erwachsenen Bezugspersonen zu kooperieren – doch Kooperation ist nicht dasselbe wie Gehorsam, sondern manchmal das komplette Gegenteil. Denn der Kooperationswunsch jedes Kindes besagt zunächst einmal nichts anderes als: Ich will mit meinen Eltern und den anderen vertrauten Erwachsenen um mich herum an einem Strang ziehen, so gut ich eben kann. Ich will sie weder absichtlich ärgern noch provozieren noch ignorieren, sondern im Gegenteil meinen Teil dazu beitragen, dass unsere Beziehung gelingt – ohne dabei meine eigenen Grenzen zu überschreiten.

Und genau hier liegt der Hase im Pfeffer: Gerade unsere gefühlsstarken Kinder machen im Alltag oft die Erfahrung, dass Anforderungen an sie gestellt werden, die sie nicht erfüllen *können* – zumindest nicht, ohne ihre eigene Integrität zu gefährden. Das liegt zum einen daran, dass die Erwartungen an altersgerechtes Verhalten oft nicht zum individuellen Entwicklungsalter unseres Kindes passen, zum anderen daran, dass das Kooperationskontingent gefühlsstarker Kinder schnell erschöpft ist. Das heißt: Haben sie bereits mehrere Stunden in der Schule oder im Sportverein jede Menge Impulskontrolle ausgeübt und Selbstbeherrschung gezeigt, ist es danach mit ihrer Kooperationsfähigkeit vorbei. Denn Kooperieren kostet Kraft, und gegen das eigene angeborene Wesen an stundenlang ruhig und rücksichtsvoll soziale Erwartungen zu erfüllen, kostet gefühlsstarke Kinder *unendlich viel Kraft* – sodass nach einer gewissen Zeit schlicht keine Energie dafür mehr übrig ist. Und genau an diesem Punkt dreht sich das kindliche Kooperationsverhalten sozusagen um: Führte der unbedingte Kooperationswille das Kindes bis dahin dazu, dass es versuchte, sämtliche an es gestellte Erwartungen bestmöglich zu erfüllen, fühlt es sich nun *gerade aufgrund seines Kooperationswillens* dazu verpflichtet, den Menschen um es herum zu zeigen: Stopp, meine Grenze ist erreicht. Um auf diesen Umstand aufmerksam zu machen, wählen Kinder oft denkbar ungünstige Strategien: Sie bocken und trotzen, meckern und maulen, ignorieren und provozieren. Häufige Folge: Anstatt zu verstehen, dass das Kind selbst in diesem Moment noch kooperiert – indem es nämlich zeigt, dass es gerade keine Erwartungen mehr erfüllen kann –, wird es als unkooperatives, unerzogenes Balg wahrgenommen. Und darunter leidet natürlich die Beziehungsqualität. Das Kind spürt das und reagiert, indem es auf seine Weise kooperiert: Es verstärkt seine Notfallsignale, meckert und motzt also noch mehr. Seiner kindlichen Logik folgend kann es nämlich so am besten zeigen, worauf es aufmerksam machen kann: Hilfe, ich bin hier in Not! Je schlechter ich mich benehme, desto schlechter geht es mir, kapiert das denn keiner? Benehme ich mich denn immer noch nicht schlimm genug, damit ihr seht, wie sehr ich leide? Gut, dann lege ich eben noch eine Schippe drauf …

So entsteht häufig ein Teufelskreis, an dem Eltern wie Kinder gleichermaßen verzweifeln. Dabei wäre der Weg da raus relativ einfach, wenn wir verstehen, dass Kooperation nicht dasselbe ist wie Gehorsam. Ein gehorsames Kind hört, egal, wie es ihm damit geht. Ein kooperatives Kind erfüllt Erwartungen, so lange es ihm selbst damit gut geht – gibt aber auch deutliche Signale, wenn es sich überfordert fühlt oder Bedarf nach mehr emotionaler Verbindung und Unterstützung hat. Das heißt: Sowohl im Erfüllen als auch im Nicht-Erfüllen bestimmter Erwartungen versucht es, aktiv zur Beziehungsqualität zwischen ihm und seinen engsten Bezugspersonen beizutragen. Kinder, die völlig dicht machen, auf jede Aufforderung mit Widerstand reagieren oder ausschließlich motzend und meckernd kommunizieren, sind also weder ungezogen noch frech – sie sind in den meisten Fällen einfach nur völlig gestresst, massiv überfordert und tief traurig. Sie wünschen sich nichts mehr, als dass jemand ihren Leidensdruck sieht und ihnen hilft, da rauszukommen – ohne Schuldzuweisungen und Vorwürfe. Wenn Eltern also das Gefühl haben, für ihren Sohn oder ihre Tochter gelte der Grundsatz, dass Kinder immer kooperieren wollen, nicht, ist das ein Zeichen dafür, genauer hinzuschauen: Worauf will dieses Kind hinweisen, indem es sich jeder Zusammenarbeit verweigert? Was belastet es so, dass sein angeborener Kooperationswille gerade zu nicht mehr reicht als dazu, darauf aufmerksam zu machen, dass hier irgendwas aus dem Lot geraten ist? Machen sich Eltern hier auf Spurensuche, anstatt in ihrer Verzweiflung auf Druck und Strafen zu setzen, lässt sich der Knoten in der Eltern-Kind-Beziehung meist gut lösen.

## Nachgeben statt Aufgeben

Gefühlsstarke Kinder sind die geborenen Rebellen: Regeln und Aufforderungen einfach stillschweigend hinzunehmen, ist nicht ihr Ding. Stattdessen begehren sie mit aller Macht auf – vor allem gegen Verbote, die sie als ungerecht, und Regeln, die sie als sinnlos empfinden. So kommt es, dass ihre Eltern oft das Gefühl haben, sich mit ihren Kindern in einem permanenten Kampfzustand zu befinden. Ständig gibt es Diskussionen um scheinbare Selbstverständlichkeiten und erhitzte Wortgefechte darum, was erlaubt und was verboten sein sollte. Ganz oft enden solche Konflikte damit, dass die Eltern irgendwann erschöpft und genervt die Segel streichen: »Dann mach halt, was du willst!« Doch wer meint, dadurch seien die ständigen Kämpfereien beendet, irrt: Mit unglaublicher Zielsicherheit machen gefühlsstarke Kinder darauf meist sofort den nächsten potenziellen Konfliktherd aus, und der Streit beginnt von vorn.

Hintergrund dieser Dynamik ist eine Eigenheit von Kindern

mit einem besonders stark ausgeprägten Autonomiebedürfnis, die der leider bereits verstorbene Familientherapeut Jesper Juul »eine ausgemachte Allergie gegen Erziehung« nennt. Das heißt: Das engmaschige Regelwerk mit zig Einzelverboten und Ausnahmen von diesen Verboten, mit denen viele Eltern versuchen, ihr Familienleben im Griff zu behalten, fühlt sich für diese Kinder nach einer einzigen Schikane an. Wonach sie sich sehnen, sind einige wenige überschaubare, verlässliche Grundregeln – und in diesem Rahmen die Freiheit, selbstverantwortlich gute Entscheidungen zu treffen. Gefühlsstarken Kindern tun wir deshalb ganz sicher keinen Gefallen, wenn wir uns von ihrer Hartnäckigkeit und Diskutierfreudigkeit so in die Enge treiben lassen, dass wir irgendwann schlicht aufgeben. Stattdessen profitieren sie davon, wenn wir uns unserer eigenen Standpunkte so klar werden, dass wir eine bewusste Entscheidung treffen können, welche Grundsätze unseres Zusammenlebens für uns nicht verhandelbar sind – und in welchen Bereichen wir kontrolliert nachgeben können.

Kontrolliert nachgeben, das heißt: Wir knicken nicht einfach ein, weil unser Kind sich von uns eh nichts sagen lässt. Sondern entscheiden uns dafür, eine Regel oder eine Erwartung loszulassen, weil uns klar geworden ist, dass die ständigen Streitereien darum uns Energie rauben, die wir für das Hochhalten viel wichtigerer Grundsätze brauchen. Im konkreten Familienalltag heißt das: Wenn es um die wirklich wichtigen Themen geht – etwa das Verteidigen des Grundsatzes, dass in unserer Familie niemand beleidigt oder körperlich angegangen werden darf –, sind wir Eltern es nicht nur unseren gefühlsstarken Kindern, sondern uns allen schuldig, dass wir diesen Konflikt mit aller Klarheit und Konsequenz auskämpfen, so viel Kraft uns das auch kosten mag. Umgekehrt bricht uns kein Zacken aus der Krone, wenn wir die elendigen Diskussionen ums Schultasche-Packen, Handy-Gedaddel und Unterhemden-Anziehen tiefer hängen und unserem autonomiebewegten Kind da mehr Selbstverantwortung übertragen. »Ab heute liegt diese Entscheidung bei dir« sendet dabei ein ganz anderes Signal als »Dann mach doch, was du willst!« – das Kind soll schließlich nicht das Gefühl bekommen, seine Eltern mit seinem Autonomiebestreben zu erzürnen oder zu enttäuschen, sondern die Erfahrung machen, dass sein Autonomiebedürfnis durchaus gesehen und beantwortet wird – und dass aus mehr Entscheidungsfreiheit aber auch mehr Selbstverantwortung erwächst.

## Ideal und Wirklichkeit

Wutausbrüche empathisch begleiten, die unerfüllten Bedürfnisse hinter den wilden Gefühlen sehen, Beleidigungen und Beschimpfungen nicht persönlich nehmen – all diese Tipps zum Umgang mit gefühlsstarken Kindern haben ihren Grund und ihre Berechtigung, doch sie bergen auch eine große Gefahr: Eltern massiv unter Druck zu setzen und ihnen das Gefühl zu vermitteln, ständig zu versagen. Denn *kein Mensch* kann immer ruhig und geduldig, verständnisvoll und empathisch bleiben mit einem Kind im Haus, das so viel Energie zieht, über so wenig Frusttoleranz und Impulskontrolle verfügt und so massiv über Grenzen geht, wie es gefühlsstarke Kinder tun. Diese Mädchen und Jungen viele Jahre lang zu begleiten, ohne darüber die Nerven zu verlieren, ist eine Herausforderung für sich – dabei niemals auszurasten, rumzuschreien, zu drohen und grob und unsanft zu werden, ist ein Ding der Unmöglichkeit. Zumindest, wenn wir Eltern nicht unter absoluten Idealbedingungen agieren: Mit einem großen, unterstützenden Netzwerk im Rücken, so gut wie keinem Alltagsstress und mit schier unerschöpflichen emotionalen und finanziellen Ressourcen. Nur: Wer lebt schon so? Die Alltagsrealität der allerallermeisten Familien mit gefühlsstarken Kindern sieht völlig anders aus: Sie haben wenig oder gar keine Unterstützung im Alltag, stehen beruflich wie privat unter Druck, haben alle möglichen persönlichen Baustellen, die auch noch Zeit und Kraft kosten, und längst nicht die finanziellen Mittel, die nötig wären, um sich all die Entlastung einzukaufen, die sie dringend gebrauchen könnten. In der Folge meistern Mütter und Väter gefühlsstarker Kinder jeden Tag den Balanceakt, einerseits zu versuchen, ihr Kind mit seinen besonders starken Bedürfnissen so einfühlsam und bestärkend zu begleiten wie möglich – und andererseits all die anderen Bälle in der Luft zu halten, die ja auch noch wichtig sind: genügend Aufmerksamkeit auch für alle anderen Familienmitglieder aufbringen, den Anforderungen im Job genügen, den alltäglichen Orga-Kram stemmen. Kein Wunder, dass sich gerade in den sozialen Netzwerken immer wieder frustrierte Eltern zu Wort melden, die all den wohlweisen Experten mit ihren bindungsorientierten Erziehungstipps mal eine Woche mit ihrem gefühlsstarken Kind wünschen: »Danach würden sie dann auch mal schön achtsam austicken!«

Aus derlei Äußerungen spricht ein großer Leidensdruck: Klar leuchtet es ein, dass besonders stressempfindliche Kinder auf keinen Fall *noch* mehr Stress brauchen – aber wir Eltern sind eben auch nur Menschen, und auch unsere Belastungsfähigkeit ist endlich. Deshalb an dieser Stelle noch einmal in aller Deutlichkeit: Gefühlsstarke Kinder profitieren in ihrer Persönlichkeitsentwicklung von jedem ruhig begleiteten Wutanfall, jedem geduldig benannten Gefühl, jedem erfüllten Bedürfnis. Doch das heißt nicht, dass sie kaputtgehen würden an all jenen Alltagsmomenten, in denen wir zu so viel Achtsamkeit und Selbstreflexion nicht in der Lage sind. Die in diesem Buch dargestellten Wege, die starken Bedürfnisse und die intensiven Emotionen gefühlsstarker Kinder besser zu verstehen und einfühlsamer zu begleiten, sollen deshalb als Orientierungs- und Reflexionshilfe dienen – nicht als Goldstandard, an dem ganz normale Familien nur scheitern können. Denn so sensibel und verletzlich unsere gefühlsstarken Kinder auch sein mögen – sie sind auch widerstandsfähig, und großzügig, und verzeihend. Sie merken genau, ob wir schreien, drohen und erpressen, weil wir all das für probate Erziehungsmittel halten – oder ob wir vor lauter Erschöpfung und Verzweiflung manchmal zu Mitteln greifen, die wir eigentlich selbst total bescheuert finden. Werden wir im Alltag also mal wieder von unserer eigenen Wut übermannt und brüllen rum wie ein irrer Hulk, ist das für unsere Kinder zwar alles andere als schön, aber auch nichts, woran sie gleich zerbrechen würden. Übernehmen wir danach die Verantwortung für unsere eigenen Gefühle, entschuldigen uns und trösten, beinhalten sogar selbst solche Aussetzer eine gewisse Lernchance: Das gefühlsstarke Kind erfährt so nämlich, dass es nicht allein ist mit der Erfahrung, sich immer wieder vorzunehmen, nicht mehr auszuticken, und dann doch vom eigenen Zorn überwältigt zu werden. Sondern dass es Mama und Papa manchmal genauso geht.

In aller Klarheit heißt das: Nichts ist wichtiger, als dass unsere Kinder geborgen und gewaltfrei groß werden können. Und es ist unsere Verantwortung als Eltern, dafür Sorge zu tragen, dass wir unseren Kindern keine Verletzungen fürs Leben zufügen – egal, wie erschöpft, verzweifelt oder frustriert wir sind. Gleichzeitig gehören Streit, Stress und Konflikte zum Familienleben dazu. Es wird immer wieder Situationen geben, in denen Bedürfnisse unerfüllt, Gefühle unverstanden, Konflikte unbegleitet bleiben. Hohe Ideale zu haben und an ebendiesen regelmäßig zu scheitern, ist beim Elternsein nicht die Ausnahme, sondern der Normalzustand. Schließlich sind wir alle geprägt durch eigene Erfahrungen und Muster, die sich nicht mal so eben per spontanem Entschluss überwinden lassen. Im Gegenteil: Alte Vorstellungen und Glaubenssätze loszulassen und durch neue, wertschätzendere zu ersetzen, ist ein jahrelanger Prozess, der mit vielen Stolperfallen und Rückschritten einhergeht. Dabei bleibt leider auch nicht aus, dass wir auf diesem Weg manchmal denen wehtun, die wir mehr lieben als alles andere auf der Welt. Um sich bewusst zu machen, dass sich unser Einsatz trotzdem auszahlt, lohnt ein Blick auf die Forschungsergebnisse des US-amerikanischen Paartherapeuten und Beziehungsforschers John Gottman, der unter anderem untersuchte, wie sich unsere Interaktionen im alltäglichen Miteinander auf die Beziehungsqualität niederschlagen. Dabei stellte er zwar fest, dass einzelne negative Interaktionen einen deutlich stärkeren Einfluss auf unsere zwischenmenschlichen Beziehungen haben als einzelne positive – doch er entdeckte auch seine berühmte 7-zu-1-Formel, die besagt: Wenn auf jede negative zwischenmenschliche Interaktion mindestens sieben positive kommen, nimmt die Beziehungsqualität keinen Schaden. Konkret heißt das: Einander zu beschimpfen oder anzuschreien wiegt in zwischenmenschlichen Beziehungen tatsächlich schwer, und lässt sich nicht mit einer einzelnen liebevollen Geste wiedergutmachen. Doch wenn unser Alltag aus einer Aneinanderreihung liebevoller und wertschätzender Interaktionen besteht, kann unsere Beziehung auch einzelne richtig schlimme und schmerzvolle Momente wegstecken. Bezogen auf unsere gefühlsstarken Kinder heißt das: Füllen wir die Bedürfnistanks unserer Kinder in guten Momenten mit vielen positiven Interaktionen an – einem freundlichen Lächeln hier, einem Kopfstreichler da –, machen wir unsere Beziehung damit so stark, dass sie auch gelegentliche Stürme übersteht. Denn für eine gesunde Entwicklung brauchen sie zum Glück keine perfekten Eltern, die nie die Nerven verlieren. Sondern vor allem das Gefühl, grundsätzlich geborgen und geliebt zu sein.

## Das Geheimnis von Authentizität

Eine der größten Herausforderungen für Eltern gefühlsstarker Kinder ist es, mit den heftigen Reaktionen ihrer Kinder auf ihre eigenen Gefühle umzugehen. Denn durch ihre hohe Empathiefähigkeit gehen diese Jungen und Mädchen bei jedem Gefühl so mit, dass Eltern sich oft intuitiv selbst zensieren: Bevor ich meinem Kind jetzt zeige, dass ich traurig bin, und daraufhin zwei Stunden lang Tränen des Mitgefühls trocknen muss, behalte ich meine Traurigkeit lieber für mich. So nachvollziehbar diese Entscheidung im Einzelfall ist, so anstrengend ist es, diese Selbstkontrolle auf Dauer aufrechtzuerhalten. Versuchen Eltern über Monate oder Jahre, jede eigene emotionale Regung von ihrem Kind fern zu halten, fühlen sie sich irgendwann wie Roboter, die nur noch funktionieren – und die ihre eigenen Gefühle immer schlechter wahrnehmen können, weil sie so mit Verstecken beschäftigt sind. Gefühlsstarke Kinder reagieren auf diese Strategie oft, indem sie bei ihren Eltern sämtliche Knöpfe drücken, die eine emotionale Reaktion auslösen können: Besser eine wütende Mama als eine, die niemals zeigt, wie es ihr geht. Denn um einen gesunden Umgang mit ihren eigenen Emotionen zu lernen – und sich mit ihnen nicht alleine zu fühlen! –, brauchen Kinder ganz unbedingt, dass sie auch ihre Eltern als fühlende Wesen erleben. Anstatt unsere eigenen Emotionen also dauerhaft unterm Deckel zu halten, müssen wir Strategien entwickeln, wie wir unseren Kindern Einblick in unsere eigene Gefühlswelten geben können, ohne sie damit zu überfordern. Das gelingt vor allem, indem wir unsere Gefühle verbalisieren, also sagen, *was* wir fühlen, *warum* wir so fühlen, und wie wir nun mit diesem Gefühl *umgehen*.

Das klappt naturgemäß am besten in Momenten, in denen wir nicht völlig überwältigt sind von unseren eigenen Emotionen. Kleine Alltagsärgernisse oder -traurigkeiten eignen sich dementsprechend besser als große Dramen, bei denen unsere Kinder stärker davon profitieren, wenn eine emotional einigermaßen stabile Bezugsperson sie begleitet. Doch die Theorie ist das eine, die Praxis das andere: Manchmal ist es unvermeidlich, dass unsere Kinder uns Eltern in einem emotionalen Ausnahmezustand erleben, und auch das ist okay. Authentische Gefühle samt den dazugehörigen Selbstregulationsstrategien mitzuerleben, setzt Kindern oft weniger zu, als wir Erwachsenen befürchten – auch wenn sie mit unseren Gefühlen stark mitgehen. Wichtig ist nur, dass wir Authentizität nicht als Ausrede für Unkontrolliertheit benutzen. Denn unseren Kindern authentisch gegenüberzutreten, bedeutet, ihnen Einblicke in unsere Traurigkeit, unsere Freude und unsere Wut zu geben – nicht aber, diese unkontrolliert an ihnen auszulassen. Die Botschaft dabei sollte sein: »Das ist mein Gefühl, für das ich die Verantwortung übernehme.« Und nicht: »Das ist mein Gefühl, und ich habe das Recht, es in die Welt hinaus zu brüllen, egal, was es mit anderen macht.« Ein Kind anzuschreien, zu beschimpfen oder niederzubrüllen ist deshalb niemals authentisch – sondern taugt allenfalls als abschreckendes Beispiel dafür, wie man mit starken Gefühlen *nicht* umgehen sollte.

## Zusammen schaffen wir das! Mit gefühlsstarken Kindern Krisen meistern

Es gibt Erfahrungen, die würden wohl alle Eltern ihren Kindern gern ersparen: Ehestreits und Beziehungskrisen, Trennungs- und Scheidungserfahrungen gehören dazu, ebenso wie Krankheit oder gar Tod nahestehender Menschen. Und doch gehört es für viele Kinder zum Leben dazu, dass sie solche existenziellen Krisen miterleben. »Wie kann unser Kind diesen Schmerz seelisch unbeschadet überstehen?« – diese Frage stellen sich alle Familien, deren Kind gerade so ein schweres Päckchen tragen muss. Eltern gefühlsstarker Kinder beschäftigt diese Frage jedoch oft ganz besonders intensiv. Sie wissen ja, wie es um die Abgrenzungsfähigkeit und innere Widerstandskraft ihres Kindes bestellt ist. Wie soll ein kleiner Mensch, dessen Welt durch ein Loch in seinem Lieblingspulli zum Einsturz gebracht werden kann, verkraften können, dass Papa auszieht? Wie kann ein Kind, dessen Herz beim Anblick eines toten Käfers zerbricht, den Tod der geliebten

Großmutter überstehen? Und ist es überhaupt möglich, in einem gefühlsstarken Kind die seelischen Verletzungen zu kitten, die die jahrelange schwere Ehekrise seiner Eltern dort hinterlassen hat?

Für all die Eltern, die sich mit derlei schweren Fragen herumquälen, ist wichtig zu wissen: Gefühlsstarke Kinder mögen sensibler und verletzlicher sein als andere Kinder, doch das heißt nicht, dass sie an Krisen und Katastrophen leichter zerbrechen. Denn ihr intensives, wildes Gefühlsleben hat auch zur Folge, dass sie bereits viel *Erfahrung* mit den ganz großen Emotionen des menschlichen Daseins haben – jenen Gefühlen also, die die meisten von uns nur in absoluten Extremsituationen erleben. In gewisser Weise sind sie damit auf Krisenmomente emotional sogar *besser* vorbereitet als Kinder, die in einer solchen Ausnahmesituation zum ersten Mal von der Wucht ihrer eigenen Gefühle völlig überrollt werden. Denn sie wissen bereits: Große Gefühle kommen, fühlen sich so gewaltig und übermächtig an, dass sie einem beinahe die Luft zum Atmen nehmen – und dann gehen sie wieder.

Heißt das, dass wir uns um die seelische Gesundheit gefühlsstarker Kinder keine Sorgen machen müssten? Natürlich nicht: Gerade Grenzerfahrungen wie eine Trennung der Eltern, eine schwere Krankheit oder ein Todesfall in der Familie stellen für *alle* Kinder eine immense seelische Belastung dar, und es ist gar nicht so selten, dass professionelle kinderpsychologische Hilfe nötig ist, um solche Krisen zu bewältigen. Doch die Erfahrung vieler Familien mit gefühlsstarken Kindern zeigt auch, dass gerade sie in solchen Ausnahmesituationen oft regelrecht über sich hinauswachsen, gerade weil sie so nah dran an ihren eigenen Gefühlen und so klar in ihren Bedürfnissen sind. Das heißt: Anstatt all die verwirrenden Emotionen in sich hineinzufressen, tragen sie sie mit aller Wucht nach außen – melden dabei aber auch an, was sie jetzt brauchen, um ihrem Schmerz Herr zu werden. Anstatt sich einzuigeln, fordern sie konsequent ihre Bedürfnisse ein. Das kann für ihr Umfeld anstrengend sein, zeugt aber von großer seelischer

Widerstandskraft: Wer auch in einem Krisenmoment noch gut für sich selbst sorgen kann, läuft weniger Gefahr, an seinem eigenen Schmerz zu zerbrechen.

Wichtig ist außerdem, dass Eltern sich bewusst machen: Das Gefühlsleben ihrer Kinder bewegt sich zwar in den Extremen, doch auch diese Extreme sind nicht unbegrenzt erweiterbar. Das heißt: Ein Kind, das auf jeden toten Regenwurm mit völliger Verzweiflung reagiert, wird auf den Tod eines Großelternteils nicht unbedingt hundertmal stärker reagieren als auf den eines Regenwurms – auch wenn dies nach unseren Maßstäben nur logisch wäre, weil *wir selbst* auf den Tod eines geliebten Menschen unendlich viel stärker reagieren als auf den eines wirbellosen Wurms. Doch die emotionalen Reaktionen gefühlsstarker Kinder folgen nicht dieser Logik: Für sie reichen oft kleine Anlässe, um ans absolut äußerste Ende ihres Gefühlsspektrums zu springen – aber weiter reicht dieses dann auch nicht, auch wenn etwas viel Gravierenderes passiert.

Manchmal kommt es auch vor, dass gerade gefühlsstarke Kinder auf existenzielle Krisensituationen emotional paradox reagieren. Das heißt: Bringt sonst jede Winzigkeit ihr unstetes Gefühlsleben in Wallungen, sind sie nun plötzlich die Ruhe in Person. Das kann so weit gehen, dass Eltern richtig wütend werden, weil ihr Kind angesichts einer wirklich schlimmen Situation augenscheinlich völlig ungerührt bleibt. Doch in Wirklichkeit steht dahinter keine Teilnahmslosigkeit, sondern ein Schutzmechanismus: Wenn gerade offensichtlich keiner die Kapazitäten hat, einen massiven mehrstündigen Gefühlsausbruch zu begleiten, regelt das Nervensystem des gefühlsstarken Kindes jegliche emotionale Reaktion auf ein Mindestmaß herunter, um es davor zu schützen, mit seinem stresshormongefluteten Gehirn allein zu sein. Weg sind die emotionalen Reaktionen dadurch aber nicht – sie brechen sich irgendwann anders ihre Bahn, wenn die Bedingungen günstiger sind.

*»Dass es in unserer Beziehung knirscht, hat unser gefühlsstarker Sohn Philipp sofort gespürt – auch wenn wir uns sehr bemühten, uns nicht vor den Kindern zu streiten und sie aus unseren Konflikten rauszuhalten. Trotzdem wurde er viel anhänglicher, aber auch angespannter. ›Papa und du, ihr wollt euch doch nicht trennen?‹, fragte er abends beim Ins-Bett-Bringen ängstlich und ließ meine Hand nicht los. ›Nein, wir wollen uns nicht trennen‹, antwortete ich wahrheitsgemäß und mit so viel Zuversicht in meiner Stimme, wie ich aufzubringen vermochte. ›Wir müssen nur ein paar Dinge miteinander klären. Erwachsenendinge. Und jetzt schlaf gut!‹ Das war vor der Paartherapie, in der wir allmählich merkten: Diese Liebe ist nicht mehr zu retten. Was für ein Schock, was für ein Schmerz, was für ein Schlag! Während wir Eltern uns über das Ende unserer Beziehung klar zu werden versuchten, tobte und wütete Philipp so heftig wie nie. Es war, als gäbe er unsere eigene Anspannung hundertfach verstärkt in die Außenwelt ab – aus nichtigsten Anlässen heraus. Die Tintenpatrone im Füller war leer? Beim Bäcker waren die Brezeln aus? Zack, Weltuntergang. ›Wir müssen es den Kindern sagen‹, sagte ich zu meinem Mann. ›Bald.‹ Wenige Tage vor dem geplanten Gespräch saß ich mit Philipp allein an unserem Esstisch, als er mich aus heiterem Himmel heraus plötzlich wieder fragte: ›Papa und du, ihr trennt euch doch nicht?‹ ›Doch, wir trennen uns leider‹ – es fiel mir unendlich schwer, diese Worte zu sagen, und doch wäre in diesem Moment keine andere Antwort richtig gewesen. Philipps Augen füllten sich mit Tränen. Er stieß einen regelrechten Urschrei aus, trommelte mit den Fäusten auf den Tisch, sprang auf, rannte zur Treppe und brach weinend auf den Stufen zusammen. Es war schlimm, ihn so zu sehen, ganz, ganz schlimm. Und gleichzeitig war es gut, dass er seinen Schmerz und seine Angst so herauslassen konnte, in diesem geschützten Rahmen, in dem nur er da war und ich und sonst niemand. Und dann, nach dem ersten Schock, war es, als fiele eine jahrelange Anspannung von ihm ab. Als passte das, was er schon lange gespürt hatte, und das, was er auf seine bangen*

*Fragen hin zu hören bekam, endlich zusammen. Die darauffolgenden Monate wurden trotzdem schwer. Wir mussten unser Zuhause auflösen und unseren Besitz auf zwei Wohnungen verteilen: Einer kleineren für Papa und einer größeren für mich und die Jungs. Für Philipp bedeutete das ganz viel Abschied auf einmal: von seinem Zimmer, von unserer Straße, und natürlich von unserem Familienleben zu viert. Doch so schlimm wie in der Zeit, unmittelbar bevor uns klar wurde, dass unsere Trennung unvermeidlich war, wurde es nie wieder. Es war, als hätte Philipp gespürt, dass unsere Ehe nicht mehr zu retten ist, bevor wir es uns selbst eingestehen konnten. Jetzt, wo seine Wahrnehmung und seine Lebenswirklichkeit wieder zusammenpassten, ging es ihm besser. Und uns anderen allmählich auch.«*
***Hedwig***

FÜNFTES KAPITEL

# Du treibst mich in den Wahnsinn! Strategien für den Alltag mit gefühlsstarken Kindern

## Jeder Tag ein neues Drama

Für gefühlsstarke Kinder gibt es keine Kleinigkeiten. Jedes Problem muss auf die ganz große Bühne – mit zwei Jahren genauso wie mit zwölf. Das ist anstrengend und kräftezehrend und manchmal auch einfach peinlich. Vor allem, wenn das hochdramatische Heulen vom Kind kommt, das sich mittlerweile problemlos aus unserem Kleiderschrank bedienen kann, ein eigenes Handy besitzt und Lieblings-YouTuber hat, kurz: Wenn wir keinen niedlichen Wutzwerg mehr vor uns haben, sondern einen jungen Menschen an der Schwelle zum Erwachsenwerden, in einem Alter also, in der unsere Gesellschaft davon ausgeht, dass man sich einigermaßen im Griff haben kann. Gefühlsstarke Kinder spüren diese soziale Erwartung ganz genau, und bemühen sich meist stark darum, sie zumindest in der Öffentlichkeit zu erfüllen. Die Quittung für diese Anstrengung bekommen dann oft wir Eltern, wenn unser Sohn oder unsere Tochter im vertrauten Zuhause alle Selbstbeherrschung los- und all das angestaute Drama herauslässt.

Das fühlt sich ungerecht an und folgt doch einer bei näherem Hinsehen berührenden Logik: So wie unsere Kinder, als sie klein waren, nach einem langen Tag in der Kita oder im Kindergarten oft erst zu Hause zeigen konnten, welche Wut und welcher Frust in ihnen steckte, weil sie sich bei uns ganz sicher fühlten, so sind auch die Gefühlsausbrüche großer Kinder ein Zeichen dafür, dass unser Zuhause für sie einen sicheren Hafen darstellt, an dem sie nicht das Gefühl haben, sich zusammenreißen, verstellen oder verstecken zu müssen. Jedes große Drama ist also im Grunde genommen ein großer Vertrauensbeweis: Euch zeige ich mich mit allem, was ich bin. Dass gefühlsstarke Kinder und Jugendliche ihren Freunden gegenüber oft betont cool und ausgeglichen gegenübertreten und uns gegenüber nicht, bedeutet also keinesfalls, dass sie uns mit ihrer Dramatik provozieren oder ärgern wollen. Sondern im Gegenteil, dass sie in der Schule und unter

Gleichaltrigen unendlich viel Kraft darauf verwenden, die heftigen Impulse in ihrem Inneren zu unterdrücken, um sich nicht zu blamieren, während sie sich bei uns so bedingungslos geliebt fühlen, dass sie zeigen können, wie stark es in ihnen eigentlich brodelt.

»Mein Kind *macht* kein Drama, es *erlebt* ein Drama« – dieses Mantra kann uns helfen, in derlei Situationen ruhig zu bleiben. Darüber zu diskutieren, ob so eine heftige emotionale Reaktion nun angemessen ist oder nicht, ist müßig. Jeder Mensch erlebt eine Situation im Kontext seiner Lebenserfahrung und seines Temperaments anders, und es gibt keine objektivierbare Skala für die Angemessenheit von Gefühlen. Ein Kind, das jedes Geräusch, jeden Duft, jeden Geschmack hundertfach verstärkt erlebt, das jede Traurigkeit, jeden Frust, jede Wut nur in der Extremvariante fühlt, wird *natürlich* auch emotional besonders heftig auf eine verlorene Fußball-Sammelkarte, eine fiese Strafarbeit oder einen bevorstehenden Mathetest reagieren – auch wenn all diese Dinge aus Sicht seiner Eltern nicht annähernd so ein Drama rechtfertigen.

Dass es okay ist, unterschiedliche Situationen unterschiedlich dramatisch zu empfinden, ist deshalb eine ganz wichtige Botschaft für gefühlsstarke Kinder und alle, die mit ihnen zu tun haben. Es ist nicht unser Job, unser Kind davon zu überzeugen, dass es maßlos übertreibt – damit steigern wir seinen Frust und seine Verzweiflung nur noch mehr. Es hilft aber auch niemandem, wenn wir uns von seinem Stress selbst so stressen lassen, dass irgendwann bei allen die Nerven blank liegen. Stattdessen ist es unsere Aufgabe, uns vom Drama unseres Kindes nicht mit in den Abgrund reißen zu lassen, sondern mit beiden Beinen fest auf dem Boden zu stehen, seinen Frust auszuhalten, zu begleiten und ihm zu helfen, da rauszukommen – wenn es das will und dafür bereit ist. Dafür ist es wichtig, dass wir selbst Strategien entwickeln, ruhig zu bleiben und uns nicht zu einer schnellen Reaktion gezwungen zu fühlen. Wenn unser Kind von der Schule nach Hause kommt, die Schultasche in den Flur pfeffert und wortlos in sein

Zimmer stapft, müssen wir nicht sofort hinterherrennen. Wir können auch ganz in Ruhe ein Glas Wasser trinken, tief durchatmen, uns irgendwie erden – und dann zu unserem Kind gehen. Dass es für gefühlsstarke Kinder wichtig ist, dass ihre Eltern auf all ihr Drama möglichst ruhig, gelassen und zugewandt reagieren, darf jedoch nicht so missverstanden werden, dass Mütter und Väter wie Roboter agieren müssten, die auf jedes noch so provokante oder verletzende Verhalten keine emotionale Regung zeigen.

Im Gegenteil: Um ihre Empathiefähigkeit und ihre Sozialkompetenz zu schulen, brauchen unsere Kinder von uns ganz dringend authentische Rückmeldungen darüber, was welche ihrer Verhaltensweisen mit uns machen. Das heißt: Wir können unsere Kinder durchaus mit großer Klarheit und Vehemenz wissen lassen, dass wir uns über bestimmte Verhaltensweisen ärgern und dass wir – egal, wie groß ihr Frust ist – nicht beleidigt und beschimpft werden wollen. Entscheidend ist nur, dass wir unseren Kindern dabei nicht vermitteln, dass *ihre großen Gefühle selbst* falsch seien – es ist ihr *Umgang* damit, der uns stört. Und auch hier gilt: So legitim es ist, von unseren gefühlsstarken Kindern zu erwarten, an ihrer Impulskontrolle zu arbeiten und mit unserer Unterstützung andere Strategien zu entwickeln, ihren dunklen Gefühlen Ausdruck zu verleihen, so wichtig ist auch, dass wir uns klar machen, was für eine immense Herausforderung diese Impulskontrolle unseren Kindern abverlangt, wenn sie mal wieder von einem Gefühlstsunami gebeutelt werden. Es grenzte an ein Wunder, klappte das mit zehn, elf, oder zwölf Jahren bereits immer und reibungslos.

Unsere Kinder brauchen von uns deshalb tatsächlich beides: Glasklare Ansagen, welches Verhalten gar nicht geht. Und gleichzeitig Verständnis dafür, dass sie es aller guten Vorsätze zum Trotz manchmal schlicht nicht schaffen, sich an diese Regeln zu halten. Dann muss es möglich sein, dass sie sich entschuldigen und wir ihnen vergeben – und zwar ohne irgendwelche Sanktionen folgen zu lassen, die den Druck in ihrem Inneren weiter erhöhen. Unsere

Kinder wissen auch so, dass sie Mist gebaut haben, da müssen wir sie nicht auch noch dafür bestrafen.

*»Wenn ich Bruno nachmittags aus dem Hort abhole, kann ich gefühlt nichts richtig machen. Entweder er explodiert, weil ich ihm in die Jacke helfen will, oder weil ich ihm auf dem Heimweg beim Bäcker kein süßes Teilchen kaufe, oder er findet irgendeinen anderen Grund. Wochenlang habe ich alles versucht, um diese Spirale zu durchbrechen: Habe ihm Apfelschnitze und Wasser mitgebracht, damit er gleich etwas in den Magen bekommt. Eine andere Route nach Hause gewählt, um dem Bäcker-Frust zu entgehen. Ihm manchmal sogar kleine Geschenke gemacht, damit er besser gelaunt ist. Ich behandelte ihn wie ein rohes Ei, um ihn bloß nicht zu verärgern. Und war dabei die ganze Zeit furchtbar angespannt: Bloß keinen Fehler machen, sonst ist hier wieder die Hölle los. An manchen Tagen hat das sogar geklappt. Bruno hatte den ganzen Tag nicht gewütet, nur ich war abends völlig fertig.*
*Nach einigen Wochen habe ich mich zufällig mit meiner Yoga-Lehrerin darüber unterhalten, durchaus stolz: ›Ich habe einen Weg gefunden, wie mein Sohn an ganz vielen Nachmittagen nicht mehr wütend wird – ich muss einfach jeden Frust für ihn vermeiden.‹ ›Aber warum denn?‹, fragte meine Yoga-Lehrerin überrascht zurück. ›Warum darf Bruno nicht auch mal frustriert sein?‹ Diese simple Gegenfrage veränderte meine ganze Sichtweise. Irgendwie hatte ich es immer als meinen Job begriffen, dafür zu sorgen, dass Bruno nicht explodiert. Aber warum eigentlich? Haben wir nicht alle manchmal angestauten Frust in uns, der einfach mal raus muss? Seitdem hole ich Bruno mit einer neuen Leichtigkeit vom Hort ab – mit Wasser und Apfelschnitzen im Gepäck, aber ohne Geschenke. Dann nehmen wir den direkten Weg nach Hause, vorbei an all den Schaufenstern und Auslagen. Manchmal wird Bruno dann wütend, weil er etwas sieht, was er haben will. Manchmal nicht. Doch ob er explodiert oder nicht: Ich fühle mich nicht mehr dafür verantwortlich, diese*

*Wutausbrüche um jeden Preis zu vermeiden. Stattdessen bin ich da, begleite seinen Frust, wenn er es braucht, und gehe nachher mit ihm meist Hand in Hand nach Hause. Seitdem sind wir beide viel weniger angespannt – sowohl er als auch ich. Vermutlich, weil er nun spürt, dass auch für seinen Frust in unserer Familie Platz ist. Und weil ich mich nicht mehr dafür verantwortlich fühle, dass mein Kind niemals wütend wird.*
***Michaela mit Bruno, 8 Jahre***

## Das leidige Klamottenthema

Dass Kleinkinder manchmal eigenwillige Kleidungswünsche haben, ist gar nicht so selten. Dass jedoch auch große Schulkinder oft morgens noch ein riesiges Theater ums Anziehen veranstalten, empfinden viele Eltern als unnötig, ärgerlich und unangemessen. Dazu kommt der soziale Druck: Ein Kindergartenkind, das jeden Tag in einer extraweichen Jogginghose aus dem Haus geht, mag ja noch angehen – aber in der Schule müssen Kinder doch ordentliche Klamotten tragen und nicht solche Schlamperkleidung! Genau damit fängt für viele gefühlsstarke Kinder jedoch der morgendliche Stress an, denn »ordentlich« bedeutet für viele Eltern: Jeans, T-Shirt, gegebenenfalls noch ein warmer Pulli – und natürlich richtige Unterwäsche und Socken. All diese Kleidungsstücke bergen jedoch für Jungen und Mädchen mit extrem feinen Sinneswahrnehmungen großes Potenzial für körperliches Unwohlsein: Jeans fühlen sich auf ihrer Haut oft unangenehm steif und hart an, Socken bilden Knubbel, die unerträglich an den Fußsohlen scheuern, und schneiden am Bund ein, Unterwäsche kann rutschen, T-Shirts haben innen oft nervige Schildchen, die reiben und kratzen, und Pullis sind oft zu dick und zu warm für das Körperempfinden gefühlsstarker Kinder. Es ist nur menschlich, dass Mütter und Väter gerade im frühmorgendlichen Aufbruchsstress nur wenig Geduld für derlei Beschwerden haben. Doch um gefühlsstarken Kindern kein Unrecht zu tun, ist es wichtig, sich bewusst zu machen, dass irgendwie unbequeme Klamotten für sie wirklich einen immensen Leidensdruck bedeuten. Denn während die meisten Menschen die Kleidung auf ihrem Leib im Laufe des Tages irgendwann überhaupt nicht mehr spüren, nimmt das Unbehagen gefühlsstarker Kinder mit jeder Minute zu, die sie dem unangenehmen Gefühl auf ihrer Haut ausgesetzt sind. Um unser Kind also nicht mit einem sich allein schon durch seine Kleidung ständig erhöhenden Stresspegel in den Tag zu schicken, ist es wichtig, dass wir gemeinsam nach Lösungen suchen, wie es sich wirklich in seiner Haut wohlfühlen kann. Dafür haben sich in der Praxis die folgenden Strategien bewährt:

### Klamotten kaufen nur mit Kind

Viele Eltern finden es praktisch, ohne Kind einkaufen zu gehen – sie kennen ja seine Größe. Doch dabei passiert es leicht, dass Klamotten in die Einkaufstüte wandern, die das eigene Kind von Anfang an ablehnt – weil sie sich komisch anfühlen, weil sie als zu eng oder zu weit empfunden werden, weil Farbe, Textur oder Geruch stören. Deshalb ist es wichtig, dass das Kind selbst die Auswahl trifft, worin es sich wohlfühlen kann.

### Anprobe entspannt zu Hause

Ja, es ist wichtig, lokale Geschäfte zu unterstützen. Doch für gefühlsstarke Kinder stellt eine typische Kaufhaus-Situation oft eine kolossale Überforderung dar. Die Unmengen an Klamotten, das grelle Licht, die Musik, das fremde Verkaufspersonal, die engen Umkleidekabinen … keine gute Ausgangslage, um sich aufs Wesentliche zu konzentrieren: Klamotten zu finden, die passen und sich gut anfühlen. Für viele Familien mit gefühlsstarken Kindern ist deshalb Online-Shopping die bedeutend entspanntere Variante: Gemeinsam in Ruhe zu Hause eine Auswahl treffen, im eigenen Kinderzimmer alles schrittweise und ohne Stress anprobieren, und nur behalten, was richtig gut passt und gefällt.

## Die Sache mit dem Erben

Viele Familien greifen bei Kinderklamotten gerne auf gebrauchte Sachen zurück – das schont den Geldbeutel und die Umwelt. Gerade wenn gefühlsstarke Kinder ältere Geschwisterkinder haben, wird oft ganz selbstverständlich davon ausgegangen, dass sie deren abgelegte Kleidung auftragen, sofern diese noch gut ist. Doch genau diese Erwartung kann zum echten Problem werden, denn was für das eine Kind ein echtes Lieblingsstück war, kann sich für das nächste beim Tragen ganz schlimm anfühlen. Deshalb ist es wichtig, da auf gefühlsstarke Kinder keinen Druck auszuüben, sondern ihnen gebrauchte Kleidungsstücke anzubieten wie Neuware auch: Was ihnen passt und gefällt, dürfen sie gerne haben, der Rest hat in ihrem Kleiderschrank nichts verloren.

## Um die Ecke denken

Was Klamotten angeht, sehen wir oft den Wald vor lauter Bäumen nicht. Gerade wenn das Thema in unserer Familie schon lange stressbesetzt ist, verlieren wir uns oft in sinnlosen Kämpfen, anstatt uns auf die Suche nach einer echten Alternative zu machen. Beispiel Socken: Vielen gefühlsstarken Kindern sind selbst die weichsten Socken ohne Nähte unangenehm. Trotzdem bestehen viele Eltern darauf, dass Strümpfe ein Muss sind. Doch warum eigentlich? Die meisten Schuhe lassen sich problemlos auch barfuß tragen – selbst gefütterte Winterstiefel. Besonders angenehm mit nackten Füßen zu tragen sind sogenannte Barfußschuhe, die sich der natürlichen Fußform anpassen. Es stimmt zwar, dass

Schuhe ohne Socken zu tragen schneller Käsefüße macht – doch im Zweifelsfall bedeutet ein tägliches kurzes Fußbad weniger Stress als der Anziehkampf. Eigene Anzieh-Glaubenssätze zu hinterfragen, kann auf diese Weise jede Menge Druck aus dem Alltag nehmen: Weiche Hosen können genauso schick und schultauglich daherkommen wie Jeans, Boxershorts auch Mädchen angenehmer sein als enge Slips, ein weicher, warmer Muff kann Kinderhände genauso wärmen wie die verhassten Fingerhandschuhe, und ein paar kuschelige Ohrschützer können ebenso vor Kälte schützen wie eine Mütze. Oh, und dass Kinder, die keine Unterhemden tragen, sich die Nieren verkühlen, ist ein Märchen.

## Nähen und nähen lassen

Kinderklamotten großer Ketten sind oft heute weniger nach praktischen als nach ästhetischen Kriterien gestaltet. So kommt es, dass insbesondere die als Mädchenkleidung vermarkteten Hosen und Shirts oft so eng geschnitten sind, dass Rennen, Klettern und Toben in ihnen kaum möglich ist. Für viele gefühlsstarke Kinder ist das ein echtes Problem, weil sie einfach keine Klamotten finden, die bequem *und* schick sind und ihnen gleichzeitig erlauben, ihrem großen Bewegungsdrang nachzugeben. In diesem Fall kann es sich lohnen, in selbst genähte Klamotten zu investieren. Im Internet finden sich jede Menge Shops begabter Nähmaschinenkünstlerinnen, die Kindern genau die Klamotten, die sie sich wünschen, auf den Leib schneidern.

## Die Sache mit dem Material

Welche Kinderkleidung sie als gut und alltagstauglich empfinden, ist für viele Eltern vor allem eine Frage des Materials. In manchen Familien ist Kleidung aus echter Wolle sowie edlen Wolle-Seide-Gemischen sehr beliebt, weil sie als besonders hochwertig und hautfreundlich gilt. Andere schwören auf Baumwolle, weil die so pflegeleicht ist. Schwierig wird es mit solchen Vorlieben, wenn das eigene gefühlsstarke Kind ganz andere Vorstellungen davon hat, was sich gut und richtig anfühlt: Ein ultra-flauschiger Zottelpulli zum Beispiel – aus 100 Prozent Polyester. Da müssen viele Eltern erst mal schlucken. Doch es lohnt sich, in solchen Fällen über den eigenen Schatten zu springen und den Kleiderschrank des eigenen Kindes so auszustatten, dass es sich mit der Auswahl darin wirklich wohlfühlt – und wenn es bedeutet, zum ersten Mal teure Merino-Unterwäsche zu kaufen oder umgekehrt luftige Fledermaus-Shirts aus billiger Kunstseide.

## Mir ist aber nicht kalt! Unterschiedliches Temperaturempfinden

»Zieh dir deine Jacke an, mir ist kalt!« – dass wir Eltern oft dazu neigen, unser eigenes Körpergefühl auf unsere Kinder zu übertragen, ist ein bekanntes Phänomen. Eine besondere Tragweite bekommt es jedoch im Zusammenleben mit gefühlsstarken Kindern, denn ihr Temperaturempfinden unterscheidet sich oft *extrem* von dem anderer Menschen. Und das kann zu echten Konflikten führen. Schließlich kann ein Kind doch nicht bei Temperaturen unter null Grad ohne Mütze aus dem Haus gehen, oder? Doch, es kann. Denn es ist tatsächlich nicht die Kälte selbst, die unsere Kinder leichter krank werden lässt – sondern ihr Frieren. Und das heißt: Solange einem Kind nicht kalt ist, müssen wir uns um seine Gesundheit keine Sorgen machen – insbesondere wenn es sich an der frischen Luft so viel bewegt, wie es unsere gefühlsstarken Kinder meist tun. Doch neben den kleinen Heißblütern, die auch im tiefsten Winter zu Hause am liebsten barfuß herumlaufen, gibt es unter gefühlsstarken Kindern natürlich auch echte Frostbeulen, die selbst im Sommer gern langärmlige Sachen tragen. Und auch wenn wir selbst vor Hitze beinahe vergehen: Das ist völlig legitim.

Eingreifen müssen wir Eltern erst, wenn wir sehen, dass es wirklich nicht wir selbst sind, die frieren oder denen es zu heiß ist, sondern dass unsere Kinder gerade Schwierigkeiten dabei haben, ihre eigene Körpertemperatur richtig einzuschätzen. Ein Kind, das zittert oder blaue Lippen bekommt, dürfen wir also selbstverständlich warm einpacken oder ins Haus holen, genauso wie wir einem schwitzenden Kind, das mit hochrotem Kopf im Pulli durch die Augustsonne rennt, ein dünnes T-Shirt verpassen dürfen. Doch abgesehen von solchen Extremsituationen ist das Temperaturempfinden unserer Kinder ihr eigenes Hoheitsgebiet – und sicher nichts, worüber es sich zu streiten lohnt.

## Warum immer so laut? Unterschiedliches Lärmempfinden

Ein Haus voller Lachen und Kinderlärm – so wünschen sich das die meisten Paare, wenn sie Eltern werden. Doch das unschuldige Wort Kinderlärm gibt nur eine sehr unzureichende Vorstellung davon, was für ein ohrenbetäubender Krach mit dem Nachwuchs tatsächlich einhergehen kann – insbesondere mit einem gefühlsstarken Kind. Und das längst nicht nur bei Wutanfällen. Gefühlsstarke Kinder sind oft auch in ganz normalen Alltagssituationen unglaublich laut: beim Erzählen, beim Spielen, beim Essen, beim Treppensteigen. Denn egal, was sie tun, sie tun es mit vollem Körpereinsatz und ihrem ganzen Stimmvolumen. Sie gehen nicht, sie stampfen. Sie planschen nicht, sie setzen das Badezimmer unter Wasser. Sie singen nicht, sie grölen. Und das alles nicht mit Absicht oder um andere zu ärgern, sondern einfach, weil es in ihrem Wesen so angelegt ist. Für Familien ist das oft unglaublich anstrengend – insbesondere, wenn sie in einem Mietshaus mit mehreren Parteien wohnen. Denn auch wenn Kinderlärm laut Gesetz keine Ruhestörung darstellen kann, sondern zu den normalen und unvermeidlichen Begleitgeräuschen des Lebens zählt, bedeutet es natürlich Stress, immer die mit dem lauten Kind zu sein. Und selbst wenn keine Nachbarn schimpfen oder grimmig gucken, ist ein dauerhaft so lautes Kind für Elternnerven eine echte Belastungsprobe – schließlich brauchen auch wir einfach mal Ruhe, um im Alltagsstress nicht wahnsinnig zu werden. Leider passiert stattdessen oft das Gegenteil: Je lauter unsere Kinder werden, desto lauter werden wir. Brüllen wir irgendwann »Kannst du nicht einmal leise sein?« und wundern uns, dass diese Taktik nicht fruchtet, ist es höchste Zeit, neue Strategien im Umgang mit dem Krach zu finden.

## Eine geräuschschluckende Wohnumgebung schaffen

Fliesen, Holzböden und Laminat sehen schick aus und sind beliebt – sie wirken aber auch als Geräuschverstärker, die Kinderlärm geradezu unerträglich werden lassen können, und zwar für uns selbst ebenso wie für unsere Nachbarn. Bevor wir uns also dem Verhalten unserer Kinder zuwenden, können wir erst mal dafür sorgen, dass unser Wohnumfeld Alltagskrach schluckt statt verstärkt – mit dicken Teppichen, Vorhängen vor den Fenstern, Kissen und Decken. Auch Hausschuhe können eine Menge Lärm machen, wenn ihre Sohlen jedes Trittgeräusch verstärken – da können Stoppersocken oder weiche Ledersohlen helfen.

## Lärm lässt Kinder lauter werden

Viele Erwachsene empfinden es als angenehm, wenn es in ihrem Zuhause nicht ganz still ist. Deshalb lassen sie im Hintergrund gerne den Fernseher oder das Radio laufen, machen beim Mittagessen leise Musik an oder spielen im Kinderzimmer ganz selbstverständlich nebenbei Hörspiele oder Kinder-CDs ab. Für gefühlsstarke Kinder sind solche permanenten Hintergrundgeräusche oft ein unbewusster Stressfaktor, auf den sie reagieren, indem sie selbst lauter werden. Ihnen hilft es deshalb sehr, wenn Musik oder Hörspiele wirklich nur dann zum Einsatz kommen, wenn sie auch bewusst zuhören können. Dann können sie zu allen anderen Zeiten auch selbst leichter leiser sein.

## Freundliche Rückmeldung geben

Für uns alle ist es schwer, einzuschätzen, wie unsere eigene Stimme für andere klingt – deshalb hören die meisten Menschen auch nicht gerne Tonaufnahmen von sich selbst. Für uns hört sich unsere Stimme schließlich so richtig an, wie wir sie selbst hören, wenn wir sprechen. Gefühlsstarken Kindern geht es genauso: Für sie klingt ihre Stimme ganz normal, und auch ganz normal laut. Dass sie viel lauter sprechen als alle anderen, nehmen sie selbst meist überhaupt nicht wahr. Kriegen sie dann zu hören, sie sollten mal nicht so rumschreien, erschrecken sie dementsprechend oft und fühlen sich verunsichert: Wenn meine Stimmlautstärke so, wie sie sich für mich normal anfühlt, offensichtlich falsch ist – wie soll ich denn dann sprechen? Deshalb ist es wichtig, Kindern eine Rückmeldung zu ihrer Stimmlautstärke zu geben, mit der sie auch etwas anfangen können. Zum Beispiel: »Du sprichst gerade so laut, wie es wahrscheinlich bei euch im Klassenzimmer nötig ist, um gehört zu werden. Hier ist es aber ja viel leiser, kannst du deshalb bitte mal versuchen, halb so laut zu reden? So ist es für mich viel angenehmer, dir zuzuhören.«

## Draußen ist alles leichter

Gefühlsstarke Kinder leiden oft unter dem Gefühl, »zu viel von allem« zu sein. Sie merken, dass sie mit ihrem ständigen Gezappel, Getrampel und Getöse anderen schnell auf die Nerven gehen – und können doch nicht aus ihrer Haut. Da hilft es, mit ihnen darüber zu sprechen, dass nichts an *ihnen* verkehrt ist, sondern dass unsere modernen Wohnverhältnisse oft einfach nicht für so viel Bewegung, so viel Stimme und so viel Kraft gemacht sind. Draußen hingegen, wo der freie Himmel ganz viel Schall verschluckt, gibt es das Problem zu lauter Schritte, zu wilden Tobens, zu lauten Erzählens nicht. Haben wir das Gefühl, dass uns mit unserem lauten Kind zu Hause gleich der Kopf platzt, ist oft die beste Lösung: Raus ins Freie!

### Ruhe üben

»Nun sei doch mal ruhig!« – mit so unspezifischen Aufforderungen können Kinder meist wenig anfangen. Hilfreicher ist es, gemeinsam zu üben, wie das geht. Manchen gefühlsstarken Kindern helfen beispielsweise Massagen dabei, ihre innere Anspannung loszuwerden und damit auch ruhiger zu werden. Auch Hörspiele können ein gutes Hilfsmittel sein, um zu üben, einmal still zu sitzen oder zu liegen und einfach zuzuhören. Gesellschaftsspiele stellen gefühlsstarke Kinder zwar oft vor eine Herausforderung (verlieren zu können ist schließlich oft nicht ihre Stärke!), doch haben sie erst mal ein Lieblingsspiel gefunden, können sie häufig lange mit Leidenschaft dabeibleiben.

Die Schwierigkeit bei all diesen Lösungsideen: Für die meisten brauchen gefühlsstarke Kinder ein Gegenüber, das sich aktiv mit ihnen beschäftigt. Oft haben Eltern aber weder die Zeit noch die Kraft, den ganzen Nachmittag Spielpartner für ihr gefühlsstarkes Kind zu sein. Stattdessen wünschen sie sich, dass es sich auch mal still in seinem Zimmer mit sich selbst beschäftigt. Und genau das klappt eben oft nicht. Stattdessen wird es laut – und schon liegen die Nerven blank. Werden wir uns dieser Dynamik (und unserer eigenen unausgesprochenen Erwartungshaltung dahinter) bewusst, kann dies der erste Schritt heraus aus dem Dilemma sein. Denn wenn wir uns bewusst machen, dass unser gefühlsstarkes

Kind die Erwartung, sich einfach alleine *und* still zu beschäftigen, oft einfach nicht erfüllen kann, eröffnet das den Blick dafür, was stattdessen geht: Es kann sich entweder mit sich selbst beschäftigen, wo es laut und wild sein darf. Oder es kann leise sein, wenn es einen entsprechenden Rahmen dafür hat – also ein Gegenüber, das mit ihm spielt, oder auch mal ein Film oder ein Spiel auf dem Tablet, das es in Atem hält. Aber es ist eben nicht das Kind, das stundenlang alleine malt oder leise Lego spielt, und das muss es auch nicht sein.

## Immer dieses Chaos! Warum gefühlsstarke Kinder sich mit Ordnung so schwertun

Ein Durcheinander aus Spielzeug, Büchern, getragenen und ungetragenen Klamotten, durch das allenfalls ein Trampelpfad zum Bett führt – so oder so ähnlich sieht das Zimmer vieler gefühlsstarker Kinder aus. Denn sie hinterlassen oft nicht nur Chaos, wo sie gehen und stehen, sie sind häufig auch völlig außerstande, die selbst verursachte Unordnung anschließend wieder in den Griff zu bekommen. In vielen Familien sorgt dieser Umstand für viel Stress und Streit. Schließlich ist es das erklärte Erziehungsziel der meisten Eltern, dass ihr Kind Ordnung halten lernt – und als Schulkind ist der eigene Sohn, die eigene Tochter dafür doch nun wirklich alt genug, oder? Tatsächlich ist das Thema Ordnung für gefühlsstarke Kinder komplizierter, als viele Mütter und Väter meinen. Denn dass sie meist klare Strukturen und aufgeräumte Räume schätzen, heißt noch lange nicht, dass sie diese Ordnung und Struktur auch selber herstellen könnten. Im Gegenteil: Sie brauchen oft gerade deswegen eine starke Struktur von außen, weil es ihnen an innerer Struktur so sehr fehlt. Im Alltag äußert sich dieser Widerspruch zwischen Ordnungsbedürftigkeit und Ordnungssinn oft derart, dass gefühlsstarke Kinder in einem Zimmer spielen, bis es völlig chaotisch ist, sich dort dann nicht mehr wohlfühlen und deshalb ins nächste weiterziehen. Auf Eltern wirkt dieses Verhalten oft provokant: Erst das Kinderzimmer verwüsten, und dann ist das Wohnzimmer dran? Na, schönen Dank auch! Doch aus der Perspektive eines gefühlsstarken Kindes macht diese Strategie vollkommen Sinn: Fühlt es sich irgendwo nicht mehr wohl, sucht es sich einen anderen Ort, der seine Sinne nicht mit zu vielen Reizen überflutet. Dass es stattdessen auch den chaotischen Raum selbst wieder zu einem Wohlfühlort machen könnte, kommt ihm nicht in den Sinn. Was auf uns Erwachsene rücksichtslos, egoistisch und schlicht schlampig wirkt, ist also für ein gefühlsstarkes Kind ein völlig normales, kluges und sinnvolles Vorgehen, mit dem es weder ärgern noch provozieren will.

Ein Blick in die Menschheitsgeschichte verrät, dass bis vor wenigen Jahrhunderten nahezu *alle* unserer Vorfahren so gehandelt haben: Besitz aufzuheben und zu bewahren, ist evolutionär betrachtet eine gänzlich neumodische Idee. Für die Nomaden, von denen wir abstammen, war jedes zusätzliche Gramm Gewicht eine Bürde, weshalb sie in einer Art steinzeitlicher Wegwerfgesellschaft lebten, was aufgrund der organischen Materialien, die sie für Waffen, Spielzeug und Kleidung verwendeten, kein Problem war. Was nicht mehr gebraucht wurde, ließen sie einfach zurück – erst recht die schnell hergestellten Kleinigkeiten, mit denen sich Kinder beschäftigten. Die Zahl der Gegenstände, die unsere Ahnen in Ordnung halten mussten, war also äußerst überschaubar: Die Kleider, die sie am Leib trugen, die Waffen, die sie aktuell in Gebrauch hatten, sowie einige wenige Nutzgegenstände – fertig. Mehrere tausend Dinge zu besitzen und diese in übersichtlicher und wieder auffindbarer Weise zu ordnen, ist also eine Kulturtechnik, die uns Menschen nicht im Blut liegt, sondern die wir erst erlernen müssen, und zwar mühsam und Stück für Stück. Menschen mit einer hohen Selbstregulationsfähigkeit, die ihre Gedanken und Gefühle gut strukturieren können, scheint dieser Lernprozess leichter zu fallen als Menschen, in deren Inneren mehr Chaos herrscht. Das erklärt, warum unsere gefühlsstarken Kinder es oft als quasi unmöglich empfinden, ihren eigenen Kram in Ordnung zu halten – obwohl sie ihn durchaus gern in Ordnung *hätten*. Jede Form von Druck, Zwang oder Strafen macht dabei alles nur noch schlimmer. Einem gefühlsstarken Kind zu sagen, es habe nun einen Nachmittag zum Aufräumen, und was danach noch auf dem Fußboden liege, werde weggesaugt, ist nichts anderes als seelische Gewalt. Auf dem Weg hin zu mehr Ordnung helfen viel mehr die folgenden Strategien:

## Mehr Platz, weniger Zeug

Gefühlsstarke Kinder sind unglaublich begeisterungsfähig, weshalb sie sich ständig neue coole Spielsachen wünschen. Gleichzeitig sind sie oft völlig überfordert von der schieren Masse an Dingen, die sich daraufhin in ihrem Zimmer anhäufen. Gleichzeitig tun sie sich mit dem Ausmisten unglaublich schwer, weil sie bei jedem Ding, das sie in die Hand nehmen, das Gefühl haben, ihr ganzes Herz hänge daran. Weshalb alles bleiben muss, auch wenn es eigentlich viel zu viel ist. Was da hilft, ist eine gemeinsame Aktion, bei der das Kind nicht entscheiden soll, was bleibt und was weg soll, sondern was es *im Zimmer* behalten möchte und was *anderswo*. Diese gedankliche Brücke hilft dabei, zu entscheiden, was das Kind wirklich gerade noch mag und braucht, und was es bloß nicht hergeben will, weil der Gedanke schmerzt, dass es dann im Müll landet oder jemand anderem gehört. Weiß das Kind hingegen, dass sein Besitz unangetastet bleibt (nur eben im Keller, auf dem Speicher oder in der Garage), kann es freier nachspüren, was es wirklich um sich haben will. Wichtig ist, diesen Sortierprozess zwar praktisch zu unterstützen, aber möglichst unemotional zu handeln und unkommentiert zu lassen. Gefühlsstarke Kinder sind schließlich sehr sensibel für unsere Stimmungen und merken genau, wenn wir es traurig finden, dass der Kuschelteddy, den sie zur Geburt geschenkt bekommen haben, gehen darf, während jede einzelne Minion-Sammelfigur bleiben muss. Das macht es ihnen schwerer, wirklich auf ihr eigenes Gefühl zu hören, weil sie uns ja nicht verletzen wollen. Deshalb am besten alles, was aus Sicht des gefühlsstarken Kindes aus dem Zimmer kann, ungerührt einpacken – und mit den emotionalsten Stücken später selbst eine eigene Erinnerungskiste füllen.

## Eine simple Struktur

Aufräumen fällt gefühlsstarken Kindern schwer, also machen wir es ihnen besonders einfach: Mit klaren Aufbewahrungsorten für alles, was sie besitzen, ohne zu viel Detail-Gefrickel. Wer erwartet, dass ein gefühlsstarkes Kind sich nach dem Spielen hinsetzt und all seine Legosteine nach Farben und Formen sortiert in kleine Plastikdöschen packt, wird seines Lebens nicht mehr froh. Stattdessen gibt es ein Regal für Bücher, eine Kiste für Lego, eine für Actionfiguren, eine für Bau- und Bastelkram, und detaillierter wird es dann auch nicht. Ein Papierkorb ist noch wichtig, ein eigener kleiner Wäschekorb sinnvoll. Gut strukturiert ist ein Kinderzimmer dann, wenn ein Grundschulkind es schaffen kann, darin innerhalb von zehn bis 15 Minuten Ordnung zu schaffen, ohne einfach alles in einen Schrank zu stopfen. Und es ist völlig normal, dass es dabei zunächst noch Unterstützung braucht, bis es das System, was wohin muss, komplett verinnerlicht hat.

## Spiel-Oberflächen und Themenwelten

In den meisten Kinderzimmern ist die Spielfläche der Fußboden. Das muss nichts Schlechtes sein, schließlich kann man darauf gemütlich liegen und hat schier unbegrenzt Platz. Der Nachteil dieses Spielortes ist nur, dass man seine Spiellandschaften da aufbaut, wo später wieder aufgeräumt sein soll. Das heißt: Die Grenze zwischen kreativem Spiel und Chaos ist fließend. Deshalb hilft es vielen gefühlsstarken Kindern sehr, einen expliziten Spiel-Tisch oder eine andere leicht erhöhte Fläche zu haben, auf denen sie Spiellandschaften errichten können, die dann auch wirklich stehen bleiben dürfen, so lange sie wollen – und Staub gesaugt werden kann im Kinderzimmer trotzdem. Ärgern sich Eltern darüber, dass ständig alle Spielsachen durcheinander geraten, helfen manchmal mehrere solcher Spiel-Oberflächen für unterschiedliche Themenwelten – hier der Pferdehof, da das Hogwarts-Schloss.

## Gemeinsam Ordnung halten

Gefühlsstarke Kinder räumen oft sehr, sehr ungern auf – einfach, weil es ihnen so schwerfällt. Anstatt uns darüber aufzuregen, können wir Eltern viel Stress rausnehmen, wenn wir unsere eigene Erwartung der Realität anpassen: Ja, viele Kinder räumen im Grundschulalter schon prima alleine auf. Unser Kind gehört nicht dazu. Und das ist okay. Die langfristig zielführendste Strategie, Kindern Ordnung zu lehren, ist nämlich nicht, sie zum Aufräumen zu zwingen – jeder Streit ums Chaos im Kinderzimmer macht das Thema nur noch belasteter und angstbesetzter. Ordnungsliebe hingegen entsteht, wenn Kinder die Erfahrung machen: Aufräumen ist gar nicht schlimm und kann sogar Spaß machen. Das vermitteln wir unseren Kindern aber nicht, wenn wir sie anmaulen, wir seien nicht ihre Putzhilfen. Sondern wenn wir mit ihnen gemeinsam ihr Zimmer schön machen, und zwar in einer Stimmung, die den Kindern zeigt: Aufräumen kann entspannt sein, und verbindend, und schön. Typisch dabei ist, dass das gefühlsstarke Kind nur einen Bruchteil der Arbeit macht, während die Eltern den Großteil der Aufräumarbeit leisten. Das kann sich ungerecht anfühlen und zum Motzen verleiten, zeigt aber letztlich nur, dass wir Erwachsenen einfach bereits viel effizientere Aufräumstrategien entwickelt haben und unser Kind erst dabei ist, diese zu erlernen. Rechnen wir also nicht buchhalterisch auf, wer wie viele Teile verräumt hat, und schimpfen wir nicht mit unserem Kind, wenn es sich übers Aufräumen ins Spiel verliert. Sondern freuen wir uns einfach gemeinsam an dem aufgeräumten Zimmer und dem guten Gefühl, das es uns macht. So wecken wir in unserem Kind den Wunsch, immer in so einer angenehmen Atmosphäre zu spielen – und das Gefühl, dass es selbst aktiv etwas dafür tun kann, dass es so ordentlich ist und bleibt.

### Ordnung ist relativ

Ein Regal, in dem ein paar Bücher stehen und ein paar in Stapeln liegen, in dem eine Tasse steht und eine Vase, ein Kalender und ein paar lose CDs – ist dieses Regal ordentlich oder unordentlich? Das liegt im Auge des Betrachters. Es gibt viele Menschen, für die wäre das Regal genau richtig so. Und andere, die müssten sofort anfangen, es aufzuräumen. Wie viel Struktur und Regelmäßigkeit wir um uns herum brauchen, hat zum einen mit unserer individuellen Persönlichkeitsstruktur zu tun, zum anderen mit unserer eigenen Erziehung und Sozialisation. Und so ist es auch nicht verwunderlich, dass Kinder und Eltern teilweise sehr unterschiedliche Vorstellungen davon haben, wie eine »Wohlfühl-Ordnung« auszusehen hat. So scheinen viele eher regulationsstarke Menschen ein Faible für eine sogenannte Stapel-Ordnung zu haben: Hauptsache, alles liegt auf Kante. Gefühlsstarke Kinder mögen hingegen oft eine sogenannte Streu-Ordnung, also ein Arrangement, bei dem sie alle ihre Besitztümer im Blick haben und genau wissen, in welchem Areal ihres Zimmers was liegt, ohne irgendwelche Stapel durchwühlen zu müssen. Für Erwachsene wirkt diese Streu-Ordnung oft wie das reine Chaos, für die Kinder selbst offenbart sich wie selbstverständlich ihre innere Logik und Struktur. Beim Zusammenleben unterschiedlicher Menschen geht es in Sachen Ordnung deshalb immer um Kompromisse: Wenn das eigene Kind ein gewisses Maß an kreativem Chaos um sich herum braucht, um sich wohl zu fühlen, wäre es übergriffig, ihm die eigenen Ordnungsvorstellungen einfach überzukrempeln. Gleichzeitig haben Eltern natürlich das Recht, darauf zu bestehen, dass sich etwa keine Lebensmittelreste im Kinderzimmer ansammeln, und nichts sonst, was gammeln oder schimmeln könnte. Doch grundsätzlich gilt: Es entspannt das Familienklima ungemein, wenn alle das Recht haben, ihr eigenes Wohlfühllevel an Chaos und Ordnung zu definieren. Und wenn Eltern das Aufräumen für ihre Kinder und mit ihren Kindern nicht als ständiges Ärgernis sehen, sondern als gute Investition in die Eltern-Kind-Beziehung und langfristig auch in die Aufräum-Kompetenz des eigenen Nachwuchses.

## Ich kann aber nicht schlafen! Schlafprobleme – immer noch

Der Übergang vom Wachsein in den Schlaf fällt gefühlsstarken Kindern oft sehr schwer. Das hat verschiedene Gründe: Durch ihre hohe Bewegungsfreudigkeit zappeln sie sich selber wach, ihre Reizoffenheit sorgt dafür, dass sie zur Schlafenszeit noch ganz viel zu verarbeiten haben, ihr hohes Energielevel und ihr verhältnismäßig geringer Schlafbedarf sorgen dafür, dass sie erst viel später müde sind, als ihre Eltern dies erwarten, und ihre immense Sensibilität lässt gerade abends oft noch große, schwere Themen ihre Seele belasten, die sie am Einschlafen hindern. In der Summe ergeben all diese verschiedenen Aspekte der Gefühlsstärke einen Mix, der wie ein Aufputschmittel wirkt: Hauptsache wach bleiben! Für Eltern ist dies oft im wahrsten Sinne des Wortes ermüdend. Ihre Tage sind lang und anstrengend, und sie wünschen sich einen verlässlichen Feierabend zum Ausspannen und Erholen. Stattdessen allabendlich anderthalb Stunden länger zu kämpfen und zu kuscheln, zu beruhigen und zu begleiten, kostet ungeheuer Energie – und macht frustriert und wütend: In anderen Familien klappt das doch auch, dass um acht das Licht ausgeht und geschlafen wird! Doch für gefühlsstarke Kinder ist es oft noch im Schulalter unglaublich schwer, abends ins Bett zu gehen und dort zügig und ohne unmittelbare Begleitung in den Schlaf zu finden.

Bekommen Außenstehende mit, dass Eltern auch bei ihrem sechs-, acht- oder zehnjährigen Kind noch allabendlich an der Bettkante sitzen, bis es eingeschlafen ist, raten sie oft zu einem harten Schnitt: Das Kind ist alt genug, macht diesen Eiertanz ums Einschlafen doch einfach nicht mehr mit! Doch für gefühlsstarke Kinder gibt es wenig Schlimmeres als abrupte, radikale Änderungen. Wenn Mama oder Papa sich von einem Tag auf den anderen weigern, sie wie sonst ins Bett zu bringen, fühlt sich das für sie ungeheuer bedrohlich an. Die natürliche Konsequenz: Überflutet von Angst- und Stresshormonen finden sie erst recht nicht in den Schlaf. So wird ihre Angst vor dem Alleine-Einschlafen zur sich selbst erfüllenden Prophezeiung: Ich *kann* einfach nicht alleine einschlafen. Gleichzeitig erleben Kinder mit steigendem Alter ihre eigenen Schlafschwierigkeiten durchaus als Handicap. Anders als Kleinkinder, die es meist überhaupt nicht stört, in Sachen Schlaf auf Begleitung und Unterstützung angewiesen zu sein, hegen ältere Kinder durchaus den Wunsch nach mehr Unabhängigkeit und Autonomie und beneiden oft Gleichaltrige, die problemlos allein in den Schlaf finden. Schließlich bringt die Fähigkeit, überall gut allein einschlafen zu können, jede Menge Vorteile mit sich: Man kann ohne Angst zu Übernachtungspartys gehen und zur Lesenacht in der Schule. Man kann in Reiterferien gehen oder auf Klassenfahrt. Und man kann abends im Bett noch lesen oder Hörspiele hören oder heimlich mit der besten Freundin chatten und sich groß und selbstständig fühlen statt klein und bedürftig.

Gefühlsstarke Kinder klammern sich also nicht aus Bequemlichkeit an die Einschlafbegleitung durch ihre Eltern, sondern weil sie den Schritt in den Schlaf ohne Hilfe einfach noch nicht gut alleine schaffen. Die folgenden Strategien können dabei helfen, Druck aus dem Schlaf-Thema zu nehmen und sanft neue Wege zu mehr Selbstständigkeit zu eröffnen.

## Schlafen darf kein Machtkampf werden

Um kaum ein Thema gibt es in Familien mit gefühlsstarken Kindern so viel Streit wie ums Schlafen. Und selbst liebevolle und zugewandte Eltern greifen in ihrer Verzweiflung dabei oft zu seltsamen Belohnungs- und Bestrafungsregeln, als seien diese der letzte Strohhalm, wenn alles andere nicht hilft. Ein typisches Beispiel dafür ist zum Beispiel, auf scheinbar logische Weise bestimmte Privilegien »großer Kinder« ans Allein-Schlafen zu knüpfen: »Wenn du zu klein bist, um allein zu schlafen, bist du auch zu klein, um mit ins Kino zu kommen.« Oder umgekehrt: »Die Reitstiefel bekommst du, wenn du es einen Monat lang geschafft hast, alleine einzuschlafen und nachts in deinem Bett zu bleiben und uns so zeigst, dass du ein großes Mädchen bist.« Solche Erpressungs- und Bestechungsversuche zu unternehmen, mag menschlich sein, wenn man müde und genervt ist, doch es ist auch ganz schön fies. Denn die Grundprämisse solcher Versprechungen und Drohungen ist, dass das gefühlsstarke Kind ja könnte, wenn es wollte. Und genau das stimmt eben nicht. »Kinder machen ihre Sache gut, wenn sie können«[15], sagt der amerikanische Kinderarzt Ross W. Greene, und genau das gilt auch in Bezug aufs Schlafen. Anstatt unsere Kinder also mit Belohnungen und Bestrafungen zu stressen (und ihnen durch den so geschürten Stress das Schlafen noch schwerer zu machen, als es ohnehin schon ist), suchen wir nach Wegen, mit ihnen an einem Strang zu ziehen. Dafür müssen Kinder spüren: Mama und Papa geben mir nicht die Schuld an der

Schlafsituation, und wir befinden uns auch nicht in einem Kampf, in dem der hartnäckigere Part gewinnt. Stattdessen ist unser gemeinsames Ziel, dass wir alle gut schlafen können. Und jetzt gucken wir mal, wie wir das hinkriegen.

## Einschlafen beginnt vor dem Einschlafen

Menschen, die sich gut selbst regulieren können, brauchen vor dem Schlafengehen keinen langen Vorlauf. Sie können sich einfach hinlegen und zack, sind sie weg. Menschen mit einer weniger stark ausgeprägten Selbstregulationsfähigkeit brauchen für diesen Prozess des Loslassens und Einschlafens länger, viel länger. Für gefühlsstarke Kinder beträgt die Dauer dieses langsamen Herunterkommens, bis sie einschlafen können, im Schnitt etwa anderthalb Stunden. Das heißt: Wenn wir anstreben, unser Kind um halb neun im Bett zu haben, muss unsere Vorbereitung darauf bereits gegen 19 Uhr beginnen.

Das heißt: Ab jetzt ist es unsere Aufgabe, Rahmenbedingungen dafür zu schaffen, dass unser Kind die Reize des Tages langsam hinter sich lässt und nach und nach in einen Zustand innerer Ruhe findet, der ihm nachher das Einschlafen erleichtert. Auspowern ist jetzt nicht mehr günstig, weil es aufputscht, statt zu beruhigen – ihre überschüssige Energie sollten Kinder also möglichst vor dieser Zeit losgeworden sein. Auch der Konsum von Bildschirmmedien ist in dieser letzten Phase vor dem Schlafengehen nicht optimal, weil er mit einer hohen Reizdichte einhergeht und die Verarbeitungsmaschinerie des Gehirns noch einmal richtig fordert. Was hingegen prima beim Abschalten hilft: ein ruhiges, gemeinsames Abendessen. Gedimmtes Licht. Ein warmes Bad. Vorlesen. Vom Tag erzählen. Musik hören. Kuscheln. So aufs Ruhigwerden eingestimmt, können sich viele Kinder leichter auf ihr Abendritual einlassen und finden schneller in den Schlaf.

## Eine gemütliche Schlafstatt

Was ihren Schlafplatz angeht, erinnern gefühlsstarke Kinder teilweise an die Prinzessin auf der Erbse: Winzige Irritationen – wie eine neue Bettwäsche, die sich anders anfühlt, oder ein Knubbel in der Matratze – reichen aus, um Schlaf quasi unmöglich zu machen. Dazu kommt, dass viele typische Kinderbetten nicht gut zu ihren Schlafbedürfnissen passen. Beispiel Hochbett: Für viele der Inbegriff eines coolen Kinderbetts, für viele gefühlsstarke Kinder zwar ein beliebter Spiel- und Kletterort, aber keine geeignete Schlafstätte. Allein das Klettern ins Bett und aus dem Bett wirkt auf sie stimulierend, außerdem macht die Höhe eine unaufwändige Einschlafbegleitung schwierig, weil sich die Eltern quasi mit ins Bett legen oder neben dem Bett stehen müssen, um Körperkontakt zu haben. Und schließlich soll das Kind auch noch nah unter der Decke schlafen, was vielen sensiblen Kindern unangenehm ist – um entspannen zu können, brauchen sie ein Gefühl von Weite, nicht von höhlenartiger Enge. Als alltagspraktischstes Bett für gefühlsstarke Kinder entpuppt sich deshalb oft ein ganz schlichtes Queen Size Bed, das fest auf dem Boden steht, genügend Platz zum ausufernden Umherwälzen bietet, Erwachsenen unkompliziert ermöglicht, sich an die Bettkante zu setzen oder zu ihrem Kind zu legen, und in dem all die Kissen und Kuscheltiere Raum finden, die dem gefühlsstarken Kind ein Gefühl von Geborgenheit und Sicherheit vermitteln.

## Das Elternschlafzimmer als Zufluchtsort

Nicht nur das Einschlafen fällt vielen gefühlsstarken Kindern schwer, ihre überschießende Fantasie lässt sie nachts oft auch wild träumen und macht sie so zu unruhigen Schläfern. Die Folge: Viele gefühlsstarke Kinder werden auch im Schulalter noch nachts wach, finden alleine nicht mehr in den Schlaf und suchen Zuflucht im Elternbett. Das kann selbst erfahrene Familienbett-Schläfer ganz schön nerven, denn nachts einen im Traum wild um sich schlagenden, ausgewachsenen Drittklässler bei sich zu beherbergen, ist eine völlig andere Nummer, als ein friedlich schnuffelndes Baby oder Kleinkind neben sich zu haben. Was helfen kann: Eine Matratze neben das Elternbett zu legen, sodass nächtliche Gäste Zuflucht finden und trotzdem einen eigenen Schlafplatz haben. Was nicht hilft: Das Elternschlafzimmer zur kinderfreien Zone zu erklären. Denn wo soll das aufgewühlte Kind nachts sonst seinen sicheren Hafen finden?

## Selbstständig schlafen üben

Dass es gefühlsstarken Kindern oft überdurchschnittlich schwerfällt, abends alleine in den Schlaf zu finden, heißt nicht, dass sie es nicht lernen könnten. Doch dafür reicht es nicht, einfach zu erwarten, dass sie es von jetzt auf gleich können. Stattdessen können Eltern mit ihren Kindern das selbstständige In-den-Schlaf-Finden schrittweise üben – und zwar so sanft, dass dabei keine Stresshormone jeden echten Lernfortschritt verhindern. Dabei hilft, gemeinsam mit dem gefühlsstarken Kind ein attraktives Schlaf-Ziel zu definieren. Zum Beispiel: Ich möchte es gerne schaffen, beim nächsten Übernachtungs-Kindergeburtstag auch dabei zu sein. Oder: Ich möchte abends noch ein bisschen lesen und dann alleine einschlafen können. Dann legen Eltern und Kind gemeinsam Zwischenschritte auf diesem Weg fest: Als erstes will ich versuchen, ohne Körperkontakt, aber mit jemandem in meiner Nähe einzuschlafen. Dann versuchen wir, wie es ist, wenn Mama oder Papa nach der Geschichte rausgehen, aber alle fünf Minuten nach mir sehen. Dann versuchen wir, ob ich es schaffe, nach dem Gute-Nacht-Sagen allein mit ein bisschen ruhiger Musik einzuschlafen, während Mama und Papa im Nebenzimmer reden. Wichtig ist dabei, mit dem Kind möglichst konkrete Strategien zu entwickeln, wie es sich in der Phase des Einschlafens selbst helfen kann.

So ist vielen Kindern gar nicht klar, dass es völlig normal ist, einige Zeit zum Einschlafen zu brauchen, und dass sie nichts falsch machen, wenn sie eine ganze Weile wachliegen. Weil gefühlsstarken Kindern in einer solchen Situation ohne Stimulation schnell langweilig wird, was sie dann wieder unruhig und zappelig werden lässt, können Familien nun gemeinsam ausloten, wie viel leise Hintergrundstimulation – etwa in Form eines Hörspiels oder leiser Musik – beim Einschlafen hilfreich ist, und wie viel beim Einschlafen eher stört. Manche Kinder sprechen auch gut darauf an, bestimmte Selbstberuhigungstechniken zu erlernen und anzuwenden, beispielsweise in Gedanken die Traumlandschaft zu malen, die sie später im Schlaf besuchen wollen, oder gedanklich durch den eigenen Körper zu reisen und jedem Körperteil einzeln gute Nacht zu sagen. Wichtig ist, das Kind bei seinem Kooperationswillen zu packen – es *will* ja alleine einschlafen lernen – und ihm gleichzeitig jeden Schlaf-Druck zu nehmen. Gerade für gefühlsstarke Kinder mit einem sehr geringen Schlafbedarf ist es eine wichtige Botschaft, immer wieder zu hören: »Es ist überhaupt nicht wichtig, wann du einschläfst. Wichtig ist, dass du ausruhst. Dein Körper schöpft auch Kraft, wenn du einfach gemütlich im Bett liegst. Du musst nicht schlafen. Du musst nur ruhen.« Denn Schlaf lässt sich nicht erzwingen, und je mehr wir ihn heraufbeschwören, desto schwerer lässt er sich locken. Schaffen wir es hingegen, einfach zu entspannen und hinzunehmen, dass der Schlaf kommt oder eben auch nicht, fallen uns meist ganz von selbst die Augen zu.

## Dabeibleiben, Geduld haben

Mit gefühlsstarken Kindern gibt es keine Patentlösungen – das gilt ganz besonders fürs Thema Schlaf. Und auch, wenn es Strategien zur Verbesserung der Schlafsituation gibt, die schon vielen Familien geholfen haben, so wäre es doch unehrlich, zu verschweigen, dass sich manchmal auch einfach gar nichts zu verändern scheint. Und dann? Helfen Geduld, Selbstfürsorge und klare Grenzen. Heißt im Klartext: Wir können unsere Kinder nicht zum Schlafen zwingen. Aber wir können dafür sorgen, dass wir selbst zur Ruhe kommen. Indem wir irgendwie versuchen, die widerstrebenden Bedürfnisse zumindest einigermaßen unter einen Hut zu bekommen. Das Kind kann partout nicht einschlafen und kommt immer wieder raus? Dann soll es sich eben still mit uns aufs Sofa kuscheln und einen langweiligen Erwachsenenfilm mitgucken. Das Kind kann ohne unsere Nähe einfach nicht einschlafen? Dann machen wir uns die Zeit der Einschlafbegleitung zumindest so nett und bequem wie möglich, mit Musik auf den Ohren und dem Smartphone als Fenster zur Welt in der Hand. Das Kind will partout nicht in seinem eigenen Bett schlafen? Dann wechseln eben wir Erwachsenen uns damit ab, im Kinderbett zu schlafen, während der andere mit dem Kind im Ehebett nächtigt. So haben wir zumindest jede zweite Nacht die Chance auf einen ruhigen Schlaf, und nerven uns nicht jede Nacht aufs Neue über die Enge und Unruhe in unserem Bett.

So unbefriedigend sich derlei Lösungen auch anfühlen mögen: Manchmal sind sie die beste Wahl, die wir gerade haben. Umso wichtiger ist es, sich klarzumachen: So bleibt es nicht. Es gibt mit gefühlsstarken Kindern Phasen, da scheint jede Veränderung ausgeschlossen, da meinen wir, es würde nie wieder anders. Doch so ist es nicht. In allen Kindern steckt der Drang, groß und selbstständig zu werden, auch in unseren. Erfüllte Bedürfnisse verschwinden, darauf können wir uns verlassen. Bei manchen Kindern braucht dieser Prozess einfach nur länger als bei anderen.

# Hier brennt die Luft: Gefühlsstarke Kinder und ihre Geschwister

Wenn Kinder viel Energie, aber wenig Impulskontrolle, viele große Gefühle, aber wenige Selbstregulationsstrategien haben, ist das für ihr Umfeld alles andere als leicht. Schließlich liegt es in der Natur gefühlsstarker Kinder, immer wieder unabsichtlich persönliche Grenzen zu überschreiten und sich inmitten eines Gefühlsausbruchs körperlich und verbal zeitweise so wenig im Griff zu haben, dass alle drum herum wirklich in Deckung gehen müssen. Diese anstrengenden Eigenheiten viele Jahre lang nicht persönlich zu nehmen und nicht zu sanktionieren, sondern sie als Zeichen von Überforderung und Hilflosigkeit zu sehen und verständnisvoll und einfühlsam zu begleiten, ist selbst für Erwachsene eine große Herausforderung – wie soll es da erst Geschwisterkindern gelingen, die teilweise tagtäglich unter dem Temperament ihres Bruders oder ihrer Schwester leiden? Angesichts der oft dramatischen Szenen, die sich zwischen gefühlsstarken Kindern und ihren Geschwistern abspielen können, ist es kein Wunder, dass die Sorge um eine gute Geschwisterbeziehung und die Frage nach dem richtigen Umgang mit gänzlich unterschiedlichen Geschwistern für viele Eltern zum drängendsten Problem im ganzen Familienleben wird.

Je nach Geschwisterzahl und -konstellation stehen Familien dabei vor ganz unterschiedlichen Herausforderungen: Mal muss das kleine Kind vor dem großen geschützt werden, mal ist es umgekehrt. Manchmal ist es aber auch das gefühlsstarke Kind selbst, das geschützt werden muss – vor Ausgrenzung durch seine eigenen Geschwister. Und sehr, sehr oft vermischen sich diese Dynamiken, sodass Eltern überhaupt nicht mehr wissen, um wen sie sich nun als erstes kümmern müssen, weil alle ihre Kinder ihren eigenen dringenden Leidensdruck haben, für den es irgendwie keine Lösung zu geben scheint, die nicht einem anderen Kind Unrecht tut. Was helfen kann, sind die folgenden Strategien im Umgang mit gefühlsstarken Kindern und ihren Geschwistern:

## Schutz steht an erster Stelle

Es ist ganz normal, dass Geschwisterkinder sich streiten. Und es ist auch normal, dass sie dabei manchmal körperlich werden. Doch wer glaubt, er tue seinen Kindern einen Gefallen, indem er sie solche Konflikte unter sich lösen lässt, irrt: Zwischen Geschwisterkindern herrscht kein Kräftegleichgewicht, sondern nahezu immer ein Machtgefälle. Kinder damit alleinzulassen, bedeutet, die körperliche und seelische Brutalität zwischen Geschwistern zu befeuern. Denn wer sich bedroht und unterlegen fühlt und gleichzeitig allein, kämpft notfalls auch mit unfairen Waffen wie Hauen, Kratzen und Beißen – wodurch der Konflikt immer weiter eskaliert. Umgekehrt können aus unmoderierten Geschwisterkonflikten auch richtige Tyrannenherrschaften erwachsen, bei denen sich ein Kind dem anderen angstvoll unterordnet, weil es weiß, dass es gegen die Übermacht eh nicht gewinnen kann – ein gefährlicher Scheinfrieden, während im Untergrund der Hass brodelt.

Die erste und wichtigste Aufgabe für Eltern ist es deshalb, sich für Geschwisterstreit verantwortlich zu fühlen. Und zwar nicht als Schiedsrichter, die entscheiden, wer im Recht und wer im Unrecht ist. Sondern als Konfliktmoderatoren, die sich für die Würde und die körperliche und seelische Integrität aller Streitparteien verantwortlich fühlen. Im Klartext heißt das: Wenn das gefühlsstarke sechsjährige Kind seinen kleinen Bruder haut, ist es nicht *seine* Schuld, dass der Konflikt so eskaliert ist – sondern es wäre die Verantwortung der Erwachsenen gewesen, den sich anbahnenden Eklat zu erkennen und das jüngere Geschwisterkind rechtzeitig in Sicherheit zu bringen. Das heißt nicht, dass sich jeder Übergriff vermeiden ließe und dass Eltern sich schuldig fühlen müssten, wenn ihnen das nicht immer gelingt. Kein Mensch kann überall seine Augen haben und immer rechtzeitig eingreifen. Doch unser Selbstverständnis als Eltern gefühlsstarker Kinder muss sein, dass es *unsere* Aufgabe ist, dafür zu sorgen, dass jedes unserer Kinder – und natürlich auch jedes Gastkind – in unserer Obhut sicher ist. Und nicht die Aufgabe des gefühlsstarken Kindes, dessen Impulskontrolle sich gerade erst ausbildet. Dass Schutz unsere oberste Priorität ist, heißt im Alltag jedoch auch: Im Zweifelsfall steht die körperliche Unversehrtheit von uns Eltern und sowie allen Geschwisterkindern *über* dem Anspruch, unser gefühlsstarkes Kind zu begleiten. Wenn unser gefühlsstarkes Kind also in einem Wutanfall haut und beißt und um sich schlägt und sichtlich Begleitung braucht, ist unsere erste Aufgabe trotzdem, jeden in Sicherheit zu bringen, der davon verletzt werden könnte – auch wenn das bedeutet, unser gefühlsstarkes Kind eine Zeit lang mit sich und seinen großen, schlimmen Gefühlen alleinzulassen. Bereits bevor der Ernstfall eintritt diese innere Klarheit zu haben, hilft uns, in einer so akuten Stresssituation nicht völlig zerrissen zu versuchen, all unseren Kindern gleichzeitig gerecht zu werden, sondern einen klaren Notfallplan einzuhalten: Erst schützen. Dann begleiten.

## Gespräche über Gerechtigkeit

Geschwisterkinder gefühlsstarker Kinder empfinden es oft als himmelschreiende Ungerechtigkeit, dass ihr Bruder oder ihre Schwester so viel mehr Aufmerksamkeit bekommt als sie selbst. Und das mit teilweise so schlechtem Verhalten! Schnell entsteht so der Eindruck, die eigenen Eltern würden Schwierigsein belohnen, während Unkompliziertheit faktisch bestraft wird. Umso wichtiger ist es, mit allen Kindern über die eigenen Familienwerte zu sprechen: Dass es in dieser Gemeinschaft nicht ums Belohnen oder Bestrafen geht, und dass Gleichheit und Gerechtigkeit nicht dasselbe sind. »Bei uns soll jeder bekommen, was er braucht«, kann ein wichtiger Schlüsselsatz dabei sein. »Ein Kind braucht vielleicht mehr Hilfe im Umgang mit seinen starken Gefühlen, ein anderes mehr Unterstützung in Mathe. Und was brauchst du?«

## Die Kraft der Großfamilie nutzen

Längst nicht jede Familie hat Großeltern oder andere Verwandte in der Nähe, und nicht jede Herkunftsfamilie taugt als Auffangnetz und Unterstützungssystem. Doch wenn es grundsätzlich zugewandte, hilfsbereite Familienangehörige gibt, können sie gerade in schwierigen Geschwistersituationen ein echter Segen sein, weil sich mit ein oder zwei vertrauten Erwachsenen mehr so viele neue Möglichkeiten ergeben: Vielleicht kann das gefühlsstarke Kind sie einmal in der Woche allein besuchen und Exklusiv-Aufmerksamkeit tanken, während das andere Kind die Ruhe und Zeit mit Mama oder Papa allein zu Hause genießt. Oder das Geschwisterkind, das zu Hause immer ein wenig zu kurz kommt, kann bei Oma und Opa, Onkel oder Tante seine Aufmerksamkeitsakkus aufladen.

Für uns Eltern ist an derlei Konstellationen oft das Schwierigste, wenn wir spüren, dass unsere Eltern oder Schwiegereltern Unterschiede zwischen ihren Enkelkindern machen. Was absolut verständlich ist: Natürlich sind wir stellvertretend für unser gefühlsstarkes Kind verletzt, wenn wir merken, dass unkompliziertere Enkelkinder den Großeltern lieber sind. Bevor wir jedoch den voreiligen Schluss ziehen, dass Verwandte, die so ungerecht sind, dann eben keins unserer Kinder hüten dürfen, können wir auch versuchen, die unterschiedliche Reaktion auf unsere unterschiedlichen Kinder aus einer pragmatischeren Perspektive zu sehen: Oft steckt hinter der scheinbaren Ablehnung unseres gefühlsstarken Kindes vor allem eine Mischung aus Unverständnis und Überforderung – was kein Wunder ist, wenn wir uns anschauen, wie frühere Generationen mit gefühlsstarken Kindern umgegangen sind und als wie missraten sie oft galten. Angesichts solcher Sozialisationserfahrungen ist es nicht überraschend, dass viele Menschen sich heute mit »braven« Kindern leichter tun. Und, so wenig uns dieser Gedanke gefallen mag: Für die Geschwisterkinder gefühlsstarker Kinder *kann* es auch mal ganz schön sein, diejenigen zu sein, die mit Oma oder Opa am besten klar kommen. Natürlich müssen solche Großfamilien-Konstellationen mit viel Fingerspitzengefühl beobachtet und begleitet werden, damit sie nicht im ungünstigsten Fall Geschwisterproblematiken noch verschlimmern. Immer dann, wenn Großeltern etwa bewusst oder unbewusst einen Keil zwischen Geschwister, oder auch zwischen Eltern und Kinder treiben, sollten Mütter und Väter dem dringend Einhalt gebieten. Doch grundsätzlich gilt: Je mehr Vertrauenspersonen sich für unsere Kinder (oder auch nur für eins von ihnen) mit verantwortlich fühlen, desto mehr Möglichkeiten haben wir, allen gerecht zu werden.

## Die Sache mit den Rollen

Mit welchem Grundtemperament ein Mensch zur Welt kommt, ist in uns angelegt. Doch in welcher Weise sich dieses angeborene Temperament im Alltag äußert, ist immer auch eine Frage der Rolle, die wir in unserer Familie einnehmen. So ist in der Geschwisterforschung belegt, dass Geschwisterkinder oft unbewusst die Position in einer Familie besetzen, die noch frei ist. Gibt es beispielsweise schon ein »schwieriges« Kind, werden sie als Gegenpol der kleine Sonnenschein. Ist hingegen die Rolle des Musterkinds schon weg, werden sie eben der kleine Hausrebell. Natürlich wäre es zu einfach gedacht, davon auszugehen, dass Kinder sich stets nur in Abgrenzung zu ihren Geschwisterkindern positionieren und verhalten – zumal es auch genügend Familien gibt, in denen zwei oder mehr laute, wilde, gefühlsstarke Kinder ihre Eltern in Atem halten. Doch grundsätzlich ist es dennoch hilfreich, im Auge behalten, welche unbewussten Rollenerwartungen unsere Kinder in unserer Familie spüren – und wie wir diese aufbrechen können. Ein Aspekt kann dabei sein, unsere Alltagssprache ein wenig genauer unter die Lupe zu nehmen: Wenn wir ein Kind immer als »mein Räuber« und ein anderes als »Süße« und »Prinzessin« ansprechen, verstärken wir damit unbewusst ein entsprechendes Verhalten. Eine weitere Möglichkeit, Rollenmuster zu verändern, ist es, Geschwisterkinder bewusst mit Aufgaben zu betrauen, die wir intuitiv eher dem anderen Kind zugeschrieben hätten: Wenn das stürmische und wilde Kind das zerbrechliche Porzellan zum Tisch tragen darf, signalisiert ihm das nämlich, dass es nicht für immer und ewig auf die Rolle des unzuverlässigen Rabauken festgelegt ist, sondern dass Mama und Papa sehen, dass es durchaus auch eine ganz achtsame und verantwortungsvolle Seite hat.

## Getrennte und gemeinsame Zeit

Was gut genutzte Familienzeit angeht, bringen die meisten Eltern ziemlich viele Glaubenssätze aus ihrer eigenen Kindheit mit. Für die einen zählt ein Ausflug erst als Familienausflug, wenn wirklich *alle* dabei waren, während andere den Grundsatz hochhalten, dass jedes Kind ein Anrecht auf elterliche Exklusivzeit hat, um auch ja nicht zu kurz zu kommen. Beide Überzeugungen sind nicht grundsätzlich falsch, können im Alltag mit einem gefühlsstarken und mindestens einem weiteren Kind jedoch eine Menge Druck aufbauen. Denn mit mehreren Kindern mit sehr unterschiedlichen Bedürfnissen ist es ungeheuer schwer, ständig den Anspruch zu erfüllen, als Familie alles gemeinsam zu machen – und es ist auch nicht unbedingt leichter, jedem Kind das gleiche Maß an Exklusiv-Aufmerksamkeit zu schenken. Anstatt sich an starren Vorstellungen festzuhalten, wie ein gelingendes Familienleben auszusehen hat, ist es deshalb hilfreich, immer wieder aufs Neue zu gucken, wie in dieser speziellen Lebenssituation den Bedürfnissen aller am besten Rechnung getragen werden kann. Und dabei ist wirklich alles erlaubt: Gemeinsame Ausflüge, getrennte Ausflüge, Ausflüge, bei denen das gefühlsstarke Kind zu Hause bleibt. Viel Exklusivzeit, wenig Exklusivzeit, für jedes Kind unterschiedlich viel Exklusivzeit je nach Möglichkeit und Bedarf. Wichtig ist nur, dass nicht dauerhaft die Bedürfnisse des gefühlsstarken Kindes die aller anderen übertrumpfen, weil es doch so sensibel ist.

## Ausgleich schaffen

Geschwister gefühlsstarker Kinder müssen oft eine Menge wegstecken. Denn so sehr ihre Eltern sich auch um Gerechtigkeit bemühen – wenn eins ihrer Kinder so viel mehr Begleitung braucht als das andere, ist es oft schlicht unmöglich, zu vermeiden, dass das nicht gefühlsstarke Geschwisterkind im Alltag auch mal zu kurz kommt. Damit aus diesem Ungleichgewicht keine Bitterkeit erwächst, ist es wichtig, dem Geschwisterkind zu signalisieren, dass wir diese Schieflage wahrnehmen. Und dass wir uns darum bemühen, auf lange Sicht einen fairen Ausgleich zu schaffen, auch wenn uns das nicht in jedem einzelnen Moment gelingt. Wie ein solcher Ausgleich aussehen kann, ist individuell verschieden. Oft zeigt er sich schlicht in einer gewissen Großzügigkeit, wenn das Geschwisterkind sich etwas wünscht, das eigentlich den Rahmen sprengt.

»Du willst vier Mädchen mehr als eigentlich vereinbart zu deiner Geburtstagsparty einladen? Na gut, du hast uns ja wirklich auch schon sehr oft geholfen.«

»Du willst heute mit deinem Kumpel ins Kino gehen? Weißt du was, wir schenken dir den Eintritt, diese Auszeit hast du wirklich verdient.«

»Ein so toller großer Bruder wie du darf auch mal länger aufbleiben.«

Bei all diesen Zugeständnissen geht es nicht um vorher versprochene Belohnungen und nicht darum, geschwisterliche Rücksicht einzukaufen. Sondern um wertschätzende Gesten, die zeigen: Wir sehen, was du hier im Alltag mit trägst, und wir möchten uns dafür bedanken.

## Wer führt? Über den schmalen Grat zwischen Selbstbestimmung und Überforderung

Gefühlsstarke Kinder haben ein starkes Bedürfnis nach Autonomie und Selbstbestimmung. Sie fühlen sich schnell gegängelt und bevormundet und tun sich oft schwer damit, die liebevolle Fürsorge hinter Regeln und Grenzen zu erkennen. Ihre Eltern stellt das vor die schwierige Aufgabe, immer wieder aufs Neue eine gesunde Balance zwischen Führung und Selbstbestimmung auszuloten, die ihren Kindern die Freiheit gibt, die sie zum Wachsen brauchen, und den Halt, der ihnen die dringend benötigte Stabilität und Sicherheit gibt. Dieser Balanceakt wird nicht unbedingt leichter, wenn gefühlsstarke Kinder älter werden. Denn ihr besonderes Temperament bringt es mit sich, dass sie manche Entwicklungsschritte deutlich früher nehmen als Gleichaltrige, und andere deutlich später.

Das heißt: Während viele Familien sich in Sachen Freiheit und Grenzen relativ leicht daran orientieren können, was die Freundinnen und Freunde ihrer Kinder wann dürfen, bedürfen gefühlsstarke Kinder oft in manchen Punkten einer deutlich engeren Führung und in anderen Punkten mehr Freiheit. Es gibt keine Tabelle, in der Eltern nachschlagen könnten, welche Punkte das genau sind. Alles, was ihnen bleibt, ist, ihr Kind zu beobachten: Wie viel Selbstbestimmung tut ihm gut, mit wie viel Freiheiten kann es verantwortungsvoll umgehen? Und in welchen Bereichen braucht es mehr und engere Begleitung? Häufig ist es so, dass viel Selbstbestimmung gefühlsstarken Kindern in all den Bereichen guttut, die sie selbstbewusst und gerne ausfüllen. Stromert ein Grundschulkind beispielsweise gerne allein durch die Gegend und zeigt dabei immer wieder, wie gut es auf sich selbst aufpassen kann, ist es großartig, wenn Eltern daraus das Vertrauen schöpfen, seinen Radius immer mehr zu erweitern. Auch bei allen Fragen körperlicher Selbstbestimmung – also wie viel ein Kind isst und trinkt, wie warm oder kalt es sich anzieht, ob es kurze oder lange Haare haben möchte, wem es zur Begrüßung die Hand geben oder in die Augen schauen möchte – ist es für ein gefühlsstarkes Kind existenziell wichtig, dass es seine eigenen Entscheidungen treffen darf und dass sein Nein gehört und respektiert wird, solange seine Gesundheit dabei nicht gefährdet wird.

Gleichzeitig ist es wichtig, dass Eltern gefühlsstarker Kinder sich klarmachen, dass ihre Söhne und Töchter dazu tendieren, ihre Alltagsgestaltung stark nach dem Lustprinzip auszurichten. Weil sie so sehr im Moment leben und sich mit Frustrationstoleranz und Impulskontrolle schwertun, lechzen sie nach allem, was sich für sie *hier und jetzt* gut anfühlt – und meiden gerne alles, was sie als schwierig, anstrengend und nervig empfinden. Dahinter steckt kein Egoismus, sondern schlicht fehlende Weitsicht: Sie können noch nicht absehen, dass es langfristig keine erfolgsversprechende Lebensbewältigungsstrategie ist, unangenehme Aufgaben einfach zu vermeiden. Für den Moment erscheint ihnen dies schließlich als eine ausgesprochen schlaue und effiziente Strategie, um keine Hausaufgaben machen und keine Zähne putzen zu müssen. Beobachten Eltern bei ihrem Kind solche Vermeidungsstrategien, ist es wichtig, diese nicht als Provokation oder persönliche Beleidigung aufzufassen, sondern schlicht als Signal: In diesem Bereich brauche ich noch engere Begleitung.

*»Als Mutter eines gefühlsstarken Kindes bedeutete für mich die Lektüre von ›So viel Freude, so viel Wut‹ eine echte Erleuchtung: Ich erkannte meine Tochter in so vielen Punkten wieder und fand die*

*Erklärungen, warum sie in vielen Situationen so reagieren muss, wie sie reagiert, total einleuchtend und entlastend. Dass ich mich heute auch in meiner beruflichen Praxis als Elternberaterin auf die Begleitung gefühlsstarker Kinder und ihrer Familien spezialisiert habe, ergab sich dann zunächst eher zufällig: Ich stellte einfach fest, dass viele der Eltern, die ich in der Baby- oder Kleinkindzeit zu den Themen Schreien oder Schlafen beraten hatte, einige Jahre später wieder vor mir saßen, weil ihr Kind immer noch nähebedürftiger, unausgeglichener, dickköpfiger und verletzlicher war als andere. Ihr Kind als gefühlsstark zu erkennen, hat vielen dieser Familien unglaublich geholfen. Und auch ich hatte plötzlich ein Wort und einen Erklärungsansatz für besondere Herausforderungen im Familienalltag, die mir halfen, gemeinsam mit den Eltern liebevolle und kreative Lösungen für ihre Schwierigkeiten im Alltag zu entwickeln. Seit sich herumgesprochen hat, dass ich mich auf Familienberatungen zum Thema Gefühlsstärke spezialisiert habe, kann ich mich vor Anfragen kaum noch retten. Und so begleite ich heute nicht nur Familien vor Ort, sondern auch per Telefon und E-Mail auf Deutsch und Englisch, weil der Bedarf, endlich verstanden zu werden und ganz konkrete Hilfe zu bekommen, einfach so riesig ist. Die meisten Familien, mit denen ich zusammenarbeite, haben ›So viel Freude, so viel Wut‹ bereits gelesen und sehen ihr Kind aus einem sehr liebevollen, wertschätzenden Blickwinkel, verzweifeln aber an einzelnen Alltagssituationen, in denen sie wieder und wieder über ihre Grenzen gehen, weil ihr Kind einfach so willensstark und fordernd ist. Für diese Eltern ist es meiner Erfahrung nach ganz wichtig, zu hören, dass zur respektvollen Begleitung gefühlsstarker Kinder ganz unbedingt auch ein sehr fester und klarer Rahmen gehört, inklusive Regeln und Grenzen, an denen das Kind sich auch stören und reiben darf. Für viele Mütter und Väter ist es nämlich sehr schwer, ihre Vorstellungen von liebevollem Elternsein mit der Klarheit zusammenzubringen, die gefühlsstarke Kinder für ihre Entwicklung brauchen. Deshalb üben wir gemeinsam, in Konfliktsituationen zugewandt, aber standhaft zu bleiben. Frust und Wut aushalten zu lernen, ohne sich innerlich voneinander abzuwenden, ist schließlich nicht nur für Kinder wichtig, sondern auch für Erwachsene. Die Rückmeldungen, die ich später dann von den Familien bekomme, machen mich dankbar und glücklich. Viele schreiben mir, dass sie mithilfe der gemeinsam entwickelten Strategien nun viel besser im Alltag zurechtkommen und das Leben mit ihrem Kind wieder richtig genießen können. Andere sagen ehrlich, dass ihr gefühlsstarkes Kind sie zwar immer noch täglich an ihre Grenzen bringt, dass sie aber trotzdem einen gesünderen Umgang mit dieser Dauer-Anstrengung gefunden haben. Auch das ist ja schon großartig. Zum Abschluss der Beratungen eröffne ich den Familien, mit denen ich arbeite, oft einen kleinen Blick in die Zukunft. Denn meine Erfahrung mit meinem eigenen gefühlsstarken Kind und vielen anderen gefühlsstarken Jungen und Mädchen zeigen mir ganz klar, dass mit den Jahren wirklich Vieles leichter wird. Liebevoll begleitete gefühlsstarke Kinder finden ihren Weg und ihren Platz in der Welt, davon bin ich überzeugt. Wir dürfen nur nicht aufhören, an sie zu glauben.«*

***Inke***

SECHSTES KAPITEL

# Gefühlsstarke Kinder und die Welt da draußen: Freizeit, Medien und soziale Beziehungen

## Loslassen, aber nicht alleinlassen

Gefühlsstarke Kinder verbringen oft viel mehr Zeit zu Hause als andere gleichaltrige Kinder. Das hat verschiedene Gründe: Zum einen sind sie von den alltäglichen Herausforderungen des Schulbesuchs nachmittags oft so erschöpft, dass an zusätzliche feste Termine durch Hobbys und Verabredungen kaum zu denken ist. Zum anderen bauen ihre Eltern oft unbewusst eine Art schützenden Kokon um ihre so sensiblen und gleichzeitig so draufgängerischen Kinder: Bleib lieber bei uns, da bist du sicher. Denn die Angst davor, dass das eigene Kind durch sein Anderssein anecken könnte, ist groß. Doch je älter gefühlsstarke Kinder werden, desto wichtiger ist es für sie, auch Erfahrungen außerhalb des engsten Familienkreises zu sammeln, die ihnen ganz neue Interessen und Leidenschaften erschließen können. Gleichzeitig bleiben auch große gefühlsstarke Schulkinder beim Entdecken neuer Welten oft auf eine einfühlsame Hinführung und Begleitung angewiesen, um sich dem Unbekannten öffnen zu können, anstatt hilflos und überwältigt davor zurückzuschrecken.

## Du brauchst doch ein Hobby, nun bleib doch mal dabei!

Jedes Kind braucht Hobbys – diese Ansicht ist in unserer Gesellschaft weit verbreitet. Und jeder kennt Beispiele von Jungen und Mädchen, die sich kaum je zum Spielen verabreden können, weil sie jeden Nachmittag irgendeinen festen Termin haben: Ballett und Reiten, Fußball und Judo, Kinder-Englisch und Schach, Klavier und Blockflöte, Chor und Kinderkirche. Angesichts derart voller Stundenpläne fühlen sich viele Eltern unter Druck, ihrem Kind auch so viel zu bieten. Es kann doch nicht jeden Nachmittag zu Hause hocken?! Gleichzeitig ist es insbesondere für gefühlsstarke Kinder oft schwer, ein regelmäßiges Nachmittags-Hobby (oder gar mehrere) anzufangen und zu pflegen. Denn so hartnäckig sie sein können, wenn sie sich für etwas wirklich begeistern, so sprunghaft und schnell frustriert sind sie, wenn ein Angebot nicht immer genau so viel Spaß macht und leichtfällt wie erhofft. Dazu kommt, dass ein ganz normaler Schultag unseren sehr sensiblen, reizoffenen, autonomen Kindern bereits so viel Kraft und Kooperationsfähigkeit abverlangt, dass am Nachmittag oft schlicht keine Energie mehr da ist, um sich noch mal in eine Gruppe einzufügen, sich an Regeln zu halten und sich in Frustrationstoleranz zu üben. Die Ausgangslage für mit Spaß und Leichtigkeit ausgeübte Nachmittags-Aktivitäten ist für ein gefühlsstarkes Kind an ganz normalen Wochentagen also alles andere als optimal. Gleichzeitig ist der Wunsch von Eltern durchaus verständlich, ihrem Kind die Möglichkeit zu schenken, seinen Horizont zu erweitern, andere Kinder kennenzulernen, sich auszuprobieren und auszupowern und neue Stärken zu entdecken. Damit das klappt, ohne dass das Hobby zum Dauer-Stressfaktor wird, können die folgenden Herangehensweisen helfen:

### Erst mal ankommen lassen

In die Schule zu kommen, ist für alle Kinder ein großer Schritt – für die gefühlsstarken unter ihnen jedoch ein besonders großer. Denn sie müssen sich dabei oft in ein System einpassen, das für Kinder wie sie eigentlich nicht gemacht ist. Dass es ihnen trotzdem oft gelingt, die sozialen Erwartungen im Klassenzimmer und auf dem Pausenhof zu erfüllen, spricht für ihren unglaublichen Willen, sich anzupassen und nicht negativ aufzufallen – und kostet sie unendlich viel Kraft. Gerade im ersten Schuljahr ist es deshalb ratsam, dem Kind nicht auch noch zusätzliche Nachmittagstermine aufzubürden, sondern anzuerkennen, dass allein die Leistung, jeden Tag zur Schule zu gehen und nachmittags auch noch Hausaufgaben zu machen, so bemerkenswert ist, dass sensible Kinder den Rest ihres Tages brauchen, um sich auszuruhen und beim freien Spielen und Toben einen Ausgleich zu finden zu den Anstrengungen des Schulalltags. Ein guter Zeitpunkt, um mit der Suche nach einem geeigneten Hobby zu beginnen, ist, wenn das eigene Kind in der Schule sichtlich gut angekommen ist und wieder Ressourcen frei hat, sich auf etwas Neues einzulassen.

### Hobbys sollen Spaß machen

Nahezu alle Nachmittagsangebote für Kinder locken mit einem spielerischen Ansatz, doch längst nicht jedes stellt auch wirklich die reine Freude am Ausprobieren in den Mittelpunkt. In den letzten Jahren sind vielmehr eine Menge Angebote aus dem Boden geschossen, die letztlich darauf abzielen, Kindern einen Wettbewerbsvorteil in unserer Leistungsgesellschaft zu verschaffen. Und Eltern springen darauf an: Wäre es nicht schön, wenn unser Kind bereits mit acht spielerisch Chinesisch lernte? Auch Instrumentalunterricht und Sportangebote können – je nach Lehrperson – ausgesprochen leistungsfixiert ausfallen und für Kinder weniger Entspannung als Extra-Anstrengung nach einem langen Schultag bedeuten. Es gibt Kinder, die kommen mit diesen zusätzlichen Herausforderungen prima klar. Gerade jene, die sich in der Schule tendenziell unterfordert fühlen, lieben es oft geradezu, in ihrer Freizeit endlich mal richtig gefordert zu werden – durchaus auch gefühlsstarke Kinder. Doch die meisten sehr sensiblen, sehr bewegungsfreudigen, sehr willensstarken Kinder sehnen sich nach einem langen Schultag nicht nach *noch mehr Schule* in anderer Form – sondern nach Freiheit, Spaß und Abenteuer. Weshalb Eltern sich und ihren Kindern einen großen Gefallen tun, wenn sie bei der Auswahl eines Nachmittagsangebots nicht danach gucken, was ihr Kind irgendwie fördert, was ihm vielleicht in der Schule oder in der Zukunft hilft. Sondern einfach schauen: Was macht meinem Kind am meisten Spaß?

## Anfangen, dabeibleiben

Gefühlsstarke Kinder sind meist ungeheuer begeisterungsfähig – aber es fällt ihnen oft schwer, länger bei einer Sache zu bleiben. Gerade was Hobbys angeht, kann das echt nerven. Da wünscht sich das Kind monatelang, eine bestimmte Sportart zu probieren oder ein bestimmtes Instrument zu lernen. Dann fängt es damit an, hat tierisch Spaß – und will genau dann nicht mehr hin, wenn wir gerade den Jahresvertrag abgeschlossen haben. Was folgt, sind oft lange und nervenzehrende Kämpfe zwischen Eltern und Kind, getrieben von dem pädagogischen Anspruch, dass ein Kind auch mal lernen muss, etwas durchzuhalten und nicht gleich wieder hinzuschmeißen, wenn es unbequem wird. Doch so verständlich dieser Ansatz ist, so unproduktiv sind die Konflikte, die aus ihm resultieren. Denn Hobbys sollen doch gerade das Gegenstück zur Pflicht darstellen, nicht Erziehungsfeld, sondern Gelegenheit zum Freuen und Genießen. Und dazu soll das Kind nun gezwungen werden? Bei allem Verständnis für den Frust genervter Eltern: Das vergiftet nur unnötig das Familienklima. Deshalb: Lieber Freizeitangebote wählen, die sich im Zweifelsfall auch kurzfristig wieder canceln lassen. Denn so anstrengend wir Eltern es auch finden mögen – für gefühlsstarke Kinder ist es eine wichtige Erfahrung, Dinge ausprobieren und auch wieder sein lassen zu können, und zwar ohne schlechtes Gewissen. Haben sie dann nämlich ihre echte Leidenschaft gefunden, können sie gar nicht abwarten, bis wieder eine Woche um ist und sie ihrem neuen Hobby frönen können – ganz ohne Druck und Streit. Und das sind dann die Hobbys, an denen Kinder wachsen, und nicht die Freizeitaktivitäten, um die wir uns jede Woche streiten.

## Auf die Beziehung kommt es an

Weil sich gefühlsstarke Kinder so gerne und so viel bewegen, liegt es für viele Familien nahe, ihnen ein sportliches Hobby zu suchen. Ob Tanzen, Klettern oder Kicken im Verein – Hauptsache, es kann sich so richtig auspowern! Grundsätzlich ist an diesem Ansatz nichts verkehrt: Viele gefühlsstarke Kinder gehen tatsächlich in ihrem Lieblingssport völlig auf und freuen sich riesig auf ihr Training. Weil sie jedoch gleichzeitig so sensibel und verletzlich sind, gibt es in Sachen Sportvereine für sie eine gewaltige Klippe: Der Umgangston, der dort manchmal herrscht. Denn während robustere Kinder mit einem rauen, aber herzlichen Trainer durchaus klarkommen, kann für ein gefühlsstarkes Kind ein unpassender Spruch reichen, um ihm sein Hobby für lange Zeit zu vergällen. Genauso wichtig, wie die Sportanlage selbst bei einem Probetraining gut unter die Lupe zu nehmen, ist es deshalb, bei jedem Hobby (nicht nur beim Sport!) zu schauen: Mit welchem Menschen wird mein Kind hier Zeit verbringen? Denn gefühlsstarke Kinder motivieren und regulieren sich über Beziehungen. Fühlen sie sich gesehen, anerkannt und wertgeschätzt, wie sie sind, können sie über sich hinauswachsen. Werden sie hingegen verbal ungewohnt grob angepackt, durch ironische Bemerkungen verunsichert oder kleingemacht, kann für sie das schönste Hobby zur schlimmsten Strafe werden. Damit unsere gefühlsstarken Kinder mit Freude Sport, Musik oder ein anderes Hobby betreiben können, brauchen sie also Menschen vor Ort, die ein großes Herz für sensible Rabauken haben – und ein gutes Gespür, wie sie mit ihnen umgehen.

## Unorganisierte Hobbys

Unter einem Hobby für ein Kind stellen wir Erwachsenen uns meist irgendeine organisierte Nachmittagsaktivität vor: einen Kurs oder eine Unterrichtsstunde zu einer bestimmten Zeit an einem bestimmten Ort. Doch neben Vereinssportarten, Musikstunden und Jugendgruppen gibt es noch so viel mehr Möglichkeiten, Leidenschaften zu entwickeln und zu pflegen. Gerade für eher introvertierte gefühlsstarke Kinder ist es bedeutend einfacher, ein Hobby allein oder zu zweit im vertrauten Umfeld auszuüben als in einer größeren Gruppe. Das macht das Hobby selbst nicht weniger wertvoll. Wenn wir also merken, dass unser gefühlsstarkes Kind jedes Gruppen-Hobby und jeden strukturierten Einzelunterricht nach kurzer Zeit abbrechen will, kann das auch schlicht bedeuten, dass ein individuelles, jederzeit zu Hause ausübbares Hobby wie Nähen, Kochen oder Programmieren besser zu ihm passt, und dass es seine Bewegungsfreude lieber im Park oder im Wald ohne Anleitung und Struktur auslebt als beim Fußballtraining.

*»Mein Mann und ich lieben beide Musik, und so war es uns sehr wichtig, dass jedes unserer Kinder auch ein Instrument lernen darf. Bei unserem ältesten Sohn lief dann auch alles wie am Schnürchen: Erst ging er zur musikalischen Früherziehung, dann zum Instrumentekarussell, und seit der zweiten Klasse lernt er Klavier. Mittlerweile ist er vierzehn und spielt schon richtig gut. Seine zwei Jahre jüngere Schwester Mia war da in ihrem musikalischen Werdegang weit weniger gradlinig: Die musikalische Früherziehung mussten wir abbrechen, weil sie den ganzen Laden aufmischte, statt stillzusitzen und mitzumachen. Dafür tanzte sie zu Hause wie wild zu jeder Musik, die sie zu hören bekam – je lauter, desto lieber. Mit fünf wollte sie dann unbedingt Geige lernen, da waren wir ganz glücklich, doch nach wenigen Wochen war sie absolut nicht mehr zum Üben zu bewegen und wollte partout nicht mehr zum Unterricht. Mit sieben unternahmen wir dann einen neuen Versuch, diesmal am Klavier. Wieder weigerte sie sich bereits nach wenigen Wochen, weiterzuspielen. Diesmal wollten wir standhaft bleiben. Doch Mia war stärker: Nachdem sie vier Klavierstunden in Folge mit verschränkten Armen reglos vor dem Instrument gesessen hatte, gaben wir auf.*

*Und jetzt, mit neun, fing sie plötzlich ganz zaghaft, fast entschuldigend an, wieder nach Klavierstunden zu fragen – als hätte sie das Gefühl, nach all dem Drama stünde ihr eigentlich kein Musikunterricht mehr zu. Wir organisierten ein paar Probestunden bei einer Klavierlehrerin, die mit einer besonderen Lehrmethode arbeitet, bei der die Kinder anfangs gar nicht nach Noten spielen, sondern nach Gehör und Gefühl. Das entsprach Mia total. Wir vereinbarten dann einen Vertrag, aus dem wir jederzeit mit nur einem Monat Kündigungsfrist wieder rauskommen, um uns nicht selbst so unter Druck zu fühlen, Mia zum Spielen zwingen zu müssen. Doch diesmal war unsere Sorge vergebens: Mia liebt das Klavierspielen mittlerweile richtig und übt fast jeden Tag freiwillig bestimmt eine halbe Stunde lang.«*

***Maia und Otto mit Anton und Mia***

## Computerverrückt und handysüchtig: Exzessiver Medienkonsum

Im Kleinkindalter sind gefühlsstarke Kinder oft sehr zaghaft im Umgang mit Bildschirmmedien, weil sie sich von allem Schnellen und Unheimlichen rasch überfordert fühlen. Doch mit zunehmender Medienerfahrung ändert sich dies – nun gibt es für sie oft kaum etwas Attraktiveres, als in digitale Welten abzutauchen. Während es eher regulationsstarken Kindern oft gut gelingt, dabei ein gesundes Maß zu halten, neigen gefühlsstarke Kinder zum Exzess: Je mehr Fernsehen, Tablet und Co, desto besser. Selbstbestimmtes Ausschalten? Schwierig, wenn immer die nächste Versuchung lockt. Zumal beim Apps-Zocken oder Online-Rollenspielen viele Herausforderungen, mit denen gefühlsstarke Kinder in ihrem Alltag oft zu kämpfen haben, wie durch Zauberhand verschwinden: Das ständige Schwanken zwischen Langeweile und Reizüberflutung weicht einem konstanten Strom spannender, aber gleichzeitig berechenbarer Eindrücke. Soziale Interaktionen gestalten sich leichter, weil es kaum unausgesprochene Regeln gibt. Dafür bieten die Spiele eine klare, berechenbare Struktur, die gefühlsstarken Kindern ein Gefühl von Halt gibt, ohne sie einzuengen. Und nicht zuletzt erfüllen sie ihre Sehnsucht nach Freiheit und Abenteuer. Es ist also überhaupt kein Wunder, dass viele Kinder, und insbesondere viele gefühlsstarke Kinder, von digitalen Medien nur schwer wegzubewegen sind und viel Zeit vor kleinen und größeren Bildschirmen verbringen. Und es wäre ihnen gegenüber ungerecht, nun in den Chor der Bedenkenträger einzustimmen, die in dem Hang unserer Kinder zu Computerspielen und Co den Anfang vom Untergang der Zivilisation sehen. Nein, allen unkenrufenden Hirnforschern zum Trotz ist Medienkonsum bei Kindern und Jugendlichen per se weder gesundheitsgefährdend noch schädlich für die emotionale Entwicklung, sondern einfach ein ganz normaler Teil des Alltags, mit dem Heranwachsende weit überwiegend gut zurechtkommen. Problematisch wird es erst, wenn Kinder und Jugendliche ihren eigenen Medienkonsum selbst regulieren sollen, aber nicht können, und so in einen Sog geraten, dem sie selbst nichts mehr entgegenzusetzen haben. Diese Kinder und Jugendlichen spielen und zocken nicht, weil sie einen Ausgleich zu anderen Aktivitäten suchen, der ihnen Freude macht. Sondern weil sie das Gefühl haben, nichts anderes mache ihnen mehr Spaß, und unruhig und nervös werden, sobald sie keinen Bildschirm mehr vor der Nase haben. In diesem Fall ist der Medienkonsum zu einer Strategie geworden, die Auseinandersetzung mit Herausforderungen und Gefühlen außerhalb der digitalen Welt zu vermeiden, und das ist tatsächlich ungünstig für die Persönlichkeitsentwicklung. Die Ausbildung einer gesunden Medienkompetenz können Eltern gefühlsstarker Kinder durch die folgenden Strategien unterstützen:

## Medienzeit: Situativ, aber nicht unbegrenzt

Oft wird Eltern geraten, für ihre Kinder einfach eine bestimmte Medienzeit zu definieren. Zum Beispiel: eine Stunde pro Tag. Diese Lösung besticht durch ihre große Klarheit, bleibt jedoch unpersönlich und erweist sich im Alltag oft als störend starr. Denn mit genau 60 Minuten Medienzeit lässt sich kein Spielfilm zu Ende gucken und kein verregneter Novembersamstag vor der X-Box zubringen. Umgekehrt können Kinder, die eine so fixe Medienzeit-Regelung gewohnt sind, nach einem langen, schönen Ausflug im Sommer spät abends zurückkommen und sofort ihre Stunde Medienzeit einfordern, die ihnen schließlich noch zusteht – unabhängig davon, dass es doch eigentlich viel netter wäre, den Abend im Garten ausklingen zu lassen.

Also fangen die meisten Eltern an, Ausnahmen zu machen: Bei schlechtem Wetter darf länger vorm Bildschirm gesessen werden als bei schönstem Sonnenschein, kranke Kinder kriegen mehr Medienzeit als gesunde, und auch das elterliche Erschöpfungslevel lässt die Medienzeit-Regelungen aufweichen: Wer froh ist um die Pause, guckt nicht so streng auf die Uhr. All diese Abweichungen von der Norm sind für sich genommen total verständlich und sympathisch, gehen aber schnell gegen das Gerechtigkeitsempfinden gefühlsstarker Kinder. Sie sehen: Auf der einen Seite gibt es eine scheinbar klare und objektivierbare Regel – und auf der anderen Seite wird ständig davon abgewichen, aus ziemlich willkürlichen und undurchsichtigen Beweggründen. Das schürt Unverständnis und Wut und erhöht die Konfliktbereitschaft, wenn Eltern auf einmal dann doch wieder aufs Ausschalten beharren: »Ihr seid so unfair!« Viele Familien fahren deshalb besser damit, auf starre Medienzeiten zu verzichten und stattdessen ganz offen und transparent auf situative Lösungen zu setzen: »Wir besprechen gemeinsam, was an welchem Tag dran ist, und wie viel Zeit dann noch zum Gucken und Zocken bleibt. Das kann mal ganz viel sein, mal ein bisschen, und mal gar nichts – und all das ist okay.«

## Medienzeit kann vieles sein

Über 2000-mal pro Tag berühren wir Erwachsenen durchschnittlich unser Smartphone – und sorgen uns gleichzeitig um den Medienkonsum unserer Kinder. Umso wichtiger ist es, sich klarzumachen: Moderne Medien per se sind überhaupt nichts Schlimmes, entscheidend ist, was wir damit machen. Und unsere Kinder machen mit ihren Handys, Tablets und Computern viel mehr als nur fernzusehen oder zu zocken. Auch das macht es so schwer, Medienkonsum in einen starren Zeitrahmen zu packen – schließlich nutzen unsere Kinder digitale Medien auch, um miteinander in Kontakt zu bleiben, Inhalte zu recherchieren, selbst kreativ zu werden. Um ihren Medienkonsum realistisch einzuschätzen, ist es deshalb wichtig, dass wir uns nicht einfach nur anzeigen lassen, wie lange sie an welchem Tag online waren, sondern uns wirklich dafür interessieren, was sie in dieser Zeit gemacht haben. Schließlich macht es einen Unterschied, ob ein Kind einen Nachmittag lang einen selbst gedrehten Kurzfilm schneidet, editiert und mit seinen Freunden teilt, oder ob es vier Stunden lang ununterbrochen *Candy Crush* spielt. Und wenn wir dann das Gefühl haben, dass die Smartphone-Nutzung in unserer Familie wirklich Überhand nimmt? Dann versuchen wir am besten, uns gemeinsam auf neue Medienregeln zu einigen, die dann aber wirklich für alle gelten: Dann bleiben am medienfreien Sonntag auch die elterlichen Handys aus.

## Versuchungen minimieren

Gefühlsstarke Kinder haben Schwierigkeiten mit der Impulskontrolle, und das heißt auch: Sie können Verlockungen nur schwer widerstehen. Das gilt insbesondere auch beim Thema Medien – wer abends sein Smartphone im Zimmer hat, wird immer wieder den starken Impuls spüren, es doch noch mal kurz in die Hand zu nehmen. Auch wenn Mama und Papa gesagt haben, dass jetzt Schlafenszeit ist. Wir Erwachsenen kennen das ja von uns selbst: Wie oft nehmen wir uns vor, unsere Aufmerksamkeit ganz auf unsere Kinder zu richten, und gucken dann zwischendurch doch immer wieder kurz und nahezu reflexhaft aufs Display. In der Folge heißt das: Wer Medienzeit begrenzt, gleichzeitig seinem Kind aber ständig freien Zugang zu seinen Geräten gewährt, muss sich nicht wundern, wenn die aufgestellte Regel immer wieder mal gebrochen wird. Das ist kein Vertrauensmissbrauch und kein Betrug, sondern schlicht ein Beleg dafür, dass es für viele Kinder verflixt schwer ist, einer echten Verlockung dauerhaft zu widerstehen. Anstatt uns also mit unseren Kindern zu zoffen, weil sie abends heimlich doch wieder am Handy waren, machen wir es uns lieber allen leicht und führen ein, dass über Nacht (und in allen anderen medienfreien Zeiten) alle Handys und Tablets der Familie an einem festen Ort außerhalb der Schlafzimmer bleiben, wo sie auf ihren nächsten Einsatz warten.

## Medienzeit ist keine Karotte

So wie man ein Kaninchen mit einer Möhre locken kann, so versuchen viele Eltern ihre Kinder mit der begehrten Medienzeit zu bestimmten Verhaltensweisen zu motivieren. So gibt es Jugendliche, die sich mit Spülmaschine-Ausräumen und anderen kleinen Haushaltstätigkeiten extra Medien-Minuten verdienen können, während Regelverletzungen oft mit Medien-Entzug geahndet werden. Auf die Frage, warum sie zu diesen Maßnahmen greifen, antworten viele Mütter und Väter achselzuckend, sie seien eben wirksam – ihre Liebe zu modernen Medien sei eben das, womit man ihre Kinder wirklich kriegen könne. So nachvollziehbar der Wunsch jedoch ist, erwünschtes Verhalten durch derlei Verknüpfungen zu verstärken, so problematisch sind oft die langfristigen Auswirkungen dieses Vorgehens – insbesondere für gefühlsstarke Kinder. Denn sie reagieren nicht nur ausgesprochen sensibel auf jede Form von Druck, sie erkennen auch ganz genau, wenn sie manipuliert werden sollen – und erleben dies als Vertrauensverletzung. Denn wenn Eltern die Erledigung von bestimmten Haushaltstätigkeiten mit Medienzeit belohnen, signalisieren sie ihrem Kind damit immer auch: Wir trauen dir nicht zu, uns zu helfen, einfach nur, weil wir dich darum bitten. Ja, wir vertrauen dir sogar so wenig, dass wir bereits Sanktionen festgelegt haben, die dir drohen, wenn du dich nicht an unsere Regeln hältst – und damit diese Sanktionen auch wirklich abschreckend wirken, haben wir extra etwas ausgewählt, das dir wichtig ist und das wir dir dann wegnehmen können.

Natürlich würden die allermeisten Eltern solche Sätze weder denken noch aussprechen, und verstehen ihr Belohnungssystem eher als netten Ansporn denn als knallharte Erpressung. Doch für ein gefühlsstarkes Kind, das ganz stark in Beziehungen denkt und fühlt, kommt die Botschaft oft trotzdem genauso an – mit allen unerwünschten Konsequenzen. Denn was tut ein Kind, das sich manipuliert und erpresst fühlt? Es versucht, herauszukriegen, wie sicher sein Beziehungsnetz ist. Und dafür wählen gefühlsstarke Kinder oft ausgesprochen ungünstige Strategien. Der verlässlichste Weg, herauszufinden, ob ihre Eltern zu immer härteren Sanktionen greifen oder ob sie ihnen vertrauen, ist für sie nämlich, sich so *richtig* daneben zu benehmen und dann zu gucken, was passiert. Das heißt: Eine harmlos anmutende Maßnahme, die die Eigenmotivation des Kindes stärken soll, kann leicht komplett nach hinten losgehen und den gesamten Alltag nur noch schwerer machen. Widerstehen wir deshalb lieber der Versuchung, moderne Medien künstlich aufzuwerten, indem wir sie zur begehrten Karotte machen, mit der wir unsere Kinder in eine bestimmte Richtung zu locken versuchen. Und behandeln wir sie stattdessen einfach als das, was sie sind: Möglichkeiten, uns den Alltag leichter zu machen, uns abzulenken und uns zu unterhalten, und deren Nutzung weder für uns noch für unsere Kinder an bestimmte Vorbedingungen geknüpft ist.

## Erst die Arbeit, dann das Vergnügen

Gefühlsstarke Kinder agieren oft ausgesprochen lustgesteuert: Sie wollen das tun, was Spaß macht und sich gut anfühlt, und zwar sofort. Um diesen Wunsch aufzuschieben, fehlt es ihnen oft an Impulskontrolle und Frustrationstoleranz: Warum warten, wenn es auch gleich geht? Geben wir diesem »Unbedingt-jetzt-sofort-Gefühl« unserer Kinder ständig nach, tun wir ihnen jedoch keinen Gefallen. Denn die eigenen Impulse im Griff zu haben, Bedürfnisse auch einmal aufzuschieben und den Frust darüber auszuhalten, sind wichtige Lern- und Entwicklungsaufgaben für jedes Kind, insbesondere jedoch für gefühlsstarke Kinder.

In Bezug auf Medien heißt das: Es ist komplett logisch, dass viele Kinder, wenn sie aus der Schule nach Hause kommen, am liebsten gleich ans Tablet wollen. Und es gibt Familien, die gut damit fahren, ihren Kindern unmittelbar nach dem Heimkommen erst einmal eine Verschnaufpause beim Spielen und Daddeln zu gönnen, bevor Hausaufgaben und andere Termine anstehen. Doch vielen gefühlsstarken Kinder fällt der Absprung nach einer solchen mittäglichen Medienzeit so schwer, dass sie danach für den Rest des Tages nur noch nach mehr quengeln. Die Lust auf Medienzeit kann jedoch auch eine geeignete Gelegenheit sein, mit Kindern Impulskontrolle, Bedürfnisaufschub und Frustrationstoleranz zu üben. So können Eltern und Kinder beispielsweise gemeinsam eine Liste aufstellen, was alles passiert sein muss, bevor die technischen Geräte angeschaltet werden. Zum Beispiel: Ein gemeinsamer Snack, ein Spiel, einmal an der frischen Luft gewesen sein. Oder, ganz banal: Erst die Hausaufgaben, dann die Medienzeit. Solche berechenbaren Strukturen können Kindern helfen, in eine Nachmittagsroutine zu finden, die nicht nahezu ausschließlich vom Warten und Diskutieren und Streiten um Medienzeit geprägt ist. Denn so altmodisch in unseren Ohren der Grundsatz »Erst die Arbeit, dann das Vergnügen« auch klingen mag, für unsere gefühlsstarken Kinder steckt darin durchaus eine wichtige Lernerfahrung: Dass Schönes nicht schlecht wird, wenn man einen Moment darauf warten muss. Und dass es ein gutes Gefühl ist, anstehende Aufgaben erst zu erledigen und sich dann selbst mit Genuss zu belohnen.

## Ausschalten, bitte!

Wenn Eltern wollen, können sie heute die digitalen Endgeräte ihrer Kinder so programmieren, dass diese sich nach einer bestimmten Zeit von selbst ausschalten – auch mitten im Film oder im Spiel, was bei Kindern oft für ungeheuren Frust sorgt. Schließlich haben wir alle das Bedürfnis danach, etwas Angefangenes zu Ende zu bringen. Man muss sich nur einmal vorstellen, wie aggressiv viele Erwachsene reagieren würden, zöge man ihnen inmitten ihrer Lieblingsserie einfach den Stecker! Gerade weil gefühlsstarke Kinder sich mit Übergängen so schwertun – und der Übergang von der digitalen zurück in die analoge Welt ist kein kleiner –, ist es deshalb wichtig, diesen als Eltern sensibel zu managen, anstatt zu solchen Radikallösungen zu greifen.

Um eine Phase des Medienkonsums zu einem guten Ende zu führen, ist es deshalb wichtig, nicht einfach über den Kopf des Kindes hinweg zu agieren, sondern es mit ins Boot zu holen. Besonders entscheidend für die Entwicklung der Impulskontrolle: Das Kind selbst soll den Aus-Knopf drücken und damit aktiv sein Spiel oder sein Fernsehen beenden. Damit das gelingt, ist es hilfreich, das nahende Ende der Medienzeit anzukündigen (»Nach dieser Folge machst du bitte Schluss!«) und dieses dann auch entsprechend zu begleiten. Das heißt: Wer aus der Küche ins Kinderzimmer ruft, dass nun aber wirklich mal gut sei, darf sich nicht wundern, wenn die Verlockung des nächsten Levels diese Bitte aussticht. Setzen sich Eltern stattdessen für die letzten Minuten der Medienphase neben ihr Kind, lassen sich zeigen und erklären, was hier passiert und an welcher Stelle es jetzt gleich stoppt, helfen sie ihm, einen guten Abschluss zu finden, und bieten ihm durch die eigene Anteilnahme gleichzeitig einen Anknüpfungspunkt, wie es nach dem Ende der Medienzeit weitergehen kann.

*»Der Handykonsum unserer zwölfjährigen Tochter Mascha war in unserer Familie über Monate ein riesiges Streitthema. Ständig vereinbarten wir neue Regeln, und ständig hielt sie sich nicht daran. War sie nachmittags allein zu Hause, hing sie jede Minute an dem Ding, obwohl wir klar gesagt hatten, dass eine Stunde täglich reicht. Kassierten wir daraufhin ihr Handy ein, zerlegte sie vor Wut ihr halbes Zimmer und schrie uns an, wir würden ihr Leben zerstören. Irgendwann haben wir dann einfach resigniert und gedacht, vielleicht regelt sich die Sache von selbst. Doch das war nicht der Fall. Stattdessen legte Mascha sich heimlich einen eigenen Instagram-Kanal zu und fing an, live Schmink-Videos aus ihrem eigenen Kinderzimmer zu senden – Hilfe!*
*Heute hängt Mascha für unseren Geschmack zwar immer noch ganz schön viel am Handy, aber wir haben es jetzt zumindest geschafft, zu verstehen, was sie daran so interessiert, und mit ihr gemeinsam einen Rahmen zu entwickeln, an den sie sich jetzt auch wirklich hält. So darf sie jetzt, wenn sie mittags allein zu Hause ist, ganz offiziell so viel sie mag ihr Handy nutzen – zum Chatten mit ihren Freundinnen oder um Videos ihrer Lieblings-YouTuber zu gucken. Dafür wandert es in die Schublade, sobald wir nach Hause kommen und bleibt dort auch über Nacht. Und ihr Instagram-Kanal hat ein Schloss bekommen, sodass sie und ihre Freundinnen sich nur noch gegenseitig beim Schminken zugucken können, aber keine Fremden. Um darauf ein Auge zu haben, haben wir uns jetzt selbst einen Account zugelegt, mit dem wir Maschas folgen – natürlich nicht heimlich, sondern offen abgesprochen. So hoffen wir, allmählich gemeinsam ein besseres Gefühl dafür zu bekommen, wie wir in den nächsten Jahren den Smartphone-Konsum regeln wollen.«*
***Alexander***

# Verprasst, verschenkt, verpfändet: Gefühlsstarke Jugendliche und ihr Umgang mit Geld

Wie lernen Kinder, mit Geld umzugehen? In den meisten Familien lautet die Antwort: indem wir ihnen Taschengeld geben. Und das ist in der Tat keine schlechte Strategie, den Umgang mit Geld im Kleinen zu üben – wenn man dem Kind dann auch wirklich die Freiheit lässt, selbst zu entscheiden, was es mit seinem Geld tut. Viele Eltern, die ihren Kindern Taschengeld geben, hoffen dabei natürlich auf den Lerneffekt, dass Sparen sich lohnt, weil sich dadurch auch größere Wünsche erfüllen lassen. Und sind dementsprechend wenig begeistert, wenn das Geld stattdessen jede Woche in Kaubonbons und überteuerte Kinderzeitschriften umgesetzt wird. Doch wer es ernst meint mit dem Anliegen, Kindern einen eigenverantwortlichen Umgang mit Geld zu lehren, der muss auch dieses Konsumverhalten aushalten. Das gilt insbesondere für Eltern gefühlsstarker Kinder, denn wer über wenig Impulskontrolle verfügt, der kann auch nicht gut sparen. Stattdessen locken Versuchungen überall, und das eigene Geld ist immer zu wenig. Das bedeutet: Taschengeld zu kriegen, hält für viele gefühlsstarke Kinder zunächst bedeutend mehr Frust als Freude bereit. Diesen Frust können Eltern ab einem bestimmten Alter durchaus in Kauf nehmen, schließlich müssen Kinder auch die Gelegenheit bekommen, ihre Frustrationstoleranz zu schulen.

Doch gerade im frühen Grundschulalter ist es fraglich, ob die erhofften Vorteile des Taschengeld-Gebens die Nachteile im täglichen Leben übertrumpfen. Denn einem gefühlsstarken sechs-, sieben- oder achtjährigen Kind einen Euro pro Woche zu geben, bedeutet in der Konsequenz im Zweifelsfall, jeden einzelnen Tag aufs Neue ein frustriertes Kind begleiten zu müssen, das sich irgendetwas kaufen will, dafür nicht genug Geld hat und deshalb einen Taschengeld-Vorschuss will. Es ist durchaus legitim, wenn Eltern entscheiden, dass sie das (noch) nicht wollen – auch wenn andere Kinder in dem Alter längst Taschengeld bekommen.

Eine weitere Herausforderung im Umgang mit Geld sind Geldgeschenke, die direkt an das gefühlsstarke Kind selbst gehen. Drücken also wohlmeinende Großeltern dem Zweitklässler einen 50-Euro-Schein in die Hand, ist für ein autonomes, Gerechtigkeit liebendes gefühlsstarkes Kind meist der einzig logische Schluss, dass dieses Geld jetzt ihm gehört und dass es damit machen kann, was es will. Zum Beispiel kiloweise Kaugummi kaufen. Oder einen riesigen Spielzeug-Truck. Oder alle Sammelkarten, die der Kiosk hat. Mütter und Väter haben jedoch oft ganz andere Vorstellungen davon, wie ein solches Geldgeschenk zu verstehen ist und wofür es eingesetzt werden sollte. Das führt leicht zu Konflikten: Ziehen sie das Geld ein, um es aufs Konto zu packen, fühlt sich das für das gefühlsstarke Kind wie Klauen an. Und spätestens, wenn es in der Stadt irgendein cooles, aber leider teures Spielzeug sieht, wird es sich an seinen Besitz erinnern und vehement einfordern, diesen augenblicklich in eben dieses Sehnsuchtsobjekt zu investieren. Das Problem bei solchen Geldkonflikten ist nicht der Frust an sich, den das Kind dabei erlebt. Sondern das Gefühl von Willkür. Warum darf ich über einen Euro allein bestimmen, aber nicht über 50, obwohl sie genauso *mir* gehören? Warum dürfen Mama und Papa entscheiden, dass *mein* Geld sinnvoller in ein halbes Fahrrad investiert ist als in Süßigkeiten satt? *Tun* sie etwa nur so, als dürfte ich über meinen eigenen Besitz selbst entscheiden? Wer vermeiden will, dass das eigene gefühlsstarke Kind das Thema Geld mit Willkür, Unberechenbarkeit und Abhängigkeit vom Willen anderer verknüpft, tut deshalb gut daran, eine möglichst logische und transparente Taschengeld-Regelung zu finden. Diese kann durchaus beinhalten, dass das Kind wirklich allein über sein Geld bestimmen kann – dann muss es sich aber auch ein Barbie-Wohnmobil für 200 Euro kaufen können, so es diese besitzt. Genauso können Eltern ihrem Kind vermitteln, dass alle Summen über einem bestimmten Betrag »Konto-Geld« sind. Dabei hilft es, die Schenkenden zu bitten, derlei Geldgaben einfach in einem Umschlag uns Eltern zu geben oder direkt zu überweisen, sodass bei unserem Kind nicht der Eindruck entsteht, es bekomme etwas, was ihm gleich danach wieder weggenommen wird.

Eine besondere Herausforderung im Umgang mit Geld stellen für gefühlsstarke Kinder und Jugendliche all die Situationen dar, in denen sie mit ihrem Ersparten anderen helfen wollen. So können viele gefühlsstarke Kinder überhaupt nicht verstehen, warum Mama und Papa nicht begeistert sind, wenn sie ihren Freunden großzügig Geld leihen und es nie zurückverlangen. Sehr oft kommt es auch vor, dass gefühlsstarke Kinder einem spontanen Impuls von Mitgefühl folgend den gesamten Inhalt ihres Geldbeutels in den Hut eines Bettlers gießen wollen, weil er so traurig aussieht. Und gefühlsstarke Teenager fühlen sich schnell in der moralischen Verantwortung, ihr Konto aufzulösen und alles, was sie haben, für den Tierschutz zu spenden. Die radikale Selbstlosigkeit, mit der gefühlsstarke Kinder und Jugendliche in solchen Momenten alles geben wollen, was sie haben, hängt mit ihrer ungeheuren Empathiefähigkeit und ihrem riesigen Gerechtigkeitssinn zusammen. Dadurch, dass sie kaum über Strategien verfügen, sich vom Leid der Welt abzuschotten, fühlen sie einen immensen moralischen Druck, mit allen ihnen zur Verfügung stehenden Mitteln das Richtige zu tun. Uns Eltern stellen solche Situationen oft vor ein echtes Dilemma. Denn der Impuls, sich vom Leiden anderer anrühren zu lassen und helfen zu wollen, ist ja ein guter und schützenswerter. Gleichzeitig werden unsere gefühlsstarken Söhne und Töchter, die ohne jeden Filter durch die Welt gehen und sich von allem anrühren lassen, auch ganz leicht zu Opfern von Manipulation und moralischer Erpressung. So lassen sie sich schnell von den drastischen Plakaten einer Tierschutzorganisation dazu bringen, all ihr Geld für die armen Wesen auf den Bildern geben zu wollen – sind aber nicht in der Lage, zu überblicken, ob die Organisation auch seriös arbeitet. Deshalb ist es wichtig, mit Kindern und Jugendlichen ab dem Moment, in dem sie eigenständig über mehr als ein paar Euro verfügen können, über Spenden-Regeln zu sprechen. Ziel dieser Gespräche ist nicht, dass die Kinder ihren Impuls, anderen mit ihrem Geld zu helfen, unterdrücken. Sondern sie dafür zu sensibilisieren, dass Hilfe am besten wirkt, wenn sie wohl überlegt getätigt wird und nicht aus einem spontanen Gefühl von Mitleid heraus. So wird es für viele gefühlsstarke Kinder leichter, nicht an der Ungerechtigkeit der Welt zu verzweifeln, wenn sie wissen, dass in ihrem Namen jeden Monat etwas Geld an eine bestimmte Organisation fließt, die sich seriös für Ziele einsetzt, die ihnen wichtig sind. Mit diesem Wissen im Hinterkopf schaffen sie es dann auch leichter, an all den Spenden-Eintreibern in der Fußgängerzone vorbeizugehen, die mit gezieltem Abzielen auf die Tränendrüsen Druck machen wollen. Gleichzeitig können sich Kinder und Eltern ruhig gleichermaßen angewöhnen, oft ein wenig Kleingeld in der Tasche zu tragen, das Bettler bekommen können – so wird gefühlsstarken Kinder vorgelebt, dass es ein normaler und gesunder Impuls ist, Menschen helfen zu wollen, und dass der gezielte Einsatz etwa gegen Kinderarmut via Spende nicht bedeutet, dass man nicht trotzdem im Alltag auch noch Gesten der Großzügigkeit integrieren kann.

## Von Freunden und Feinden: Gefühlsstarke Kinder und ihr soziales Netz

Sind wir Eltern für unsere kleinen Kinder unangefochten die wichtigsten Menschen auf der Welt, bekommen wir mit dem Älterwerden unserer Söhne und Töchter zusehends mit, wie wichtig Gleichaltrige für diese werden – im Guten wie im Schlechten.

Denn während richtig gute Freundschaften unser Kind emotional immens stärken und über sich hinauswachsen lassen können, können Ausgrenzungs- und Mobbingerfahrungen unter Gleichaltrigen schwere Schäden an der kindlichen Seele hinterlassen. Gefühlsstarke Kinder erleben die Hochs und Tiefs der Beziehungen zu Gleichaltrigen naturgemäß besonders intensiv – ihre Sehnsucht nach freundschaftlicher Verbundenheit ist oft genauso riesig wie ihr Schmerz und ihre Verzweiflung, wenn soziale Interaktionen misslingen. Umso wichtiger ist es, dass wir Eltern uns klarmachen: Mit all unserer Liebe und Fürsorge können wir allein unseren Kindern nicht geben, was sie brauchen. Um ihr volles Potenzial zu entfalten, benötigen sie auch gelingende soziale Beziehungen außerhalb unserer Familie. Und wir können ihnen helfen, diese zu finden und zu pflegen.

## Welche Freunde tun dir gut?

Wir Eltern haben oft ganz eigene Vorstellungen davon, was für Freunde unseren Kindern guttun würden. Sehr gerne sähen wir es, sie freundeten sich einfach mit den Kindern *unserer* Freunde an – das wäre für alle am praktischsten. Ansonsten wären uns sozial kompetente, verlässliche, nette Kinder netter Eltern lieb. Doch Kinderfreundschaften folgen ihren ganz eigenen Regeln, die uns Erwachsenen oft verschlossen bleiben. So finden viele Kinder an Gleichaltrigen beispielsweise gerade das spannend, was sie von zu Hause am wenigsten kennen. Legen die eigenen Eltern beispielsweise viel Wert auf wertschätzende Kommunikation, ist es total faszinierend, wenn der eigene beste Freund fast nur in Flüchen spricht. Häufig kommt es auch vor, dass Grundschulkinder über die Wahl ihrer Freundschaften versuchen, in andere Familienformen hineinzuschnuppern: Wer selbst ohne Geschwister aufwächst, erlebt beim Klassenkameraden mit drei Brüdern gerne mal Großfamilienleben auf Probe. Umgekehrt finden Geschwisterkinder es oft toll, Freunde zu haben, bei denen sie ganz ungestört spielen können. All dieses intuitive Suchen nach neuen und anderen Erfahrungen als zu Hause bedeutet nicht, dass unsere Kinder ihr eigenes Aufwachsen doof finden – auch dann nicht, wenn sie beim Vergleichen zu dem Schluss kommen, dass es bei ihrem Freund oder ihrer Freundin zu Hause viel cooler ist als daheim. Solche Eindrücke uns Eltern gegenüber wiedergeben zu können, ohne Sorge zu haben, dass wir dadurch verletzt sind oder mit einer Richtigstellung reagieren, trägt im Gegenteil viel zu einer vertrauensvollen Eltern-Kind-Beziehung bei. Denn die Freundschaften, die unsere Kinder schließen, sind immer auch ein Spiegel ihrer selbst. Sie verraten uns viel über ihre Wünsche und Träume, Sehnsüchte und Ängste, und können uns so dabei helfen, unser Kind verständnisvoller und achtsamer zu begleiten. Geben wir unseren Kindern also Rückendeckung, wenn sie sich aufmachen, ihre eigenen Freundschaften zu schließen, auch wenn sie sich ganz andere Freunde auswählen, als wir es erhofft oder erwartet hätten. Denn indem wir auch die schwierigen oder anstrengenden Freunde unserer Kinder wohlwollend und herzlich in unserem Familienleben willkommen heißen, signalisieren wir unserem Kind, dass wir auch seine eigenen schwierigen oder anstrengenden Seiten lieben und annehmen können.

## Die Suche nach der eigenen Peergroup

Von Kinderfreundschaften haben wir Erwachsenen oft ein sehr romantisches Bild: Beste Freunde, die gemeinsam durch dick und dünn gehen, komme, was da wolle. In Wirklichkeit sind Kinderfreundschaften jedoch ein Übungsfeld für alles Zwischenmenschliche, und dazu gehören auch jede Menge Interessensunterschiede und Konflikte. Dabei gehen Kinder miteinander oft durchaus durch eine harte Schule. Denn je stärker Gleichaltrige die Sozialisation untereinander übernehmen, desto herausfordernder werden die sozialen Regeln, mit denen Kinder sich nun auseinandersetzen müssen. Denn anders als Eltern, die ihr Kind bedingungslos lieben und viel Verständnis für fast alles entwickeln können, stellen Kinder aneinander untereinander klare Erwartungen: Wer ein guter Freund sein will, muss fair und loyal sein, sich an die Spielregeln halten und es sich mit den anderen nicht durch ständige Grenzüberschreitungen verscherzen. Dass es für gefühlsstarke Kinder oft eine besondere Herausforderung darstellt, sich zusehends diesem neue Sozialisationsraum unter Gleichaltrigen zu stellen, liegt auf der Hand. Und es ist verständlich, dass Eltern oft den Impuls spüren, ihr Kind vor den aus ihrer Sicht zu hohen Anforderungen durch andere Kinder schützen zu wollen.

Doch in Kinderfreundschaften liegt auch deshalb so ein immenses Entwicklungspotenzial, weil sie Kinder auch mal überfordern können, ohne dass diese daran gleich zerbrechen würden. Denn anders als in der Familie, in der immer ein Machtgefälle herrscht, agieren Gleichaltrige zunächst einmal auf Augenhöhe und können dadurch soziale Regeln ganz anders aushandeln und verändern. Wir tun unseren Kindern deshalb einen großen Gefallen, wenn wir ihnen grundsätzlich erst mal zutrauen, ihre sozialen Beziehungen mit anderen eigenständig und selbstbestimmt regeln zu können – wenn auch vielleicht anders, als wir dies ideal fänden. Gleichzeitig ist es – gerade als Eltern von so einem sensiblen, gefühlsstarken Kind wie unserem – natürlich weiterhin unsere Aufgabe, ein Auge darauf zu haben, dass die Interaktionen unter Gleichaltrigen nicht aus dem Ruder laufen. Streit und Konflikte sind okay und können von uns zu Hause aufgefangen und begleitet werden, systematische Ausgrenzung und Mobbing erfordern hingegen ein schnelles und entschiedenes Eingreifen, so helikoptermäßig wir uns dabei auch fühlen mögen.

## Vom Wunsch, dazu zu gehören

Gefühlsstarke Kinder sind anders als andere, und es ist vielen Eltern ein wichtiges Herzensanliegen, dass ihr Kind dieses Anderssein nicht als Schwäche und nicht als Makel empfindet, sondern als Besonderheit, auf die es stolz sein kann. Hinter dieser grundsätzlich natürlich positiven Grundhaltung, dass unsere gefühlsstarken Kinder gut und richtig sind, so wie sie sind, verbirgt sich jedoch eine nicht zu unterschätzende Gefahr: In dem Wunsch, all den Unkenrufen über Tyrannenkinder etwas entgegenzusetzen, übertreiben wir es manchmal mit unserem Lob des Andersseins und vermitteln unseren Kindern so unbewusst das Gefühl, sie seien etwas Besseres als andere Kinder, gerade weil sie so anders sind. Verinnerlicht ein Kind diese Sicht auf seine eigene Andersartigkeit als Teil seines Selbstbilds, steht es im sozialen Miteinander mit Gleichaltrigen vor gleich zwei Problemen. Zum einen wird Stolz auf das eigene Anderssein unter Kindern schnell als Arroganz ausgelegt, was das Anbahnen von Freundschaften natürlich erschwert. Der gesunde Stolz und das gute Selbstbewusstsein, das Eltern ihren Kindern vermitteln wollten, kommt auf dem Pausenhof also schnell als Eingebildet-Sein rüber – mit allen unangenehmen Konsequenzen. Eltern tun deshalb gut daran, ihre Kinder eine gewisse Bescheidenheit zu lehren: »Du bist gut, so wie du bist, genauso wie alle anderen gut sind, wie sie sind. Schließlich sind wir alle verschieden.« Vermeiden sollten wir hingegen Äußerungen, die weniger gefühlsstarke Kinder als brav und langweilig darstellen – und die fallen schnell, wenn wir unser eigenes Kind stärken wollen. Anstatt also zu sagen: »Ich bin froh, dass du mein richtiger Wildfang bist und keine öde Couchkartoffel«, achten wir lieber darauf, Qualitäten in *jeder* Temperamentsausprägung zu betonen: »Du bist wunderbar, so wie du bist« kann gut für sich alleine stehen, ohne andere abzuwerten.

Das zweite Problem, mit dem sich viele gefühlsstarke Kinder unter Gleichaltrigen konfrontiert sehen, ist ihre Schwierigkeit im

Umgang mit dem Anpassungsdruck, der in Kinder- und Jugendgruppen oft herrscht. Denn während sie auf der einen Seite über ein extrem starkes Autonomiebedürfnis verfügen, spüren Heranwachsende zusehends auch den großen Drang, die eigene Individualität den Anforderungen der Gruppe unterzuordnen und sich sozial konformer zu verhalten als bisher. Kommen diese Kinder nun aus einem Elternhaus, das ihre Individualität und Einzigartigkeit bisher stets mit großer Begeisterung und besten Absichten gestärkt und gefeiert hat, bringt der nun aufkeimende Wunsch nach Zugehörigkeit viele Kinder und Jugendliche in einen echten Gewissenskonflikt – schließlich sind sie bisher mit der Botschaft groß geworden, dass Gruppendruck Mist ist und dass es ihnen egal sein soll, was andere von ihnen denken. Grenzt es da nicht schon fast an Verrat, sich plötzlich doch dem Diktat der Gruppe unterzuordnen?

Sind Eltern sich dieser Problematik bewusst, können sie ihrem Kind verhältnismäßig leicht aus diesem moralischen Dilemma heraushelfen, indem sie betonen, dass beides zum menschlichen Dasein dazugehört – für sich selbst einzustehen *und* Teil einer Gruppe sein zu wollen. Gefühlsstarke Kinder brauchen also die Gewissheit, dass sie sich nicht anpassen *müssen*, aber anpassen *dürfen*, wenn sie das selbst wollen. Denn was wir Eltern oft halb genervt, halb verärgert als blöden Gruppendruck unter Jugendlichen empfinden – dass alle plötzlich dasselbe Handy haben wollen, dieselben Klamotten brauchen, den selben YouTubern folgen –, ist letztlich die Folge des evolutionären Wirkprinzips der gegenseitigen Sozialisation unter Kindern und Jugendlichen, die insbesondere für gefühlsstarke Menschen sehr kostbar sein kann. Denn aus dem dringenden Wunsch heraus, Teil einer Gemeinschaft zu sein, entwickeln sie die Frustrationstoleranz und Impulskontrolle, die ihnen bis dahin immer so schwerfiel, und weil die intrinsische Motivation, dazuzugehören, so stark ist, klappt das viel besser als bisher. Entscheiden sich unsere gefühlsstarken Kinder und Jugendlichen also dazu, sich stärker als bisher den sozialen Rollenerwartungen Gleichaltriger anzupassen, heißt das nicht im Umkehrschluss, dass sie nun zu willenlosen Lemmingen werden, die ihre individuellen Werte und Überzeugungen aufgeben. Sie entwickeln vielmehr die Fähigkeit, soziale Erwartungen zu erkennen und zu erfüllen, um ihre Rolle in der Gemeinschaft zu stärken, und prägen gleichzeitig ihre eigenen individuellen Wertmaßstäbe im Wechselspiel aus Anpassung und Abgrenzung unter Gleichaltrigen immer stärker aus. Mit je weniger moralischer Schwere wir diesen Prozess belegen, desto besser. Sprüche wie »Und wenn die anderen von einer Brücke springen, springst du dann auch hinterher?« werden der Suche nach Zugehörigkeit unter Jugendlichen nicht gerecht. Stattdessen sollten wir ihre Bemühungen, sich in die Welt der Gleichaltrigen einzufügen, ohne sich selbst zu verlieren, als das ansehen, was sie sind: wichtige Gelegenheiten, die komplexen sozialen Fähigkeiten von Anpassungsfähigkeit bis Zurückweisung bestimmter Rollenerwartungen zu erlangen, die sie im Erwachsenenleben dringend brauchen.

## Zu laut, zu wild, zu übermütig: Wenn gefühlsstarken Kindern das Freunde Finden schwerfällt

Es sind Szenen, die einem das Herz zerreißen können: Da versucht das eigene gefühlsstarke Kind sichtlich begeistert mit anderen in Kontakt zu kommen – doch anstatt mit offenen Armen empfangen zu werden, wird es abgelehnt und zurückgewiesen, weil es so wild ist und so ungestüm, so laut und so empfindlich. Am Ende solcher Begegnungen steht meist ein unglückliches, wütendes Kind, das wir hilflos durch seinen Frust zu begleiten versuchen, wohl wissend, dass wir ihm nicht geben können, wonach es gerade sucht – während wir selbst uns bemühen, unsere eigene Wut auf die blöden anderen Kinder in den Griff zu kriegen, die unserem tollen, klugen, witzigen Kind nicht einmal eine Chance geben. Es gibt leider kein Patentrezept, wie Familien diese missliche Lage auflösen könnten – Unverständnis und Zurückweisung gehören nahezu untrennbar zum Großwerden als gefühlsstarkes Kind in unserer Gesellschaft dazu, so traurig und ungerecht das auch ist. Schließlich übernehmen Kinder unbewusst sehr schnell die Wertungen der Erwachsenen: Bekommen sie von ihnen vermittelt, dass schwierige Kinder zu meiden sind, werden es unsere Kinder immer schwer haben. Was in dieser schwierigen Situation helfen kann, sind die folgenden Strategien:

### Freunde finden lernen

Gefühlsstarke Kinder sind gut und richtig, wie sie sind – aber sie dürfen wissen, dass ihr intensives Temperament andere schnell überfordert und dass sie sich im Umgang mit Gleichaltrigen leichter tun werden, wenn sie üben, ihre starken Impulse zu regulieren. Vielen gefühlsstarken Kindern hilft es bei diesem Prozess tatsächlich, eine Art Plan an die Hand zu bekommen, wie sie soziale Interaktionen mit Gleichaltrigen so anbahnen können, dass diese sich nicht gleich überrannt fühlen. Zum Beispiel: Hingehen, Hallo sagen, Spielangebot machen. Nicht gleich anfassen, nicht gleich losrennen! Stattdessen: Abwarten und zuhören, und *dann* spielen.

### Wo die wilden Kinder wohnen

Pausenhöfe und Schulhorte sind für gefühlsstarke Kinder oft nicht das optimale Trainingsfeld, um das Schließen von Freundschaften zu üben: zu viele Erwachsene rundherum, zu viele Regeln, zu wenig Platz zum freien Toben und Spielen. Kein Wunder, dass sie da schnell den Rabauken-Ruf weghaben – auch unter Gleichaltrigen.

Deutlich bessere Ausgangsbedingungen, um entspannt Freunde zu finden, haben gefühlsstarke Kinder an Orten, an denen sie ganz in ihrem Element sein können: bei den Pfadfindern zum Beispiel oder in Wildnisgruppen, auf Bauspielplätzen oder auf dem Skaterparcours. So erklärt sich übrigens auch, warum gefühlsstarke Kinder oft beim Campen oder beim Strandurlaub viel weniger Probleme haben, Anschluss zu finden, als im schulischen Setting: Wo sie sich frei fühlen und sein können, wie sie sind, haben sie viel weniger Schwierigkeiten mit ihrer Impulskontrolle und können andere Kinder mit ihrer Begeisterungsfähigkeit, ihren kreativen Ideen, ihrem Witz und ihrem Geschick leicht in ihren Bann ziehen.

## Ein Haus für Freunde

Wir können nicht *für* unser Kind Freundschaften knüpfen, aber wir können durchaus einen Rahmen schaffen, in dem es unserem Kind leichter fällt, soziale Beziehungen zu festigen. So fühlen sich Kinder oft gleich viel enger befreundet, wenn sie einander auch schon einmal zu Hause besucht haben. Hat ein gefühlsstarkes Kind zum ersten Mal ein anderes Kind zu Besuch, können Eltern sich jedoch leider nicht darauf verlassen, dass die beiden schon allein klarkommen werden. Im Gegenteil: Die Aufregung des gefühlsstarken Kindes, gepaart mit der Abweichung von der gewohnten Routine, erhöht massiv das Risiko, dass uns der Nachmittag gehörig um die Ohren fliegt. Deshalb brauchen gefühlsstarke Kinder zumindest am Beginn solcher Besuche von Freunden unsere Unterstützung. Gerade wenn unser eigenes Kind vor Aufregung völlig überdreht ist, hilft es beispielsweise, ein festes Beschäftigungsangebot zu machen (»Kommt, wir backen zusammen Muffins!«), anstatt die Kinder im Kinderzimmer sich selbst zu überlassen. Günstig sind auch Aktivitäten im Freien, bei denen wir Erwachsenen in der Nähe bleiben und gegebenenfalls mitspielen, wenn die Stimmung zu kippen droht. Ganz wichtig ist, dass wir nicht unsere eigene Sorge, das Playdate könnte scheitern, in Form von Druck an unser Kind weitergeben: »Wenn du dich jetzt nicht zusammenreißt, will dich der Benjamin vielleicht nie mehr besuchen kommen« – mit einer solchen Ankündigung ist der anschließende Totalausraster aufgrund eines völligen Stress-Overloads nahezu garantiert. Besser: Möglichst konkrete Pläne schmieden, wie der Besuch zum Erfolg werden kann. Und dann aufhören, wenn's am schönsten ist. Erfahrungsgemäß ist für viele gefühlsstarke Grundschulkinder 90 Minuten Besuchszeit die Obergrenze dessen, was sie gut bewältigen können – und es wäre schade, wenn am Ende eines langen Nachmittags doch noch ein Eklat steht, obwohl der Besuch so gut begonnen hatte.

## Freundschaft braucht nicht jeder gleich stark

Soziale Beziehungen sind schön, aber anstrengend – so lässt sich die Erfahrungswelt vieler gefühlsstarker Kinder zusammenfassen. Bezogen auf ihre eigenen Freundschaften heißt das: Oft überschätzen wir, wie gerne sich unsere Kinder auch nachmittags noch viel mit anderen Kindern treffen wollen. Insbesondere eher introvertierte gefühlsstarke Kinder, die ihre Kraft aus der Ruhe schöpfen, haben ihren Bedarf an sozialen Interaktionen im Laufe eines ganz normalen Schultags bereits mehr als aufgefüllt – am Nachmittag sehnen sie sich vor allem danach, möglichst ungestört und selbstbestimmt zu sein. Bevor wir Eltern uns also sorgen, dass unser Kind sich nachmittags nie mit anderen zum Spielen verabredet, ist es wichtig, dass wir im Gespräch mit unserem gefühlsstarken Kind herausfinden, wie viel Zeit mit Freunden es überhaupt für sein individuelles Wohlergehen braucht. Sehnt es sich tatsächlich nach mehr Spielbesuch? Dann müssen wir gemeinsam gucken, wie wir das ermöglichen können. Ist es total zufrieden damit, seine Nachmittage großteils allein oder mit uns zu verbringen? Dann kann gerne erst mal alles bleiben, wie es ist.

## Wenn aus Wut Gewalt wird: Wege aus der Aggressionsfalle

Alle Kinder – ob gefühlsstark oder nicht – wollen Teil einer Gemeinschaft sein. Deshalb ist in ihnen angelegt, nicht nur auf ihren eigenen Vorteil bedacht zu sein, sondern auch mit ihren Bindungspersonen *kooperieren* zu wollen. Das heißt: Kein Kind ist darauf aus, seine Eltern bewusst zu ärgern oder sich extra schlecht zu benehmen, um die Regeln der Gemeinschaft zu verletzen. Kinder sind vielmehr ausgesprochen stark darauf bedacht, die sozialen Erwartungen, die an sie gestellt werden, zu *erfüllen*. Denn ein Ausschluss aus der Gemeinschaft hätte für unsere Vorfahren den sicheren Tod bedeutet. Wie kommt es dann, dass Kinder sich trotzdem oft so danebenbenehmen? Dass sie Grenzen übertreten, Regeln brechen, sich gemein und gewaltvoll verhalten? Gerade Eltern gefühlsstarker Kinder können davon ja oft ein Lied singen: Da tritt, beißt und haut das eigene Kind vor Zorn manchmal um sich, dass es einem angst und bange werden kann. Von Kooperation keine Spur, stattdessen: pure, rücksichtslose Aggression. Wie kann das sein?

Nun: Kinder sind auf Kooperation gepolt, nicht auf Gehorsam. Das heißt: Sie erfüllen die an sie gestellten Erwartungen, so gut sie eben können – und signalisieren durch ihr Verhalten, wenn ihre Kooperationsfähigkeit aufgebraucht ist. Unangepasstes, regelwidriges oder aggressives Verhalten sind also nicht einfach nervige Verhaltensweisen, sondern Kommunikationsversuche; Botschaften, mit denen Kinder uns signalisieren: »Mir geht es gerade nicht gut«. Steigen wir auf dieses Kommunikationsangebot ein, haben wir die Chance, unserem Kind zu zeigen, wie es wieder zurück in die Kooperation findet. Reagieren wir hingegen selbst mit Wut und Unverständnis auf das Fehlverhalten, erhöhen wir den Leidensdruck im Inneren unseres Kindes, was meist zu noch mehr Frust und aggressivem Verhalten führt.

Eine große Schwierigkeit für uns Eltern heute ist, dass Aggression in unserer Gesellschaft ein großes Tabu geworden ist. Sowohl von Kindern als auch von Erwachsenen wird erwartet, nett und freundlich zu sein und sich im Griff zu haben. Wer Aggressionen zeigt, gilt hingegen schnell als böse und unbeherrscht. Dabei ist Aggressivität ein ganz normaler Teil der menschlichen Gefühlspalette, die durchaus positive Seiten hat: Wir *brauchen* ein gewisses Maß an Aggressivität, um uns im Leben nicht unterkriegen zu lassen und uns gegen Unrecht wehren zu können. Genauso wie wir Wut brauchen, um an Missständen etwas zu ändern. Versuchen wir unseren Kindern also, ihre Aggressivität abzuerziehen, werden wir sie höchstens lehren, dieses große, mächtige Gefühl in ihrem Inneren möglichst erfolgreich versteckt zu halten.

Die deutlich gesündere Strategie ist es jedoch, ihnen zu zeigen, wie sie ihre Wut und ihre Aggression in sozialverträgliche Bahnen lenken können. Dabei müssen wir ihnen jedoch eine gewisse Entwicklungszeit zugestehen: Bis zum Alter von etwa acht Jahren *können* viele Kinder kognitiv noch nicht leisten, was ein stresshormonüberflutetes Gehirn leisten muss, um seine eigene Aggression effektiv zu regulieren. In dieser Zeit brauchen Kinder also noch eine sehr engmaschige Begleitung durch ihre Wut, um nicht vor lauter Zorn aus Versehen sich oder andere zu verletzen. Trotzdem beginnt bereits in dieser Lebensphase der Lernprozess, wie ein konstruktiver Umgang mit Jähzorn, Wut und Aggression aussehen kann. So können Erwachsene Kindern Angebote machen, wie diese die tobenden Kräfte in ihrem Inneren umlenken können – etwa, indem sie Laufen gehen oder Basketbälle in Körbe knallen, statt um sich zu schlagen. Bereits in der Kindheit solche Strategien kennenzulernen, ermöglicht es Menschen, später als Jugendliche und Erwachsene leichter darauf zurückzugreifen. Mit etwa acht bis zehn Jahren erlangen Kinder, die achtsam durch diesen Prozess begleitet wurden, durchschnittlich dann die Reife, zu erkennen, welche Gefühle gerade *hinter* ihrer Aggression stehen – Ist es Traurigkeit? Ist es Wut? – und Strategien zu entwickeln, die entsprechenden Bedürfnisse zu erfüllen, statt blindlings um sich zu schlagen. Das heißt: Wenn ein Kind mit sechs oder auch mit neun Jahren noch große Schwierigkeiten damit hat, seine aggressiven Impulse im Zaum zu halten, bedeutet das nicht, dass Hopfen und Malz verloren ist. Im Gegenteil: Jetzt ist die Zeit, in dem sein Gehirn ganz offen ist für Rückmeldungen, wie es anders gehen kann.

Der dänische Familientherapeut Jesper Juul schlug in diesem Zusammenhang vor, auf den aggressiven Wutausbruch eines Kindes etwa mit den folgenden Worten zu reagieren: »Mir gefällt es nicht, dass du mich schlägst, und ich will, dass du damit aufhörst! Trotzdem würde ich gern wissen, womit ich dich so wütend gemacht habe?«[16] Die Formulierung mag vielen zu gekünstelt klingen – wer gerade gehauen worden ist, will und darf sich auch anders ausdrücken und seinen eigenen Frust und Ärger durchaus zeigen! –, doch die grundsätzliche Botschaft ist genau die, die gefühlsstarke Kinder brauchen, um einen gesunden Umgang mit ihren Aggressionen zu lernen: Stopp, hier ist eine klare Grenze – und trotzdem möchte ich gerne wissen, was hinter deiner Traurigkeit und Wut steckt. Dass Abgrenzung und Zugewandtheit, Klarheit und Verständnis, Ärger und ehrliches Interesse keine Widersprüche darstellen müssen – das ist eine Botschaft, die wir Eltern in unserer Kultur viel zu selten hören. Stattdessen bekommen wir signalisiert, wir hätten in einer solchen emotionalen Ausnahmesituation die Wahl zwischen »hart bleiben« und »weich werden« – als könnten wir nicht beides gleichzeitig sein: Hart in der Sache (»Ich lasse mich nicht schlagen!«), weich in der Beziehung (»… und trotzdem liebe ich dich und will wissen, warum es dir gerade so schlecht geht.«).

Für unseren Familienalltag bedeutet all das: Gewalttätige Wutausbrüche sind immer ein Alarmsignal – ein Zeichen, dass es unserem Kind gerade ganz und gar nicht gut geht. In der akuten Situation steht selbstverständlich der Schutz aller Beteiligten an erster Stelle, doch unsere verständliche Wut über das Verhalten sollte nicht darin münden, den inneren Schmerz, der zu dem Eklat geführt hat, noch durch Schuldzuweisungen, Vorwürfe oder Strafen zu verstärken. Stattdessen stellen uns Aggressionen vor die Aufgabe, herauszufinden, was unserem Kind so zusetzt, und nach Entlastungsmöglichkeiten zu suchen, während wir *gleichzeitig* klarmachen, dass auch der größte innere Schmerz es nicht rechtfertigt, anderen weh zu tun.

# SIEBTES KAPITEL

## So viel Schule, so viel Stress: Warum gefühlsstarke Kinder und Jugendliche in der Schule oft so zu kämpfen haben

## Ein Pensum wie ein Vollzeitjob

Knapp 40 Stunden verbringen Kinder in Deutschland im Durchschnitt pro Woche in der Schule sowie mit Schulvor- und -nachbereitungen – das Äquivalent eines Vollzeitjobs.[17] Auch wenn Schule heute weit mehr als Pauken bedeutet: Das ist ganz schön viel Zeit, in der Kinder und Jugendliche nicht selbst über sich verfügen können und sich oft mit Themen befassen müssen, an denen sie gerade kein intrinsisches Interesse haben, die aber nun mal zu diesem Zeitpunkt im Lehrplan stehen. Dazu kommen die sozialen Anforderungen des Lern-Settings Schule: Leise sein, sich dem Rhythmus des Lerntages anpassen, eigene Bedürfnisse und Impulse zurückstellen, jede Menge Regeln einhalten, Bewertungen ausgesetzt sein. Um das auf Dauer leisten zu können, braucht es eine Menge Impulskontrolle, Selbstdisziplin, Frustrationstoleranz sowie die Fähigkeit zum Bedürfnisaufschub. Angesichts dieses Anforderungsprofils verwundert es nicht, dass gefühlsstarke Kinder sich in und mit der Schule oft ausgesprochen schwertun – ganz unabhängig von ihren intellektuellen Fähigkeiten.

Denn auch wenn heute immer mehr Versuche unternommen werden, den modernen Schulunterricht binnendifferenziert zu gestalten, ist er in seinem Kern doch auf das Lernen im Gleichschritt ausgerichtet: Eine Gruppe Kinder wird im ungefähr selben Tempo durch die ungefähr selben Lerninhalte gelotst. Dass die überbordenden Gefühle einzelner Kinder dabei immer wieder den gesamten Betrieb aufhalten, ist in diesem Szenario weder vorgesehen noch tolerabel. Stattdessen wird von Schulkindern erwartet, ihre Impulse und Bedürfnisse soweit im Griff zu haben, dass sie den Unterricht nicht stören – egal, wie es ihnen gerade geht. Kinder, die dazu nicht in der Lage sind, gelten schnell als anstrengende Problemfälle, die sich mal schleunigst bessern sollen, weil ihr Verhalten für Lehrkräfte wie Mitschülerinnen und Mitschüler sonst nicht mehr tragbar ist. Für gefühlsstarke Kinder bedeuten all diese Anforderungen oft immensen Stress. Denn sie *wollen* unbedingt sämtliche sozialen Erwartungen erfüllen und spüren gleichzeitig ganz genau, dass es ihnen einfach nicht gelingt, weil ihnen ihr explosives Temperament immer wieder einen Strich durch die Rechnung macht, so sehr sie sich auch bemühen. Oder sie schaffen es tatsächlich, den an sie gestellten Anforderungen zu genügen, indem sie täglich absolute Schwerstarbeit in Sachen Impulskontrolle und Selbstregulation leisten – und brechen dann am Nachmittag völlig erschöpft zusammen, weil sie in ihrem Kooperationswillen weit über ihre eigenen Belastungsgrenzen gegangen sind.

Zum Glück gibt es heute immer mehr Lehrkräfte, die sich der Verschiedenheit ihrer Schützlinge bewusst sind und alles dafür tun, ein Lernklima zu schaffen, dass Kinder und Jugendliche nicht so unter Druck setzt. Oft reichen bereits kleine Änderungen in der Klassenroutine, um Raum für die unterschiedlichen Bedürfnisse der Lernenden zu schaffen. Wie so oft ist auch hier gerade für gefühlsstarke Kinder die Haltung entscheidend, die sie im schulischen Alltag spüren: Nehmen sie Verständnis und Wertschätzung wahr dafür, dass sie so sind, wie sie sind? Oder wird ihnen gespiegelt, sie seien ungezogene Störenfriede und anstrengende Heulsusen?

Die Schule ist gerade für gefühlsstarke Kinder und Jugendliche also ein ausgesprochen machtvoller Ort. Hier verbringen sie die Hälfte ihres Tages, ob sie wollen oder nicht. Hier stehen sie vor Herausforderungen, die sich zu Hause so nie stellten. Und hier machen sie die Erfahrung, ob sie mit ihrer Gefühlsstärke einen Platz haben und ein wertvoller Teil der Gemeinschaft sein können – oder ob sie gerade für ihr Anderssein ausgegrenzt und abgestraft werden. Eine gute Schulerfahrung kann gefühlsstarke Kinder über sich hinauswachsen lassen: Zu spüren, dass sie auch außerhalb der Familie dazugehören und glänzen können, genauso, wie sie sind, ist für ihre seelische Entwicklung nicht in Gold aufzuwiegen. Umgekehrt können gefühlsstarke Kinder an schlimmen

Schulerfahrungen leider auch wirklich schlimmen Schaden nehmen. Die Welt ist voll von Erwachsenen, die als Kinder nicht ins (Schul-)System passten und an den Folgen der Demütigungen, die sie dadurch erfahren haben, noch heute zu knabbern haben. Dass unsere gefühlsstarken Kinder und Jugendlichen zur Schule gehen müssen, ist also per se weder gut noch schlecht – entscheidend ist, was sie dort erleben und wie sie sich in ihrem individuellen Lebensumfeld entfalten können. Als Eltern müssen wir deshalb vor der Einschulung eines gefühlsstarken Kinder keine Angst haben: Es kann gut sein, dass seine Begeisterungsfähigkeit, seine Hartnäckigkeit und seine Empathiefähigkeit es ganz wunderbar durch die Schulzeit tragen. Doch weil leider noch immer längst nicht an jeder Schule die Rahmenbedingungen herrschen, die gefühlsstarke Kinder brauchen, um zu zeigen, was in ihnen steckt, sollten wir gleichzeitig ein Auge darauf haben, wie es unseren Kindern in der Schule wirklich ergeht und welche Botschaften sie dort über sich und andere vermittelt bekommen. Denn die Schulzeit ist zu lang, zu prägend und zu wichtig, um zu sagen, dass Kinder da eben einfach durchmüssen.

## Ist unser gefühlsstarkes Kind schulreif?

Naht der 6. Geburtstag ihres Kindes, beginnt für viele Eltern eine stressige Zeit. Denn gerade wenn das eigene Kind gefühlsstark ist, löst der bevorstehende Schulstart bei vielen Müttern und Vätern sehr gemischte Gefühle aus. Wie wird unser Kind in diesem neuen Setting klarkommen? Werden die Lehrpersonen Verständnis haben für seine ganz besondere Art? Und wie viel Raum für Individualität lässt unser aktuelles Schulsystem überhaupt zu? Besonders drängend werden diese Fragen, wenn Eltern sich entscheiden müssen, ob sie ihr gefühlsstarkes Kind als »Kann-Kind« einschulen lassen, oder ob sie besser noch ein Jahr warten – oder wenn Familien das Gefühl haben, ihr Kind sei partout noch nicht schulreif, auch wenn es nach dem in ihrem Bundesland gültigen Stichtag auf jeden Fall jetzt schulpflichtig wird.

Grundsätzlich gilt: Ob ein Kind schulreif ist oder nicht, hängt nicht alleine von seinen kognitiven Fähigkeiten ab – auch Sechsjährige, die sich bereits selbst das Lesen beigebracht haben und mühelos bis 1000 zählen, können noch nicht schulreif sein, genauso, wie verspielte Kita-Kinder mit wenig Eigeninteresse am Lesen, Schreiben und Rechnen in der Schule prima klarkommen können. Denn Schule ist nie nur ein Lernraum, sondern auch eine soziale Herausforderung, für die Kinder gerüstet sein müssen. Die Pädagogin und Ratgeberautorin Katja Seide spricht deshalb ergänzend zur offiziellen Schulreife von der »Schulhofreife«, die Kinder genauso dringend brauchen, um nach der Einschulung gut zurechtzukommen. Zu dieser Schulhofreife gehören etwa Selbstregulationsfähigkeit, emotionale Belastbarkeit, Impulskontrolle und konstruktives Konfliktlösungsverhalten – alles Dinge, mit denen sich gefühlsstarke Kinder oft eher schwertun. Stehen Familien also vor der Wahl, ihr gefühlsstarkes Kind vorzeitig einzuschulen, sollten sie neben seiner Cleverness und Wissbegierde unbedingt auch seine emotionale Reife im Blick behalten – gerade bei gefühlsstarken Kindern ist es gar nicht selten, dass sie mit sechs kognitiv so weit sind wie Achtjährige, aber emotional eher wie Vierjährige agieren. Diesen Kindern tut man mit einer frühen Einschulung oft keinen Gefallen. Denn kognitiver Unterforderung lässt sich im letzten Kita-Jahr wunderbar auch ohne formalen Schulunterricht entgegenwirken – etwa indem man dem Kind die Chance gibt, ein Instrument zu lernen, es mit Selbstlernmaterialien versorgt oder mit ihm Logik- und Knobelspiele spielt. (Ein Ausbremsen der Wissbegierde, damit das Kind später in der Schule nicht »zu weit« ist, ist hingegen nicht sinnvoll – ist das erste Schuljahr kognitiv keine große Herausforderung, hat das

Kind eben mehr Ressourcen frei für die emotionalen Herausforderungen nach der Einschulung.)

Schwieriger gestaltet sich die Situation, wenn das Kind laut Stichtag-Regelung schulpflichtig wird, Eltern aber trotzdem Bedenken gerade hinsichtlich seiner »Schulhofreife« haben – denn diese wird bei der offiziellen amtsärztlichen Untersuchung kaum betrachtet, und in einigen Bundesländern ist es mittlerweile nahezu unmöglich, auf eigene Initiative hin eine Rückstellung des eigenen Kindes zu erwirken. In diesem Fall ist es wichtig, sich rechtzeitig Unterstützung ins Boot zu holen – mit einem kinderärztlichen oder kinderpsychologischen Gutachten oder einem Brief aus einem SPZ (Sozialpädiatrisches Zentrum), der dem Kind attestiert, noch ein zusätzliches Kita-Jahr zur emotionalen Reifung zu benötigen, lassen sich häufig Ausnahmeregelungen erwirken.

## Eine passende Schule für unser gefühlsstarkes Kind

Gefühlsstarke Kinder haben gemeinsam, dass sie sämtliche Emotionen und Bedürfnisse nur in der Extremvariante zu kennen scheinen. Doch wie sich diese Gefühlsstärke ganz konkret ausprägt, ist von Kind zu Kind trotzdem sehr verschieden. Deshalb kann es durchaus sein, dass es einem gefühlsstarken Kind in einer Klasse richtig gut geht, in der ein anderes gefühlsstarkes Kind überhaupt nicht glücklich wird. Schließlich sind wir Menschen mehr als unser angeborenes Temperament, und unsere Individualität ist viel vielschichtiger, als dass ein einzelnes Persönlichkeitsmerkmal sie greifen könnte. Gleichzeitig gibt es natürlich Erfahrungswerte, unter welchen Bedingungen *die meisten* gefühlsstarken Kinder am leichtesten lernen und am liebsten zur Schule gehen. Dazu zählen die folgenden Kriterien:

- Für die meisten gefühlsstarken Kinder ist stundenlanges Stillsitzen wie Folter. Dementsprechend profitieren sie stark von schulischen Settings, in denen Kinder sich weitgehend frei bewegen dürfen und im Zweifelsfall auch mal eine Runde um den Pausenhof flitzen können, bevor sie weiterarbeiten.
- Gefühlsstarke Kinder leben, denken und lernen in Beziehungen. Das heißt: Es ist für sie existenziell wichtig, in ihrer Lehrerin oder ihrem Lehrer ein Gegenüber zu finden, mit dem sie eine echte, lebendige Beziehung aufbauen können, ein Gegenüber, das sich nicht allein als Lernstoff-Vermittlungsperson begreift.
- Gefühlsstarke Kinder reagieren meist ausgesprochen sensibel auf jede Form von Bloßstellung, inklusive der weit verbreiteten Verhaltens-Charts, bei denen das Benehmen der Kinder im Klassenraum auf irgendeiner für alle sichtbaren Skala oft mithilfe von grünen, gelben und roten Smileys bewertet wird. Eine stressarme Lernumgebung bedeutet für sie, dass auf solche Maßnahmen verzichtet wird.
- Reizüberflutung ist für viele gefühlsstarke Kinder in der Schule ein echtes Problem – individuelle Rückzugsmöglichkeiten, auch in den Pausenzeiten, sind für sie dementsprechend ein wichtiger Faktor, der zu ihrem Wohlbefinden und damit auch zu ihrer Kooperationsfähigkeit beiträgt.
- Gefühlsstarke Kinder sehnen sich nach klaren, berechenbaren Strukturen, fühlen sich aber schnell unfrei und gegängelt, wenn sie im Schulalltag gar keinen Entscheidungsfreiraum haben. Ideal ist für sie deshalb ein schulisches Setting, das auf dem Grundsatz von »Freiheit in Grenzen« basiert, wie dies etwa an den meisten Montessori-Schulen der Fall ist: Ein fester Stundenplan steckt den Rahmen für den Schultag, doch innerhalb der ausgedehnten Freiarbeits-Phasen können Kinder ihrem Tempo und ihren eigenen Interessen entsprechend lernen.

So hilfreich diese Entscheidungskriterien für Eltern sein mögen, die in der Schulfrage tatsächlich mehrere Wahlmöglichkeiten haben, so deprimierend liest sich eine solche Liste oft für Familien, bei denen die Schule, die ihr Kind besucht oder besuchen wird, bereits mehr oder weniger feststeht – auch wenn sie kaum eins der Kriterien erfüllt. Umso wichtiger ist es deshalb, zu betonen: mit viel Rückhalt zu Hause und einer guten Kommunikation zwischen Eltern und Lehrpersonal können auch unter auf den ersten Blick vielleicht suboptimalen Bedingungen gute Schulerfahrungen erwachsen. Spüren Kinder, dass sie hier grundsätzlich richtig und willkommen sind, können sie oft erstaunlich viel wegstecken, was uns als Eltern vielleicht bitter aufstößt. Wichtig ist vor allem, dass sie spüren: Was die Schule angeht, ziehen meine Eltern und ich an einem Strang.

## Der wichtigste Grundsatz: Die Schule darf nie zwischen uns stehen

Klassenarbeiten, Halbjahreszeugnisse, Noten – der Alltag mit einem Schulkind hat auch für Eltern ein ganz schönes Stresspotenzial. Schließlich ist den meisten Müttern und Vätern durchaus schmerzlich bewusst, dass in der Schule nicht nur Wissen vermittelt, sondern auch Lebenschancen verteilt werden. In der Folge fühlen sich Eltern oft persönlich dafür verantwortlich, dass ihr Kind aus seiner Schulkarriere das Beste herausholt und nicht unter seinen Möglichkeiten bleibt. Ohne böse Absicht schlittern Familien durch diesen stellvertretenden Ehrgeiz oft in eine Dynamik, in der Eltern sich für jede Klassenarbeit, jeden Vokabeltest und jedes Referat persönlich verantwortlich fühlen – und dementsprechend Druck aufbauen, wenn ihr Kind ihrer Ansicht nach nicht genug für die Schule tut oder nicht die Leistungen erbringt, zu denen es nach ihrem Ermessen in der Lage wäre. So verständlich es ist, dass Eltern den Schulerfolg ihres Kindes mit allen ihnen zur Verfügung stehenden Mitteln unterstützen wollen, so problematisch ist es jedoch, wenn sich der Leistungsdruck aus der Schule für Kinder auch noch ins eigene Zuhause erstreckt. Gerade gefühlsstarke Kinder sind immens darauf angewiesen, dass sie ihre Familie als Gegenpol zur stressigen Schulwelt erleben, als sicheren Hafen, in dem Notendruck, Versagensangst und Schulstress keinen Platz haben. Das heißt: Bei allen Bemühungen, unsere Kinder in der Schule zu unterstützen, ist es unsere Aufgabe als Eltern, dafür zu sorgen, dass die Schule, die ohnehin einen Großteil des Lebens unseres Kindes dominiert, nicht auch noch in die letzten Winkel unseres Familienlebens hineinwirkt. Eine völlige Trennung von Schule und Elternhaus ist natürlich illusorisch und auch nicht wünschenswert – schließlich machen unsere Kinder hier ihre Hausaufgaben, lernen auf Tests und Klassenarbeiten, und sollen ja auch von Schulerfahrungen erzählen können. Doch es liegt in unserer Verantwortung, den Schonraum hochzuhalten, den unsere Kinder so dringend brauchen – einen Ort, an dem sie nichts leisten, nichts können, nichts beweisen müssen, um sich uneingeschränkt gut und richtig fühlen zu können.

Konkret heißt das: Natürlich können, dürfen und müssen wir unsere Kinder manchmal in schulischen Belangen unterstützen, sie an anstehende Aufgaben erinnern und uns einschalten, wenn es Probleme gibt. Doch all diese Schulthemen dürfen nicht den Raum in unserem Familienleben bekommen, dass sie sich auf unsere Beziehungsqualität niederschlagen. Das heißt: Egal, ob unser gefühlsstarkes Kind seine zweite Fünf oder seinen dritten Verweis mit nach Hause gebracht hat – es kann sich darauf verlassen, dass wir zu ihm stehen. Meint die Schule, irgendwelche Verhaltensweisen sanktionieren zu müssen, ist das ihre Sache – bei uns zu Hause werden keine Privilegien entzogen und keine Strafen erteilt, völlig egal, was unser Kind im Unterricht für einen Mist gebaut hat. Denn die beste Unterstützung in Schulfragen, die wir unserem Kind zuteilwerden lassen können, ist die Sicherheit, dass die Schule es niemals schaffen wird, einen Keil zwischen uns zu treiben. Egal, was Noten und Klassenbucheinträge sagen.

## Miteinander statt Gegeneinander: Wie Erziehungspartnerschaft gelingt

Wir alle sehnen uns nach Anerkennung und Wertschätzung – das ist der kleinste gemeinsame Nenner zwischen Eltern, Lehrkräften, Schulleitung und Schulkindern. Sich dies immer wieder bewusst zu machen, hilft, ein Klima zu schaffen, in dem sich Schule und Elternhaus nicht wie Konfliktparteien gegenüberstehen, sondern wie Partner auf Augenhöhe. Das ist leider nicht selbstverständlich: Wer mit Lehrerinnen und Lehrern, Schulleiterinnen und Schulleitern über ihre Alltagserfahrungen mit Schülereltern spricht, wird schnell merken, wie viele Verletzungen aus diesen Interaktionen erwachsen. Viele Lehrkörper haben etwa das Gefühl, Eltern tendierten heute dazu, nur die Bedürfnisse und Rechte ihres eigenen Kindes zu sehen – aber nicht die der 26 anderen Kinder in der Klasse. Oft werden Mütter und Väter von Lehrpersonen auch als ausgesprochen aggressiv und fordernd erlebt: Bei jeder gefühlten Ungerechtigkeit werden sofort die ganz schweren Geschütze aufgefahren, es wird mit Abmahnverfahren und Anwälten gedroht. »Insgesamt kann man leider leicht das Gefühl bekommen, viele Eltern sähen uns als Feinde an, gegen die es sich mit aller Macht zu wehren gilt«, fasst eine junge Lehrerin ihre Erfahrungen als Klassenleiterin einer Gymnasialklasse in Sachsen zusammen.

Hört man sich hingegen unter Eltern um, sind die Erfahrungen oft nicht weniger schmerzvoll: Da ist von Ungerechtigkeit und Unverständnis die Rede, von Druck und Demütigung, und davon, dass viele Mütter und Väter das Gefühl haben, von Lehrpersonen für die Schwierigkeiten ihres Kindes unmittelbar verantwortlich gemacht zu werden: »Vielleicht müssen Sie einfach mal zur Erziehungsberatung, so was kann Schule nicht leisten.«

Das heißt: Aus vielen Begegnungen zwischen Eltern und Lehrpersonen gehen beide Seiten mit dem Gefühl heraus, eben nicht gesehen und nicht wertgeschätzt zu werden – für die eigene Arbeit, den eigenen Einsatz, die eigene Sicht aufs Kind. Befeuert wird diese Dynamik von einem gesellschaftlichen Klima, in dem sowohl Eltern als auch Lehrende insgesamt das Gefühl haben, wenig Respekt zu erfahren – nicht umsonst ist sowohl Eltern- als auch Lehrer-Bashing ein beliebtes Hobby hierzulande. Die Leidtragenden dieser unguten Dynamik sind unsere gefühlsstarken Kinder, denn sie geraten in diesem Konflikt nur allzu schnell zwischen die Fronten: Ihre Eltern stehen schnell als die überbehütenden Helikoptereltern da, die ständig Sonderbehandlungen für ihr Kind einfordern. Und ihre Lehrerinnen und Lehrer haben oft das Gefühl, sich Arme und Beine ausreißen zu können und trotzdem nicht zu genügen, weil in der Schule einfach nicht die Rahmenbedingungen da sind, um diesen Kindern wirklich gerecht zu werden.

Um aus diesem Teufelskreis auszubrechen, ist es deshalb unglaublich wichtig, als Eltern gefühlsstarker Kinder alles daran zu setzen, mit den Lehrerinnen und Lehrern unserer Kinder eine echte Erziehungspartnerschaft zu etablieren, die auf gegenseitiger Wertschätzung beruht. Anstatt die Lehrpersonen unseres Kindes also damit zu überfallen, wie besonders unser Sohn oder unsere Tochter ist und was wir alles erwarten, damit es ihm in der Schule gut geht, treten wir erstmal einen Schritt zurück und würdigen, was die Lehrerinnen und Lehrer da eigentlich jeden Tag leisten. »Ich ziehe wirklich den Hut vor Ihnen, jeden Tag aufs Neue 27 kleinen Individuen gerecht zu werden, ist eine unglaublich anspruchsvolle Aufgabe« – wer so ins Gespräch einsteigt, schafft eine ganz andere Beziehungsgrundlage als jemand, der sofort mit den eigenen Anliegen herausplatzt. Genauso wichtig: All das würdigen, was bereits gut läuft. Anerkennen, dass es für Lehrerinnen und Lehrer einen manchmal schier unmöglichen Spagat darstellt, all die unterschiedlichen an sie gestellten Erwartungen zu erfüllen. Danke sagen für jedes Entgegenkommen, jedes Abweichen von Routinen, jede Ausnahme, die schon gewährt wurde. Rückspiegeln, was dieser Einsatz für einen Unterschied macht: »Seit wir vereinbart haben, dass wir die Hausaufgaben nach einer halben Stunde beenden, egal wie weit Joshua ist, haben wir so viel weniger Stress nachmittags, vielen Dank dafür.« Was hingegen gar nicht gut ankommt: Lehrerinnen und Lehrern Bücher, Artikel und ausgedruckte Blogposts mitzubringen, die ihnen zeigen sollen, wie sie ihren Job besser machen können. Besser: Erzählen, welche Lektüre uns als Eltern weitergeholfen hat – vielleicht bittet die Lehrperson dann selbst darum, mal hineinlesen zu dürfen.

Grundsätzlich gilt: Mit je mehr Vorschuss-Vertrauen und Wertschätzung wir den Lehrerinnen und Lehrern unserer Kinder begegnen, desto besser stehen unsere Chancen, dass sie uns als Eltern wahrnehmen, mit denen eine echte, konstruktive Zusammenarbeit möglich ist. Und das ist die Grundvoraussetzung dafür, dass im gemeinsamen Dialog tatsächlich Lösungen für alltägliche Probleme im Schulalltag entwickelt werden können, die sowohl den Bedürfnissen der Lehrkraft als auch denen des gefühlsstarken Kindes entsprechen.

Gleichzeitig ist es leider eine traurige Tatsache, dass längst nicht jede Lehrkraft zu diesem konstruktiven Austausch über die besonderen Bedürfnisse gefühlsstarker Kinder bereit ist. Ist eine Lehrerin oder ein Lehrer davon überzeugt, dass schwierige Kinder sich einfach mal anpassen lernen müssen, können Eltern oft noch so wertschätzend das Gespräch suchen – sie beißen mit ihren Anliegen einfach auf Granit. Das ist eine unglaublich belastende und frustrierende Erfahrung, die betroffene Familien oft in eine Art Schockstarre versetzt: Sie sehen, dass es ihrem Kind in der Schule emotional immer schlechter geht, sehen aber überhaupt keine Handlungsoptionen, wie sie daran etwas ändern sollten.

Dieses Gefühl völliger Ohnmacht und Hilflosigkeit gehört zu den schlimmsten überhaupt. Umso wichtiger ist es, sich davon nicht übermannen zu lassen, sondern sich spätestens jetzt auf die Hinterbeine zu stellen: Erziehungspartnerschaft ist wunderbar, wenn sie funktioniert, doch wenn die Schule die Bedürfnisse unseres Kindes mit Füßen tritt und zu keinem konstruktiven Dialog bereit ist, ist es unser Job, zu den Anwälten unseres Kindes zu werden, die nicht zulassen, dass es in diesem System vor die Hunde geht.

## Typische Schulprobleme gefühlsstarker Kinder – und mögliche Lösungen

### 1. »Ich will aber frei sein!« – Wenn sich die Schulpflicht wie Unterdrückung anfühlt

Für gefühlsstarke Kinder mit ihrem starken Autonomiebedürfnis ist es eine einschneidende Erfahrung, zu merken: Es gibt einen Teilbereich meines Lebens, da habe ich schlicht keine Wahl. Ob ich will oder nicht – ich muss in die Schule. »Das ist doch gemein!«, schreien gefühlsstarke Kinder dann manchmal. »Das ist ja wie im Gefängnis!« Die meisten Eltern reagieren auf derlei Empörung intuitiv mit Beschwichtigungsversuchen: »Aber in der Schule ist es doch schön, mein Schatz. Es ist doch toll, so viel lernen zu dürfen!« Doch diese Argumente werden der Gefühlslage eines Kindes, das realisiert, wie unfrei es in Sachen Schule ist, nicht gerecht. Denn es stimmt ja: Die Schulpflicht *ist* ein krasser Eingriff in unsere persönlichen Freiheitsrechte. Deutschland als Staat ist als eines von ganz wenigen Ländern auf der Welt eben der Ansicht, dass das höhere Ziel einer guten Bildung für alle diesen Eingriff rechtfertigt. Und genau so können wir unseren Kindern die Schulpflicht auch erklären – und gleichzeitig ihre Gefühle validieren:

Ja, das stimmt: Schule fühlt sich manchmal wie ein Gefängnis an, weil man nicht selbst entscheiden kann, ob man dableiben will oder nicht.

*Genau. Voll gemein.*

Hast du denn eine Idee, warum alle Kinder in Deutschland in die Schule gehen müssen?

*Weil die Erwachsenen gemein sind.*

Nun, die Schulpflicht wurde eigentlich eingeführt, um eben *nicht* gemein zu Kindern zu sein, sondern um dafür zu sorgen, dass alle Kinder lernen dürfen. Davor war es nämlich oft so, dass Eltern ihre Kinder nicht zur Schule schickten, weil sie sie lieber als Arbeitskräfte nutzen wollten. Die Kinder mussten also zum Beispiel auf dem Feld helfen, anstatt lesen, rechnen und schreiben zu lernen.

*Das ist ja unfair.*

Genau, das war es auch, insbesondere für Mädchen: Da fanden viele Eltern nämlich, ein Schulbesuch lohne sich für sie nicht, weil sie ja ohnehin heiraten und Kinder kriegen würden.

*Boah, wie mega-fies.*

Ja, und deshalb haben wir heute eben die Schulpflicht: Damit alle Kinder, Jungen wie Mädchen, lernen dürfen, statt arbeiten zu müssen.

*Aber ich würde ja nicht arbeiten, sondern zum Beispiel Lego spielen. Warum darf mein Lehrer dann bestimmen, dass ich lieber Mathe machen soll?*

Es gibt durchaus auch viele Erwachsene, die dir zustimmen würden. Sie sagen: Kinder sollen selbst bestimmen, wann und wie sie lernen sollen – ruhig auch beim Legobauen. Doch in Deutschland sind die Regeln im Moment eben so, dass das nicht erlaubt ist. Aus Sorge, dass manche Kinder sonst nicht alles lernen, was sie fürs Leben brauchen.

*Ich finde diese Regel aber blöd.*

**Das ist okay, und damit bist du wie gesagt auch nicht allein. Trotzdem müssen wir uns als Familie an diese Regel halten. Was kann dir dabei helfen?**

## 2. Lernen ja – aber zu meinen Bedingungen! Wie gefühlsstarke Kinder sich neue Inhalte aneignen

Gefühlsstarke Kinder sind ungeheuer neugierig und wissbegierig. Doch das Lernen in vorgegebenen Lernschritten fällt ihnen oft schwer. Je mehr Freiheit sie beim Knobeln und Entdecken haben, desto besser können sie sich neue Inhalte aneignen. Unabhängig davon, wie stark die Schule dieses Autonomiebedürfnis beim Lernen berücksichtigt, können Eltern auch zu Hause diese intrinsische Motivation unterstützen. So finden es viele gefühlsstarke Kinder etwa sterbenslangweilig, mit vorgegebenen Fibel-Texten Lesen zu üben. Dürfen sie sich hingegen ein richtig spannendes, ruhig eigentlich noch zu schweres Buch selbst in der Buchhandlung aussuchen und sich selbstständig erschließen, motiviert sie das ungemein. Ähnlich verhält es sich mit Mathe: Stupides Aufgabenrechnen ist ihnen zuwider, ein cooles Bastel- und Bauprojekt, bei dem sie ganz nebenbei Messen und Berechnen müssen, entfacht ihr inneres Feuer. Englische Comedy-Serien gucken statt Englischvokabeln lernen, das auswendig zu lernende Gedicht erst mal selbst vertonen, chemische und physikalische Phänomene im Selbstversuch erforschen – solche Lernerfahrungen sind es, von denen gefühlsstarke Kinder am meisten profitieren.

Ist es möglich, jeden Lerninhalt so individuell aufzubereiten? Natürlich nicht. Müssen Eltern sich ständig ins Zeug legen, solche Extra-Lernmöglichkeiten zu eröffnen? Auch nicht. Doch gerade, wenn der Schulfrust mal wieder Überhand nimmt, können solche Ideen gefühlsstarken Kindern und ihren Eltern dabei helfen, zu erkennen, dass nicht das Lernen selbst das Problem ist – sondern die Rahmenbedingungen, unter denen es in unserem Schulsystem oft stattfindet.

## 3. Keine Lust auf Mogelpackungen – Wieso typische Pädagogik-Tricks bei gefühlsstarken Kindern versagen

Wie bekommt man 30 Kinder dazu, das zu tun, was man von ihnen will? Auch in unseren modernen Schulen lautet die Antwort für viele Lehrerinnen und Lehrer immer noch: Indem man erwünschtes Verhalten belohnt, und unerwünschtes abstraft. Diese behavioristische Denke ist in vielen Kollegien so tief verwurzelt, dass den Lehrpersonen gar nicht bewusst ist, welche Signale sie ihren Schülerinnen und Schülern damit permanent aussenden. Nämlich: Wir vertrauen nicht darauf, dass ihr hier *aus eigenem Antrieb* lernt, mitmacht und euch gut benehmt. Deshalb müssen wir euer Verhalten ständig kontrollieren und gegebenenfalls sanktionieren, sonst bricht hier nämlich das komplette Chaos aus. Die Umsetzung dieses pädagogischen Ansatzes kommt oft ganz nett und harmlos daher: Wer im Sportunterricht brav mitmacht, bekommt ein Gummibärchen. Wer in der Freiarbeit zügig durchkommt, kriegt als Belohnung keine Hausaufgabe. Für gutes Sozialverhalten gibt es ein Sternchen auf den Sticker-Chart an der Wand.

Doch bereits in diesen unschuldig wirkenden Belohnungen steckt eine problematische Botschaft: Erwartungen zu erfüllen, ist eine Frage des persönlichen Willens. Wer diesen aufbringt, bekommt etwas dafür. Wer sich nicht so anstrengt, wird hingegen dadurch bestraft, dass er diese Extra-Aufmerksamkeit eben *nicht* bekommt. Was als Anreiz wirken soll, kehrt sich in seiner Wirkung also blitzschnell um: Diejenigen, denen es ohnehin leichtfällt, den Anforderungen des Schulalltags gerecht zu werden, bekommen das Gefühl vermittelt, dies sei ihr persönlicher Verdienst. Und diejenigen, die sich damit schwerer tun, bekommen gespiegelt, das sei ihre persönliche Schuld, und sie sollten sich halt mal mehr anstrengen. Viele Erwachsene können sich nicht vorstellen, was für einen Druck solche Belohnungssysteme gerade in sehr empfindsamen Kindern erzeugen können. Denn während wir vielleicht denken »Es ist doch nur ein Gummibärchen«, spüren diese Kinder ganz genau: Es geht nicht um Gummibärchen. Es geht um Wertschätzung. Es geht darum, wer zu den Guten zählt und wer nicht. Und jeder Schultag, an dem andere wieder eine Belohnung abgreifen und sie trotz all ihrer Bemühungen, alles richtig zu machen, nicht, demotiviert sie immer weiter.

Ähnlich verhält es sich mit den Verhaltens-Charts, die immer noch in vielen Klassenzimmern gang und gäbe sind: Für alle öffentlich einsehbare Bewertungstafeln, die widerspiegeln sollen, wer sich wie gut benimmt. Viele Pädagoginnen und Pädagogen halten sie als Feedback-Methode hoch mit dem Argument, jedes Kind bekomme ja jeden Tag eine neue Chance – am Anfang des Schultages würden alle Namen auf »Grün« gesetzt, danach liege es ja in der Hand des Kindes, sich einfach nicht so schlecht zu benehmen, dass es in den gelben oder roten Bereich abrutscht. Doch genau da liegt die Krux: Welches Kind *entscheidet* sich denn aus freien Stücken dazu, so laut, wild und unaufmerksam zu sein, dass sein Name bald neben einem roten, unglücklich dreinschauenden Smiley steht? Vielmehr ist es so, dass manche Kinder mit traumwandlerischer Leichtigkeit *immer* im grünen Bereich bleiben, weil die Anforderungen des Schulalltags ihrem Persönlichkeits- und Begabungsprofil einfach total entgegenkommen, während immer dieselben Kandidaten bei Rot landen. Was bereits zeigt: Öffentlich bloßgestellt zu werden, verbessert das Verhalten exakt überhaupt nicht. Stattdessen zementiert es Rollenerwartungen und Verhaltensweisen. Wenn ein Kind seinen Namen jeden Tag neben dem traurigen, wütenden Smiley sieht, verinnerlicht es, dass das hier seine Rolle ist: wütend und traurig machen. Das ist schließlich sein Stammplatz. Besonders vertrackt wird es, wenn der traurige Smiley dann auch noch eine erzieherische Konsequenz nach sich zieht, Pausenverbot etwa. Ein lautes, wildes Kind wird also für sein Laut- und Wildsein damit bestraft, dass ihm die einzige Gelegenheit verwehrt wird, seine Lautstärke und Energie beim Toben und Spielen loszuwerden. Kontraproduktiver geht es nicht. Ganz fies ist es auch, wenn die Schulkinder angehalten werden, die Farbe ihres Smileys am Ende jedes Schultags in ihrem Hausaufgabenheft festzuhalten, damit die Eltern auch wissen, wie sie sich den Tag über betragen haben, und entsprechende Maßnahmen ergreifen können – »etwa Fernsehverbot für ein rotes Smiley«, wie eine Grundschullehrerin in einem Elternbrief vorschlug, den die empörten Eltern eines gefühlsstarken Kindes zu einer Lesung aus »So viel Freude, so viel Wut« mitbrachten.

Während eher regulationsstarke Kinder oft dazu in der Lage sind, solche Belohnungs- und Bewertungsmethoden einfach als gottgegeben hinzunehmen, verzweifeln gefühlsstarke Kinder an ihrer tiefen Ungerechtigkeit – selbst dann, wenn sie gar nicht selbst von ihnen betroffen sind, sondern nur mitbekommen, wie andere Kinder unter ihnen leiden. Was hilft? Das Gespräch mit der Lehrkraft und im Zweifelsfall mit der Schulleitung suchen. Und das eigene Kind in seiner Wahrnehmung bestärken: Ja, solche Belohnungen und Bestrafungen sind total fies und ungerecht. Deshalb geben wir in unserer Familie auch nichts darauf. Versuch, es in der Schule genauso zu halten: All diese Gummibärchen und Sticker sind völlig egal. Sie sagen nichts über dich oder die anderen Kinder aus. Sie zeigen nur, wie große Angst viele Erwachsene immer noch davor haben, euch Kindern einfach zu vertrauen.

## 4. Noten sind total gemein: Warum gefühlsstarke Kinder so oft unter Bewertung leiden

Wer so viel grübelt, reflektiert und nachdenkt wie gefühlsstarke Kinder, hat mit einer Menge Selbstzweifeln zu kämpfen: Bin ich wirklich gut, so wie ich bin? Müsste ich nicht doch besser anders sein? Schließlich merke ich ja selbst, dass die meisten Kinder irgendwie unkomplizierter sind als ich …

Umso wichtiger ist es, dass gefühlsstarke Kinder immer wieder zu hören und zu spüren bekommen: Du bist wunderbar, so wie du bist. Du bist anders, du bist gut!

In der Schule herrscht jedoch oft eine ganz andere Feedback-Kultur: Da gibt es nicht nur Smileys und Gummibärchen, sondern auch Zahlen, die große Macht haben. Schließlich macht es für mein Selbstbild einen immensen Unterschied, ob ich mich selbst als Zweier- oder als Viererschüler wahrnehme, ob ich jede Menge Einsen mit nach Hause bringe oder fast nur Fünfen. Für gefühlsstarke Kinder, deren Denkweise es entspricht, alles bis ins kleinste Detail aufzudröseln und auszudifferenzieren, ist es oft dabei unglaublich schwer nachzuvollziehen, wie etwas so Komplexes wie die individuelle Lernleistung eines Kindes sich so pauschal in einer von sechs Zahlen wiedergeben lassen soll. Gleichzeitig verfügen sie jedoch nicht über den emotionalen Schutzfilter, derlei Bewertungen einfach an sich abperlen zu lassen. Im Gegenteil: Sie sehen, wie vereinfachend Schulnoten zwangsläufig sind – und nehmen sich jede einzelne Zensur trotzdem total zu Herzen. Schließlich wollen sie unbedingt genügen. Wie könnte ihnen da die Rückmeldung, *gut*, *sehr gut* oder nur *ausreichend* zu sein, egal sein? Wie gefühlsstarke Kinder auf diesen Notendruck reagieren, ist individuell verschieden: Manche entwickeln einen immensen Ehrgeiz und schaffen es so, tatsächlich fast nur gute Noten zu bekommen. Andere gehen nach einigen gescheiterten Versuchen, *gut* zu sein, in die Totalverweigerung: Wenn ich mir eh bei jeder Klassenarbeit Nackenschläge abhole, warum mich vorher noch mit Lernen quälen? Dazu kommt, dass Gefühlsstärke nicht an einen bestimmten Intelligenzquotienten geknüpft ist: Es gibt hochbegabte gefühlsstarke Kinder, denen in der Schule alles zufliegt, normal begabte und auch Kinder mit Lernbehinderungen, die gefühlsstark sind. Das heißt: Selbst wenn alle gefühlsstarken Kinder gern *gut* in der Schule wären, haben sie längst nicht dieselben Ausgangsbedingungen, um dieses Ziel auch zu erreichen.

Was können wir Eltern da tun? Für manche Familien besteht der

Weg raus aus dem Notenstress tatsächlich darin, ihr Kind an einer Schule anzumelden, die möglichst lange oder gar komplett auf Zensuren verzichtet. Die meisten Eltern gehen jedoch einen anderen Weg: Sie versuchen, ihr Kind darin zu bestärken, Noten zwar ernst zu nehmen, sich aber nicht über sie zu definieren. Dabei hilft es, zu Hause ein Familienklima zu schaffen, in dem Noten keine besonders große Bedeutung beigemessen wird, erst recht nicht in Form von in Aussicht gestellten Belohnungen oder Bestrafungen. Stattdessen brauchen insbesondere gefühlsstarke Kinder, dass ihre Eltern ein Gegengewicht bilden zu der oft sehr groben, viele Faktoren nicht berücksichtigenden Bewertung in der Schule. »Guck mal, in diesem Diktat hast du halb so viele Fehler gemacht wie im letzten, was für ein Fortschritt!« – mit solchen Sätzen zeigen Mütter und Väter, dass sie individuelle Lernfortschritte sehen und würdigen und sich nicht an Zensuren klammern. Genauso wichtig ist die Rückmeldung, dass alle Noten dieser Welt nichts daran ändern, dass wir an unser Kind glauben. Anstatt unseren Kindern also die Angst einzupflanzen, mit schlechten Zeugnissen nichts werden zu können, erzählen wir ihnen lieber Geschichten von all den Menschen, die in der Schule als echte Nieten galten – und nachher unglaubliche Karrieren hingelegt haben. Denn die Botschaft, die gefühlsstarke Kinder ganz dringend brauchen, ist: Vielleicht magst du nicht so gut in dieses Schulsystem passen, doch das heißt noch lange nicht, dass du nicht erfolgreich sein kannst.

## 5. Hausaufgaben sind der Hass: Nachmittägliche Konflikte um die nervige Pflicht

Hausaufgaben sind in vielen Familien ein Dauerstreit-Thema. In Familien mit gefühlsstarken Kindern bekommen diese Konflikte jedoch oft noch einmal eine ganz besondere Schärfe. Zum einen, weil gefühlsstarke Kinder nachmittags oft besonders erschöpft sind von der Kooperationsleistung des Vormittags. Und zum anderen, weil sie ihre Abwehr durch ihr impulsives Temperament oft besonders drastisch zum Ausdruck bringen: Da fliegen Füller und Federtaschen die Treppe hinunter, da werden Schulranzen getreten und Hefte zerrissen. Hinter diesem großen Protest steht eine große Verzweiflung: Für gefühlsstarke Kinder fühlt es sich oft wirklich wie ein Ding der Unmöglichkeit an, sich nach einem langen Schultag nun auch noch zu Hause dazu zu zwingen, ihr Bedürfnis nach Freiheit und Selbstbestimmung der Pflicht zum Aufgabenmachen unterzuordnen. Sie haben einfach das Gefühl, für diesen Tag genug geleistet zu haben. Ihr Kooperationskontingent ist erschöpft. Und trotzdem steht da unmissverständlich im Hausaufgabenheft: Mathe Seite 51 und 52, zu erledigen bis morgen.

Viele Eltern gefühlsstarker Kinder hassen die Hausaufgaben im Übrigen genauso wie ihre Kinder. Denn sie sehen jeden Tag, was für einen unglaublichen Stress sie in die Familie tragen – und ihre Zweifel am Sinn der allnachmittäglichen Pflichtübung sind nicht unberechtigt: Es gibt mehrere wissenschaftliche Studien, die nahelegen, dass Hausaufgaben keinen messbaren Lerneffekt haben. Trotzdem sind sie an den meisten deutschen Schulen Pflicht, und Familien müssen einen Umgang damit finden. Nur wie? Der erste Schritt ist, den Frust über den Hausaufgaben-Stress nicht am Kind auszulassen. Denn auch wenn der Gedanke natürlich naheliegt, dass das ganze Thema in zehn Minuten erledigt wäre, wenn das Kind sich einfach mal *zusammenreißen* würde, wissen wir ja genau: Jedes Kind kooperiert so stark, wie es eben kann. Ein gefühlsstarkes Kind, das seine Hausaufgaben verweigert, ist also weder bockig noch faul. Es *kann* einfach nicht mehr. Oder, präziser ausgedrückt: Es hat das *Gefühl*, nicht mehr zu können. Und kann deshalb gerade gar nicht anders, als dieses Gefühl der Überforderung ausdrucksstark nach außen zu tragen. Anstatt also mit unserem Kind zu kämpfen, signalisieren wir ihm lieber, dass wir gemeinsam an einem Strang ziehen. Wir sind nicht *sauer*, dass es seine Hausaufgaben nicht machen will – wir wollen helfen, sie schaffen zu können, auch wenn es sich gerade nicht so anfühlt. »Wir sitzen in einem Boot« – es gibt unterschiedliche Wege, einem verzweifelten Kind diese Botschaft zu vermitteln. Kakao kochen ist eine davon: Gemeinsam eine Tasse des dampfenden, süßen Getränks zu trinken, vermittelt vielen Kindern ein Gefühl von Verbundenheit und Geborgenheit und hilft ihnen beim Ruhigwerden. Was ebenfalls helfen kann: Dem Kind den eigenen Arbeitsplatz anbieten. »Komm, wir setzen uns heute mal an *meinen* Schreibtisch.« Oft haben solche Szenenwechsel zur Folge, dass das Kind aus seinem Tobe-Schrei-Wein-Kreislauf leichter herausfindet. Ein Patentrezept im Umgang mit dem Hausaufgaben-Drama gibt es leider nicht, aber eine Erfahrung, die sich durchzieht: Damit das Thema nicht immer größer wird, ist es wichtig, dass wir Eltern einerseits großes Verständnis und andererseits große Klarheit ausstrahlen. Unser Kind muss also spüren, dass wir zu hundert Prozent hinter ihm stehen und es mit seinem Frust über die Hausaufgaben nicht alleinlassen. Und dass wir gleichzeitig hundertprozentig davon überzeugt sind, dass es diese Hausaufgaben machen und schaffen wird, und dass es den Frust, der damit einhergeht, aushalten kann. Diese Spannung zu halten, ist gar nicht so einfach: Haben wir *zu viel* Mitgefühl, erscheinen uns die Hausaufgaben plötzlich selbst unzumutbar. Haben wir *zu wenig* davon, werden wir ungnädig und grob. Versuchen wir deshalb, eine möglichst undramatische tägliche Routine zu etablieren, die unserem Kind zeigt: Hausaufgaben sind doof, aber schaffbar. Erst recht, wenn man dabei an Mamas Schreibtisch sitzen und Studentenfutter naschen darf, während Papa nebendran sitzt und auch arbeitet, damit es nicht ganz so ungerecht ist.

## Vokabeln lernen macht mir Kopfweh: Geringe Stresstoleranz als Stressfaktor

Extreme Hartnäckigkeit ist nicht umsonst einer der Indikatoren für Gefühlsstärke: Wenn diese Kinder sich eine Sache in den Kopf gesetzt haben, lassen sie so schnell nicht mehr davon ab. Je gefährlicher und verbotener, desto spannender und attraktiver. Umgekehrt lassen gefühlsstarke Kinder genau diese Hartnäckigkeit oft schmerzlich vermissen, wenn es um nicht selbst gewählte Aufgaben geht – ob Aufräumen, Vokabeln lernen oder Zähneputzen. Alles, was Anstrengung und ein gewisses Maß an Selbstdisziplin erfordert, wird für sie schnell zu einer unüberwindlichen Hürde, worauf sie mit viel Verve aufmerksam machen: »Ich kann das nicht, ich will das nicht, ich schaff das nicht!« Das führt dazu, dass bei einer typischen Klassenarbeits-Vorbereitungssituation mit einem gefühlsstarken Kind bestimmt 90 Prozent der Zeit und Energie in den Widerstand gegen das Lernen fließt, ins Aufregen und Lamentieren, Wegrennen und Schimpfen, Weigern und Sich-Sperren – und vielleicht zehn Prozent ins eigentliche Lernen. »Was für eine Kraftverschwendung!«, denken viele Eltern, wenn sie ihr Kind in dieser Auflehnungshaltung erleben. »Kann es nicht einfach einmal die Zähne zusammenbeißen und einfach *machen*?« Nein, kann es nicht. Denn um in der Lage zu sein, uns mit einer gewissen Ausdauer einer Herausforderung stellen, die wir nicht selbst gewählt haben und die uns nicht behagt, brauchen wir Menschen Frustrationstoleranz – und an denen mangelt es gefühlsstarken Kindern *sehr*. Denn Frust und Ärger befördern sie so schnell in eine Stress-Spirale, dass sie kaum je die Chance haben, zu lernen, sie als aushaltbaren und normalen Teil des Lebens zu begreifen. Stattdessen bedeutet Frust für sie Überforderung, Panik, Overload – und entsprechend verhalten sie sich auch. Dabei speichern sie in ihrem Inneren ab: Frust ist unangenehm, überwältigend und gefährlich – also bitte in Zukunft möglichst vermeiden. Und genau das tun gefühlsstarke Kinder oft mit einem unglaublichen Einsatz: Vermeidungsstrategien entwickeln. Hauptsache den dunklen Gefühlen entgehen! Mal setzen sie dabei auf pure Willenskraft (»Nein, meine Hausaufgaben *mach* ich nicht!«), mal auf kreativere Problemlösungsstrategien: Arbeitsblätter verlieren, Hausaufgaben einfach nicht aufschreiben, Schulmaterialien vergessen.

Eltern treibt dieses Verhalten oft schier in den Wahnsinn: Wie kann ein Kind nur so bockig und widerspenstig sein und sich das Leben selbst so schwermachen? Doch hinter dem Vermeidungsverhalten steckt in Wirklichkeit kein Trotz, sondern eine tiefe Angst vor Überforderung und Nicht-Genügen und vor den großen, schlimmen Gefühlen, die daraus resultieren. Und das heißt: Wenn wir jetzt die Nerven verlieren und schimpfen, schreien und drohen, ist es, als gäben wir auf einen Kessel, der ohnehin kurz vorm Explodieren steht, noch mehr Druck. Wenn wir jedoch wollen, dass unser Kind seine Panik vor Anstrengung und Frust verliert, müssen wir die entgegengesetzte Strategie wählen: Druck rausnehmen. Verständnis zeigen. Für Entspannung sorgen. Und dann, ganz behutsam, die Frustvermeidungsstrategien durch Frustbewältigungsstrategien ersetzen. Denn klar ist: Frustrationstoleranz entwickeln Kinder nicht, indem wir sie vor jeder Anstrengung und jedem Ärger bewahren. Sondern indem sie die Erfahrung machen, dass sie diese als Herausforderungen annehmen können und daraus stolz und gestärkt hervorgehen. Die Ausbildung echter Frustrationstoleranz ist eng mit der Entwicklung der Impulskontrolle verzahnt. Denn um einen gesunden Umgang mit Frust zu erlernen, sollen Kinder nicht das Muster entwickeln, sämtliche dunklen Gefühle einfach runterzuschlucken um zu funktionieren. Sondern sie sollen einen selbstwirksamen und kreativen *Umgang* mit frustrierenden Situationen finden. Unser Ziel ist also nicht, unser Kind zu lehren, sich einfach mal zusammenzureißen. Sondern ihm Werkzeuge an die Hand zu geben, mit denen es sich in einer doofen Lage selbst helfen kann, um nicht von Ärger, Enttäuschung und Wut völlig übermannt zu werden.

Das klappt, wenn Kinder bewältigbare Frustsituationen als Lernfeld bekommen. Das heißt: Räumen wir unserem Kind jede Herausforderung aus dem Weg, indem wir beispielsweise für jede nicht gemachte Hausaufgabe eine Entschuldigung schreiben, tun wir ihm ebenso wenig einen Gefallen, wie wenn wir es mit drei Wochen unerledigten Hausaufgaben zum Nacharbeiten alleinelassen. Im ersten Fall wird das Kind lernen, dass Vermeidung der beste Weg ist, mit Frust umzugehen, im zweiten, dass Frust tatsächlich maßlose Überforderung bedeutet, die dringend und um jeden Preis vermieden werden muss. Teilen wir die Aufgaben und Herausforderungen für unser Kind hingegen in kleine, überschaubare Portionen auf, erinnern wir es daran, was es schon alles geschafft hat, lassen wir es sich ausmalen, wie es sich fühlen wird, wenn es sein Tagesziel geschafft hat, und begleiten wir unser Kind durch seinen Frust, Ärger und inneren Widerstand, dann kann es an derlei Selbstüberwindungen reifen und wachsen. Dabei ist es insbesondere bei gefühlsstarken Kindern völlig normal, einen langen Atem haben zu müssen: Ihre immense Willensstärke und Hartnäckigkeit sorgt dafür, dass sie sich lange an ihre Vermeidungstaktik klammern und oft lieber einen ganzen Nachmittag um ihre Integrität kämpfen, als freiwillig zehn Minuten Lesen zu üben. Doch wenn sie die Erfahrung machen, dass auf diesen Druck kein Gegendruck erfolgt, kein Bestrafen und Erpressen, sondern nur ehrliches Verständnis und ein ehrliches Hilfsangebot, wie die unerfüllbar scheinende Aufgabe gemeinsam zügig bewältigt werden könnte – dann schmilzt ihr Widerstand nach einiger Zeit dahin, und sie lassen sich zwar zunächst zögerlich, dann immer selbstsicherer, auf die neue Erfahrung ein, Frust nicht um jeden Preis zu vermeiden, sondern auszuhalten und zu überwinden.

## Ein Ausweg aus der Ausweglosigkeit

Wie machtvoll die Schulpflicht ist, wird Eltern oft erst bewusst, wenn es ihrem Kind in der Schule so richtig schlecht geht. Denn anders als bei jedem Hobby, jedem Verein, jeder Clubmitgliedschaft können sie ihr Kind nicht einfach von der Schule abmelden – auch nicht übergangsweise. Stattdessen stehen sie in der Pflicht, es jeden Tag weiter dorthin zu bringen, wo es nicht hinwill. Das kann die Eltern-Kind-Beziehung ganz schön belasten, beruht sie doch auf dem stillschweigenden Versprechen: Wir passen auf dich auf und schützen dich vor allem, was dir nicht guttut. Doch was, wenn das die eigene Schule ist?

Der effektivste Weg, um in einer solch verfahrenen Situation erst mal den Druck rauszunehmen, ist eine Krankschreibung des Kindes durch einen verständnisvollen Arzt, der sieht, dass der tägliche Leidensdruck in der Schule eine genauso ernste gesundheitliche Bedrohung darstellt wie eine handfeste körperliche Erkrankung. Dabei geht es nicht darum, dauerhaftes Schwänzen zu legitimieren, sondern dem Kind zu signalisieren: Wir sehen deine Not. Und wir helfen dir da raus und suchen nach einer besseren Lösung. Weil längst nicht alle Kinderarztpraxen in dieser Frage hilfsbereit sind, beraten sich viele Eltern heute gegenseitig im Internet, wo eine solche Krankschreibung als Notbremse in einer akut untragbaren Situation herzubekommen ist.

Natürlich löst ein solches Attest für ein paar Wochen Schul-Pause nicht alle Probleme. Schließlich müssen wir Eltern dann auch erstmal managen, wie wir ohne Schule überhaupt die Betreuung unseres Kindes sicherstellen – kann ein Elternteil vielleicht unbezahlten Urlaub nehmen? Im Home Office arbeiten? Gibt es Großeltern oder Freunde, die einspringen können? Denn das Ziel der Schulbefreiung ist ja nicht, dass das Kind stundenlang alleine zu Hause bleibt und YouTube guckt. Sondern dass es sich im Rahmen sicherer Bindungs- und Beziehungserfahrungen vom seelischen Stress der letzten Monate erholen und gemeinsam mit seinen Eltern eine neue Schul-Perspektive entwickeln kann. Denn auch wenn es einige sehr wenige Familien gibt, die als Reaktion auf das Schulleid ihres Kindes tatsächlich versuchen, unter dem Radar der Schulbehörden zu fliegen und ihr Kind dauerhaft zu Hause zu lassen, ist das doch für die wenigsten Eltern und Kinder eine alltagstaugliche und sinnvolle Option. Stattdessen gilt es, den Blick zu weiten: Wie können wir einen Weg finden, unser Kind wieder mit einem guten Gefühl zur Schule schicken zu können? Angesichts des Leidensdrucks werden dabei oft Optionen vorstellbar, die Familien bis dahin ausgeschlossen hätten: Die 30 Kilometer entfernte freie Schule, die einen enormen Pendel-Aufwand bedeutet? Klar, nicht ideal, aber wenn sich unser Kind dort wohl fühlt …

Einen solchen Schulwechsel zu organisieren, kostet oft unendlich viel Kraft. Schließlich müssen dabei oft eine ganze Reihe Hürden genommen werden: Nicht jede Schule, die sich Eltern in ihrer Verzweiflung ausgucken, hat auch gleich einen freien Platz. Viele private Alternativen zu öffentlichen Schulen kosten außerdem Schulgeld, das Familien erst einmal aufbringen müssen. Dazu kommt die Frage der Logistik: Wie lassen sich weitere Wegstrecken im Alltag überhaupt bewältigen? Welche Konsequenzen hat das, auch für die Geschwisterkinder? Und schließlich: Wer gibt uns eigentlich die Garantie, dass es in der neuen Schule besser läuft? So nachvollziehbar diese Bedenken und Sorgen sind, so deutlich zeigt die Erfahrung, dass es sich lohnt, diesen Kampf zu kämpfen. Und für die meisten Probleme lassen sich tatsächlich Lösungen finden. Um einen der begehrten Schulplätze einer Schule mit Warteliste zu bekommen, kann beispielsweise ein Brief einer Kinderärztin oder Kinder- und Jugendpsychotherapeutin helfen, die aus fachlicher Sicht schildert, wieso dieses Kind an seiner bisherigen Schule nicht bleiben kann, sondern diesen Neustart an diesem Ort braucht. Fällt es Eltern schwer, das Schulgeld einer Privatschule aufzubringen, verfügen die meisten Schulen über Fonds, mit denen sie diesen Familien unter die Arme greifen können. Und für die weiten Wege bieten sich manchmal Fahrgemeinschaften an. Trotzdem gilt: Sich von der Regelschule ums Eck zu verabschieden und sich stattdessen auf eine teurere, aufwändigere, kompliziertere Lösung einzulassen, ist ein echter Kraftakt. Doch keine Anstrengung kann auf Dauer so groß sein wie die, das eigene Kind an den Schulerfahrungen vor Ort kaputtgehen zu sehen.

## ACHTES KAPITEL

# Der Schlüssel zu neuer Kraft für Eltern: Warum es ohne Selbstfürsorge auf Dauer nicht geht

## Die große Erschöpfung

Wir Eltern sind von Kopf bis Fuß auf Fürsorge gepolt: Dafür zu sorgen, dass unser Nachwuchs sicher und beschützt groß wird, ist unser höchstes und wichtigstes Ziel. Im Familienleben mit einem gefühlsstarken Kind kann jedoch genau dieser unbedingte Fürsorge-Wille zu einer echten Falle werden. Denn anders als die meisten Kinder, die nach der körperlich und seelisch herausfordernden Baby- und Kleinkindzeit allmählich immer weniger von ihren Eltern brauchen und ihnen so ganz automatisch wieder mehr Freiräume lassen, bleiben die Bedürfnisse gefühlsstarker Kinder oft ungebrochen stark – mit der Folge, dass Mütter und Väter auch in ihrem Fürsorgeverhalten weiter im selben Modus operieren wie in den ersten Wochen nach der Geburt: Die Bedürfnisse meines Kindes stehen an erster Stelle, alles andere ist egal. Das Problem: Für einige Monate lässt sich ein solcher Brutpflegemodus aufrechterhalten, ohne dass erwachsene Menschen daran Schaden nehmen. Doch wenn Eltern über viele Jahre konsequent ihre eigenen Bedürfnisse zurückstellen, weil der Alltag mit ihrem Kind dies so vorzugeben scheint, dann fordert diese ständige Selbstaufopferung irgendwann ihren Tribut. Ständige Erschöpfung, zum Zerreißen angespannte Nerven, Schlafstörungen, Dauerstress und immer weniger Lebensfreude sind die häufigsten Folgen dieses Lebens am Limit. Im schlimmsten Fall kommen handfeste gesundheitliche Probleme mit dazu.

Elternsein im dauerhaften Selbstaufopferungsmodus macht unglücklich: Auf diese simple Formel lässt sich die Erfahrung vieler tausend Mütter und Väter gefühlsstarker Kinder bringen. Das Schlimme: Kaum jemand spricht darüber. Und so fühlen sich Betroffene meist furchtbar allein mit ihrer Verzweiflung, ihrer Wut, ihrer Erschöpfung und vor allem jenem dunklen Gedanken, der sie selbst zutiefst erschreckt: Hätte ich bloß kein Kind gekriegt! Dabei ist es eine normale menschliche Reaktion auf Überforderung und Dauerstress, sämtliche Lebensentscheidungen, die dahin geführt haben, infrage zu stellen – inklusive der, Eltern zu werden. Das heißt weder, dass wir unsere Kinder nicht lieben, noch, dass wir ihnen nicht gerecht werden könnten. Wir sind einfach nur völlig ausgebrannt und entkräftet. Und brauchen dringend, dass sich jemand so liebevoll und feinfühlig um *unsere* Bedürfnisse kümmert, wie wir uns seit Jahren um die unseres Kindes kümmern. Es ist wunderbar, wenn wir eine Partnerin oder einen Partner, eine Freundin oder einen Freund, eine Schwester oder einen Bruder, Eltern oder Schwiegereltern haben, die einen Teil dieser Aufgabe übernehmen können. Doch der wichtigste Mensch, der sich in Zukunft besser um dich kümmern muss, bist du selbst.

## Stimmen aus der Vergangenheit

Unsere gefühlsstarken Kinder beherrschen eine Fähigkeit besser als die meisten anderen Menschen: Sie wissen, wie man für sich sorgt. Sie spüren also, was sie brauchen, und treten mit Vehemenz für ihre eigenen Bedürfnisse ein. Es ist großartig, dass heute immer mehr Jungen und Mädchen in Familien großwerden, in denen sie für dieses selbstbewusste Auftreten nicht abgestraft werden, in denen es also sicher ist, Bedürfnisse zu haben und zu zeigen. Doch das ist eine verhältnismäßig neue Entwicklung. Die meisten Menschen, die heute Eltern sind, haben in ihrer eigenen Kindheit ganz andere Botschaften empfangen: Kinder haben zu hören, sich einzufügen und keinen Ärger zu machen. Laut und vehement für die eigenen Bedürfnisse einzustehen, wurde als Trotz und Dickköpfigkeit angesehen, als negative Eigenschaften also, die es im Keim zu ersticken galt. Kinder, die es wagten, einen Satz mit »Ich will aber« zu beginnen, bekamen oft zu hören: »Kinder mit 'nem Willen kriegen was auf die Brillen«, was eine umgangssprachliche Bezeichnung dafür war, ihnen den Po zu versohlen. Wer so groß wird, dem wird schnell klar: Wollen ist gefährlich. Nur Folgen ist sicher. Angesichts solcher Erziehungserfahrungen ist es kein Wunder, dass die meisten Erwachsenen heutzutage große Schwierigkeiten damit haben, ihre eigenen Bedürfnisse zu erspüren und angemessen zum Ausdruck zu bringen – sie haben es ja nie gelernt. Stattdessen sind sie geübt darin, die eigenen Bedürfnisse so lange es geht zu unterdrücken – bis sie irgendwann auf unkontrollierte und ungerichtete Weise aus ihnen herausbrechen. Sehr häufig passiert das ausgerechnet im Umgang mit den eigenen Kindern. Denn auch wenn wir uns intellektuell darüber im Klaren sind, dass es *gut* ist, dass unsere Söhne und Töchter so unerschrocken einfordern, was sie brauchen, steckt in uns allen doch auch ein Persönlichkeitsanteil, der sich darüber zutiefst empört: »Frechheit! Ich habe selbst gelernt, mich zusammenzureißen – und dieses Balg soll nun damit durchkommen, einfach seinen Dickkopf durchzusetzen?« Diese Stimme, die wir da in unserem Inneren hören, ist die des Kindes, das wir einmal waren und das wir immer noch in uns tragen. Das ist weder ungewöhnlich noch besorgniserregend, sondern völlig normal: Wir alle haben Persönlichkeitsanteile, die unser gereiftes, reflektiertes Erwachsenen-Ich im Hier und Jetzt repräsentieren, und andere, ältere Persönlichkeitsanteile, die in unserer Kindheit und Jugend fußen. Wichtig ist nur, dass wir *erkennen*, wenn diese Persönlichkeitsanteile in uns ihre Stimme erheben – sodass wir identifizieren können, woher diese plötzlichen heftigen Reaktionen kommen. Stampft unser gefühlsstarkes Kind also empört durchs Haus, weil wir die Dreistigkeit besessen haben, es duschen zu schicken, kann es passieren, dass wir plötzlich in einen inneren Zwiestreit mit uns selbst geraten. Auf der einen Seite spüren wir Verständnis für die Wut unseres Kindes, schließlich haben wir gerade in seinen Autonomiebereich eingegriffen. Doch gleichzeitig ist da auch diese kleine Stimme in unserem Hinterkopf, die flüstert: »Das hast du nun von deiner laschen

Erziehung. Jetzt tanzt dir deine elfjährige Tochter schon auf der Nase rum. Hier einfach rücksichtslos durchs Haus zu stampfen – ich glaub, es hackt. Das darfst du dir nicht bieten lassen. Los, hau ihr eine runter, damit sie lernt, dass sie *so* mit *dir* nicht umspringen kann!« Genau diese Stimme ist es, die dazu führt, dass wir die Fäuste zusammenballen, wenn unsere Kinder uns frech antworten, und die uns manchmal dazu bringt, so autoritäre Sätze rauszuhauen, dass wir vor uns selbst erschrecken: »Wenn du so weitermachst, gehst du gleich ohne Abendessen ins Bett.« Holla, habe ich das gerade wirklich gesagt? Ja und Nein: Klar kamen die Worte aus meinem Mund. Aber eigentlich drohte da mein inneres Kind.

## Fürsorge für das Kind in mir

Der Begriff »inneres Kind« löst bei vielen Menschen innerlich sofort Widerstand aus. Verständlicherweise, werden doch jede Menge esoterischer Angebote unter diesem Label vermarktet, die vielen Eltern völlig zu Recht suspekt sind. Deshalb an dieser Stelle gleich die Entwarnung: Wenn hier von der Hinwendung zum eigenen inneren Kind die Rede ist, ist damit keine spirituelle Grenzerfahrung gemeint, sondern ganz banal die Auseinandersetzung mit der Tatsache, dass wir alle von unseren eigenen Kindheitserfahrungen geprägt sind. »Wie du mit deinem Kind heute sprichst, so wird später seine innere Stimme sein«[18], beschreibt die Autorin Peggy O'Mara dieses Phänomen – und genau darum geht es. Die Botschaften, die wir selbst als Kinder bewusst oder unbewusst empfangen haben, prägen unser Bild von uns selbst, und unseren Umgang mit uns selbst, bis heute. Das heißt: Wenn wir an unserem eigenen Elternsein verzweifeln, wenn wir uns als Sklaven unserer Söhne und Töchter fühlen, benutzt und ungeliebt, wenn wir zwischen Selbstbeherrschung und völligem Kontrollverlust hin und her pendeln und uns immer wieder fragen, warum uns dieses

Muttersein, dieses Vatersein so verflixt schwerfällt, dann kommen wir bei der Suche nach Antworten und Lösungsansätzen an unserem inneren Kind nicht vorbei – also an dem Menschen, der wir einmal waren, lange bevor wir selbst Eltern wurden. Was hat dieses Kind sich gewünscht? Was hätte es gebraucht? Was hat es vermisst? Indem wir uns diesen Fragen ehrlich stellen, kommen wir unseren eigenen unerfüllten Bedürfnissen näher, die wir immer noch mit uns herumtragen, und die oft in wilder, wütender Weise auf sich aufmerksam machen. Viele Eltern stellen im Zuge dieses Prozesses mit Erschrecken fest, dass sie seit Jahren unbewusst versuchen, sich ihre unerfüllten Bedürfnisse von ihren Kindern erfüllen zu lassen – sie sollen ihnen nun die bedingungslose Liebe, die grenzenlose Nähe, die Anerkennung und Wertschätzung zuteilwerden lassen, nach der sie sich immer gesehnt haben. Da ist es kein Wunder, dass jedes »Blöde Mama!«, jede Zurückweisung und jeder Wutanfall doppelt schmerzt. Das Vertrackte: Gerade gefühlsstarke Kinder mit ihren feinen Antennen zeigen dieses kratzbürstige Verhalten oft gerade, wenn sie spüren, dass ihre Eltern von ihnen gerade ganz viel Liebe und Zuneigung bräuchten. Es ist ihr Weg, ihren Eltern zu zeigen: Stopp, es ist nicht *mein* Job, die Verantwortung für *deine* Bedürfnisse zu übernehmen! *Du* bist der Erwachsene, *ich* bin das Kind!

Fangen wir an, die Verantwortung für unsere eigenen Bedürfnisse zu übernehmen, nehmen wir deshalb uns allen eine große Last von den Schultern: Unseren Kindern, unseren Partnerinnen oder Partnern, und nicht zuletzt uns selbst. Denn anstatt uns davon abhängig zu fühlen, dass *andere* uns Gutes tun und so das Loch in unserem Inneren stopfen, nehmen wir die Verantwortung für unser eigenes Wohlbefinden nun selbst in die Hand. Und der erste Schritt dabei ist tatsächlich, freundlich zu unserem inneren Kind zu sein. Also jedes Mal, wenn wir die fiese, nagende Stimme hören, die mehr Strenge und eine härtere Hand einfordert, innezuhalten und zu denken: »Ach, da bist du ja, Kleines. Tut mir leid, dass du gerade so aufgebracht bist. Klar fühlt sich das für dich hier gerade ungerecht an. Was brauchst du jetzt, damit es dir besser gehen kann?« Und dann für dieses Kind in uns, das wir ja selber sind, mit derselben Freundlichkeit zu sorgen, wie wir das für unser eigenes Kind ganz selbstverständlich tun. Gut zureden, trösten, in den Arm nehmen. Nur eben in Gedanken.

## Nett zu uns selber sein

Selbstfürsorge, darunter stellen sich viele ausgedehnte Wellness-Rituale vor: Ein langes Schaumbad, eine Gesichtsmaske, ein Tag im Spa. Daran lässt sich ganz gut erkennen, wie schlaue Werbetreibende es geschafft haben, ein menschliches Grundbedürfnis als eine Art Luxusartikel zu vermarkten: Gut für sich selbst zu sorgen, wird zu einem Produkt, das man sich erst mal leisten können muss. Da ist es nicht verwunderlich, dass viele Eltern das Gefühl haben: Für Selbstfürsorge ist in meinem stressigen, durchgetakteten Alltag kein Platz. Ich muss schließlich funktionieren und kann mich nicht einfach stundenlang aus allem ausklinken, um in irgendeiner Saunalandschaft zu entspannen.

Doch Selbstfürsorge, in ihrem Kern, ist etwas völlig anderes: Es ist die Entscheidung, uns selbst genauso wichtig zu nehmen wie all die anderen Menschen, die wir lieben. Und deshalb jeden Tag im Alltag ganz selbstverständlich für uns selbst genauso gut zu sorgen wie für die, die uns anvertraut sind. Selbstfürsorge ist kein Egoismus. Es geht nicht darum, die eigenen Bedürfnisse über alles andere zu stellen. Sondern darum, sie über allem anderen nicht zu vergessen und ihnen den Raum einzuräumen, die sie verdienen. »Not: Me first. But: Me too«, fasst die US-amerikanische Autorin L. R. Knost diese Haltung kurz und bündig zusammen: Meine Bedürfnisse sind nicht wichtiger als deine. Aber *auch* wichtig.

Im Grunde genommen sollte diese Haltung für uns alle eine absolute Selbstverständlichkeit sein: Warum sollten Menschen ihre ureigenen Bedürfnisse auch *nicht* wichtig nehmen? Doch aufgrund unserer Sozialisationserfahrungen sind die meisten von uns eben anders gepolt, und müssen deshalb Selbstfürsorge erst wieder bewusst lernen – insbesondere als Eltern von einem gefühlsstarken Kind.

## Fünf-Punkte-Plan für den Alltag

Dabei kann der folgende Fünf-Punkte-Plan für mehr Selbstfürsorge im Alltag helfen:

### 1. Wie sprichst du denn mit mir?

In unserem ganz normalen Alltag läuft in unserem Inneren oft eine Art Audiokommentar mit, mit dem wir uns selbst Rückmeldung darüber geben, wie gut wir uns gerade schlagen. »Schon wieder so spät dran!«, »Nun sei mal ein bisschen geduldiger!«, »Was bist du denn jetzt schon wieder so müde?« – die Sätze, die wir uns dabei selbst an den Kopf werfen, sind oft alles andere als freundlich. Mit niemandem auf der Welt würden wir so harsch, so gnadenlos ins Gericht gehen wie mit uns selbst. Der erste Schritt hin zu mehr Selbstfürsorge ist es deshalb, ganz bewusst den missbilligen Dauerkommentator in unserem Inneren durch einen freundlichen, begeisterungsfähigen Cheerleader zu ersetzen, der sich vollkommen darauf konzentriert, was alles schon gut läuft, der uns Mut macht und Wertschätzung ausdrückt: »Wahnsinn, wie das Anziehen heute ohne einen Ausraster geklappt hat!«, »Jeder verliert mal die Nerven, das ist einfach menschlich«, »Klar bist du müde nach so einem langen Tag!« Sprechen wir mit uns selbst, wie wir mit einem guten Freund, einer guten Freundin sprechen würden, legen wir den Grundstein für einen wertschätzenderen Umgang mit uns selbst.

## 2. First things first

Die eigenen Bedürfnisse zu erspüren, nachdem man sie jahrelang nicht wirklich beachtet hat, ist gar nicht so leicht. Fangen wir deshalb mit den ganz basalen körperlichen Grundbedürfnissen an: Egal, wie viel ich zu tun habe, wie dringend alle möglichen Aufgaben sind, wie sehr mein Kind mich braucht – wenn ich Hunger habe, brauche ich etwas Richtiges zu essen, wenn ich Durst habe, nehme ich mir die Zeit zum Trinken, wenn ich aufs Klo muss, schiebe ich das nicht auf, und wenn ich müde bin, gehe ich ins Bett. Klingt banal, ist aber oft eine echte Umstellung: Wie oft lassen wir unser eigenes Mittagessen ausfallen, weil die Kinder ja schon in der Schule was bekommen haben? Wie häufig muss ein schneller Schokoriegel in der Küche als Ersatz für eine echte Mahlzeit herhalten? Wer lag noch nicht abends mit voller Blase neben seinem Kind und wagte nicht, aufzustehen, weil es dann sofort heftig protestiert? Und was sagt all das über unsere Prioritäten? Machen wir es uns also zur Achtsamkeitsübung, all diesen körperlichen Bedürfnisse genauso *prompt und angemessen* zu befriedigen wie die unserer Kinder – auch wenn das bedeutet, dass andere Anliegen warten und wir deshalb möglicherweise den Frust anderer aushalten müssen.

## 3. Atempausen einplanen

Wir Eltern sind Meister der Selbstoptimierung: Wir schaffen es oft, noch die kleinste Zehn-Minuten-Pause effizient zu nutzen, um nur ja keinen Leerlauf zu haben. Dazu kommt, dass wir uns ständig von unseren eigenen Ansprüchen getrieben fühlen: Die Füße hochlegen, während sich in der Küche das Geschirr stapelt? Schwer. Das

Kind eine halbe Stunde später aus der Betreuung abholen und in dieser Zeit ganz alleine ein Eis essen gehen? Schuldgefühl-Alarm! Dabei sind es genau solche kleinen Pausen im Alltag, die einen großen Teil gelingender Selbstfürsorge ausmachen. Das schlechte Gewissen, das wir dabei oft haben, zeigt eigentlich nur, wie tief wir selbst auf unserer eigenen Prioritätenliste stehen: Würden wir die halbe Stunde extra in unser Kind investieren, oder in unsere Arbeit, würden wir uns dafür niemals schlecht fühlen. Nur wenn wir uns Zeit *einfach nur für uns selbst* nehmen. Warum? Weil wir es nicht anders gelernt haben. Doch nun lernen wir um: Atempausen für uns selbst sind kein Luxus, den wir uns leisten können, wenn alles andere erledigt ist und die Bedürfnisse aller anderen erfüllt sind. Sondern eine Notwendigkeit, die für uns zum selbstverständlichen Teil eines jeden Tages werden sollte – auch wenn wir uns dabei vielleicht erst mal seltsam faul und unproduktiv fühlen. Das ist nämlich im Grunde genommen ein gutes Zeichen: Jetzt merkt unser Körper, dass er im Ruhezustand ankommt. Das fühlt sich zunächst sehr befremdlich an. Und dann so gut, dass wir bald gar nicht mehr wissen, wie wir es je ohne solche Auszeiten ausgehalten haben.

## 4. Leichtigkeit entdecken

Verantwortung für die eigenen Bedürfnisse zu übernehmen, das klingt nach einer ernsten Sache, nach einer Art To-do-Liste, die wir abarbeiten müssen, damit wir nicht vorzeitig schlapp machen: Eine weitere Aufgabe auf unserem riesigen Tagesplan. Wieder ein Projekt, an dem wir scheitern können. So empfinden es zumindest viele Mütter und Väter, wenn sie irgendwo hören oder lesen, dass sie neben der Fürsorgepflicht für ihre Kinder nun auch noch Fürsorge *für sich selbst* übernehmen sollen. Doch echte Selbstfürsorge ist genau das Gegenteil einer Erweiterung des ewigen Pflichten-Kanons: Jetzt geht es darum, das zu tun, was uns wirklich guttut! Und damit ist nicht vorrangig das gemeint, was in der

Apothekenzeitschrift steht – gesunde Ernährung, ausreichend Bewegung und so weiter – sondern einfach: das, was uns Spaß macht. Das Bedürfnis nach Spiel, Spaß und Erholung, das Marshall Rosenberg als eins der neun menschlichen Grundbedürfnisse identifiziert hat, ist nämlich das, das im anstrengenden Eltern-Alltag am schnellsten unter die Räder gerät. Ja, in unserer auf Effizienz, Leistung und Vernunft getrimmten Gesellschaft hat es geradezu etwas Unerhörtes, wenn eine Mutter oder ein Vater für sich in Anspruch nimmt, einfach *Spaß* haben zu wollen – ohne irgendein höheres Ziel. Denn Spaß, das klingt in unseren Ohren schnell nach Oberflächlichkeit, nach einer Verschwendung von Zeit und Geld, nach einem Luxus, den wir uns allenfalls als Belohnung gönnen dürfen, wenn alle anderen Aufgaben erledigt sind.

Wie ungesund diese kulturellen Prägungen sind, fand die amerikanische Sozialwissenschaftlerin Brené Brown heraus, indem sie in einer groß angelegten Langzeituntersuchung Tausende Menschen nach ihrer Alltagsgestaltung befragte und herausfand: Was überwiegend zufriedene von überwiegend unzufriedenen Menschen unterscheidet, ist, dass sie *spielen* – sich also im Alltag Zeit für Aktivitäten nehmen, die ihnen Spaß machen, ohne ein Ziel zu verfolgen. Ein konkreter Schritt hin zu mehr Selbstfürsorge ist es deshalb, auch als Eltern wieder Spiel-Zeit für uns zu beanspruchen – und zwar nicht erst, wenn alles andere erledigt ist, sondern mittendrin. Ob wir in diesen Zeiten Sport treiben oder Musik machen, malen oder basteln, mit Freunden abhängen oder witzige YouTube-Clips gucken, ist ziemlich egal – wichtig ist, dass wir wirklich das tun, worauf wir *Lust* haben, und nicht das, was wir *sinnvoll* fänden. Laufen gehen aus Spaß an der Freude ist also großartig – zwingen wir uns dazu, um fit zu werden und abzunehmen, »gilt« es nicht als Spielzeit. Nähen wir mit ganz viel Freude ein Shirt für uns selbst, ist das Selbstfürsorge pur, verwenden wir unsere Freizeit darauf, pflichtbewusst den Nähkorb abzuarbeiten, obwohl wir eigentlich lieber was ganz anderes machen würden, steht die Selbstfürsorge wieder hintenan. Einer der hilfreichsten Selbstfürsorge-Lifehacks ist es, wenn wir Freude und Leidenschaft auch in Aktivitäten entdecken, die wir gemeinsam mit unseren Kindern machen können, und die bei uns allen die Bedürfnistanks füllen.

### 5. Das brauche ich, und was brauchst du?

Als Eltern gut für uns selbst zu sorgen, bedeutet, im Alltag eine gesunde Balance der Bedürfnisse anzustreben und bewusst zu entscheiden, wann wir unsere eigenen Bedürfnisse priorisieren, wann wir sie bewusst zurückstellen, und wann es Möglichkeiten gibt, die unterschiedlichen Bedürfnisse verschiedener Familienmitglieder auf kreative Weise unter einen Hut zu bekommen. Der letzte und schwierigste Schritt auf diesem Weg ist es, einen neuen Umgang miteinander zu etablieren, indem Kinder wie Erwachsene ganz selbstverständlich kommunizieren, was sie wann brauchen – anstatt zu erwarten, dass die anderen ihre nonverbalen Signale entschlüsseln und mit traumwandlerischer Sicherheit genau das tun, was sich jetzt gut anfühlen würde. Konkret heißt das: Wir schreiben neue Skripte für alte Dialoge und verändern so das Klima in unserer Familie. Kam unser Kind bisher von der Schule nach Hause und verkündete »Ich gehe nachher mit Jan kicken«, entspann sich daraus vielleicht folgender Dialog:

> **Aha, und wann machst du deine Hausaufgaben?**
> ***Später.***
> **Das hast du gestern auch schon gesagt, und nachher gab es ein Riesen-Drama nach dem Abendessen.**
> ***Ach, lass mich doch in Ruhe.***
> **Hallo? Was fällt dir ein, so mit mir zu reden! Mach jetzt deine Hausaufgaben, und dann gucken wir mal, ob noch Zeit ist zum Kicken.**
> ***Du bist so gemein!***

Was in diesem Dialog passiert ist: Beide Konfliktparteien hatten Bedürfnisse, die sie nicht klar kommuniziert haben, sodass sie sich schnell in einer Spirale aus Stress, Unverständnis, Frust und Vorwürfen wiederfanden. Nehmen wir hingegen eine bedürfnisorientierte Perspektive ein, nimmt das Gespräch eine ganz andere Wendung:

*Ich geh nachher mit Jan kicken.*
**Ah, das verstehe ich gut, dass du nach einem langen Schultag jetzt das Bedürfnis hast, zu spielen und dich richtig auszutoben.**
*Ja.*
**Ich merke nur gerade, dass ich mich auch in der Verantwortung dafür fühle, dass du genügend Zeit für deine Hausaufgaben hast, nachdem das gestern so schwierig war. Hast du eine Idee, wie wir das lösen können?**
***Ich mach meine Hausaufgaben schon. Nachher.***
**Ich brauche da echt mehr Verbindlichkeit, sonst stresst mich das den ganzen Nachmittag. Können wir ausmachen, dass du um fünf wieder da bist, sodass du noch eine gute Stunde für die Hausaufgaben hast, bevor es Essen gibt?**
***Okay, na gut.***

Natürlich ist auch eine bedürfnisorientierte Betrachtungsweise kein Garant dafür, dass Gespräche konstruktiv ablaufen: Manchmal sind gerade gefühlsstarke Kinder auch einfach wandelnde Pulverfässer, die auch auf das freundlichste Gesprächsangebot hin hochgehen. Doch selbst dann hilft es, bei sich zu bleiben und für die eigenen Bedürfnisse einzustehen, anstatt sauer und enttäuscht verbal um sich zu schlagen, weil die eigenen Bedürfnisse schon wieder überhaupt keinen Raum bekommen haben. Die Familienkommunikation so umzustellen, ist ein Prozess, der Zeit braucht, und in dem es wichtig ist, gut aufs eigene Gefühl zu hören – manche Formulierungen fühlen sich vielleicht erst mal künstlich und hölzern an, sind aber einfach nur ungewohnt, andere passen ganz und gar nicht zum eigenen Sprachgebrauch und erfüllen dann auch nicht ihren Zweck, zu mehr Verbindung und Verständnis beizutragen. Niemand sollte sich im Gespräch mit seinem eigenen Kind wie ein Schauspieler fühlen und auswendig gelernte Sätze herbeten, das wäre das Gegenteil dessen, was Selbstfürsorge meint und will. Schließlich ist das Ziel der ganzen Übung kein besonders pädagogisch korrektes Elternsein, sondern ein Familienklima, in dem alle spüren und ausdrücken können, was sie brauchen – die Großen wie die Kleinen. Damit es allen miteinander besser geht und niemand auf der Strecke bleibt.

## Selbst, aber nicht allein

Für viele Menschen steckt in dem Wort Selbstfürsorge neben allen positiven Aspekten auch eine traurige Botschaft: Wenn du dir nicht selbst hilft, hilft dir keiner. Denn wenn wir allein für unsere Bedürfnisse verantwortlich sind – heißt das nicht im Umkehrschluss, dass wir nicht darauf hoffen dürfen, dass sich auch mal jemand anderes um uns kümmert, wie wir uns um unser Kind kümmern? Die Antwort lautet: Doch, natürlich dürfen wir darauf hoffen! Und nicht nur das: Wir können diese Fürsorge auch aktiv erbitten. Schließlich sind wir Menschen nicht umsonst Gemeinschaftswesen: Selbst wenn wir wollten, *könnten* wir gar nicht all unsere Bedürfnisse allein erfüllen. Wir *brauchen* Austausch und Gespräche, Nähe und Verbindung. Selbstfürsorge heißt deshalb nicht, uns nur noch auf uns allein zu verlassen. Sondern ganz bewusst in Beziehungen zu investieren, die uns stärken und uns guttun. Das kann unsere Paarbeziehung sein, eine alte Freundschaft oder auch ein neuer Kontakt, dem wir bisher mangels Zeit und Energie nicht genug Beachtung geschenkt haben. Ein ganz typisches Phänomen in Familien mit gefühlsstarken Kindern ist es, dass sich die Eltern eigentlich dringend nach mehr Austausch und Gemeinschaft sehnen, sich gleichzeitig jedoch immer mehr einigeln und zurückziehen – aus Angst vor Unverständnis und Zurückweisung, aus Erschöpfung und Überreizung oder schlicht, weil die Kraft nicht einmal mehr reicht, um sich zu verabreden (und dann müsste man ja möglicherweise auch noch aufräumen, Hilfe!). Selbstfürsorge bedeutet, Zeit- und Energiereserven dafür freizuschaufeln, diesen Teufelskreis zu durchbrechen – auch wenn der Preis dafür ist, dem gefühlsstarken Kind einen gewissen Frust zumuten zu müssen. So können Eltern durchaus eine abendliche Paarzeit zum Ausspannen und Reden im Wohnzimmer durchsetzen, während der das Kind nicht reinplatzen darf, wenn es nicht super dringend ist. Oder Mama und Papa gehen beide einen Abend im Monat mit Freunden aus, auch wenn ihr gefühlsstarkes Kind es am liebsten mag, wenn zur Schlafenszeit alle zu Hause sind. Wenn Verabredungen mit unserem Kind gerade schwierig sind, ist es nur legitim, sich auch *ohne* Kind zu verabreden – solange es eine vertraute Bezugsperson an seiner Seite hat, kann es diesen Frust verkraften.

NEUNTES KAPITEL

# Wer bin ich und wer bist du? Was wir von gefühlsstarken Kindern über uns selbst lernen

## Woher kommt nur meine Wut?

Gefühlsstarke Kinder haben ein bemerkenswertes Talent dafür, die wunden Punkte ihrer Eltern zu spüren – und mit aller Macht draufzuhauen, sodass wir aufschreien vor Schmerz. Und das oft im ganz wörtlichen Sinne: Die friedliebendsten Eltern können im Zusammenleben mit einem gefühlsstarken Kindern zu brüllenden Monstern werden. Und verstehen sich oft selbst nicht mehr: Wie kann es sein, dass ein Kind, *mein* Kind mich so an meine Grenzen bringt, dass ich nur noch rot sehe?

Viele Eltern glauben, es sei das Verhalten ihrer Kinder selbst, das sie so zum Explodieren bringe: Ihre ständigen Provokationen und Grenzüberschreitungen, ihr freches Grinsen, wenn sie bewusst eine Regel brechen, ihre Sturheit und Dickköpfigkeit. Doch die Wahrheit ist: Wenn wir mit uns selbst im Reinen sind, kann uns all das nicht wirklich schocken. Wenn wir die Nerven verlieren und völlig ausrasten, liegt das nicht an unseren Kindern *an sich* – sondern daran, was sie *in uns* anrühren. Hinter der unbändigen Wut, die uns im Zusammenleben mit unseren Kindern übermannt, steht nämlich nahezu immer ein ganz alter Schmerz. Gefühle, die wir seit Jahren mit uns herumtragen, verdrängt und beiseite geschoben, und so gut versteckt, dass wir gar nicht mehr wussten, dass wir sie haben. Verletzungen aus frühster Kindheit, Selbstzweifel und Versagensängste, Scham- und Schuldgefühle, die wir uns nie eingestehen wollten. Also haben wir sie weggepackt, an einen Ort irgendwo in unserem Unterbewusstsein, wo wir uns nicht mit ihnen auseinandersetzen mussten. Und es ging uns gut damit – bis unser Kind kam. Denn Kinder, und insbesondere gefühlsstarke Kinder, haben einen unbändigen Drang, ihre Eltern kennenzulernen. Und zwar so *richtig* kennenzulernen, bis auf den Grund. Und aufgrund ihrer besonders feinen Antennen spüren gefühlsstarke Kinder besser als alle anderen, an welchen Punkten wir ausweichend und vermeidend werden, worüber wir ungern sprechen, womit wir uns nicht auseinandersetzen wollen. Und das macht sie neugierig. Ihr unbändiger Wille, alles zu entdecken und zu ergründen, macht auch vor den tiefsten Tiefen unserer Seele nicht Halt. Ohne sich darüber bewusst zu sein, bohren und graben sie weiter und weiter, und drücken dabei all die Knöpfe, die bei uns die ganz großen Emotionen freilegen. *Das* steckt also hinter unserer Wut: Alte Gefühle, die unsere Kinder mit ihrer unbändigen Neugierde auf uns mit aller Wucht freigelegt haben.

Aber: Müssen wir uns das eigentlich gefallen lassen? Ist das Forschen und Bohren unserer Kinder nicht eigentlich furchtbar übergriffig? Schließlich haben wir viele Gefühle vielleicht aus gutem Grund irgendwo verstaut, wo wir uns nicht mit ihnen auseinandersetzen müssen …

Es ist nachvollziehbar und legitim, sich diese Fragen zu stellen – insbesondere, wenn unsere Kinder mit ihrem Verhalten nicht nur an unangenehme Erinnerungen, sondern an handfeste Traumata rühren. Doch der entscheidende Punkt ist: Unsere Kinder drücken unsere Knöpfe nicht mit Absicht. Sie *beschließen* nicht, uns zum Explodieren zu bringen. Sie sind einfach nur Kinder, die ihre Eltern suchen. Und die unbewusst und ohne jeden Vorsatz auf die Signale reagieren, die wir ihnen gegenüber aussenden. Das heißt: Selbst wenn wir unseren Kindern verbieten wollten, uns so zur Auseinandersetzung mit uns selbst zu zwingen, könnten wir sie doch nicht stoppen. Denn die Mechanismen, die sich bei solchen Prozessen innerhalb der Eltern-Kind-Beziehung abspielen, entziehen sich unserer Kontrolle.

Für uns Eltern bedeutet das: Wenn unsere gefühlsstarken Kinder mal wieder alle unsere Knöpfe gleichzeitig drücken und wir nur noch Rot sehen, können wir entweder kämpfen gegen diese unangenehmen Gefühle und diejenigen, die sie heraufbeschworen haben. Oder wir können anfangen, uns diesen Gefühlen zu stellen, und so der unbändigen Wut in unserem Inneren nach und nach den Wind aus den Segeln nehmen.

Ein gefühlsstarkes Kind zu bekommen, ist also ein bisschen wie in einer Therapie zu landen, zu der wir uns niemals angemeldet haben. Plötzlich sind wir auf uns selbst zurückgeworfen. Auf unseren Schmerz und unsere Angst, unsere Selbstzweifel und unsere Scham. Das ist alles andere als angenehm. Und trotzdem das vielleicht größte Geschenk, das unsere Kinder uns machen könnten. Denn so wie unerfüllte Bedürfnisse niemals ganz verschwinden, gehen auch verdrängte Gefühle niemals ganz weg. Stattdessen wirken sie in unserem Unbewussten weiter, nagend und lähmend, wie ein unsichtbares Gewicht, das jeden unserer Schritte erschwert. Schaffen wir es, uns diesen verdrängten Themen zu stellen, kriegen wir deshalb nicht nur unsere unbändige Wut in den Griff, wir kommen auch jenen alten Glaubenssätzen auf die Spur, die uns bis heute oft das Leben erschweren. Das heißt: So, wie wir unseren gefühlsstarken Kindern die Chance geben, geliebt und begleitet auch an Frust und unangenehmen Erfahrungen zu wachsen, bergen all die Auseinandersetzungen mit ihnen auch für uns Eltern eine Wachstumschance. Jetzt haben wir die Gelegenheit, zu verstehen, was uns antreibt und was uns lähmt – und wie wir ein Leben führen können, in dem unsere Entscheidungen nicht von unterdrückten Botschaften aus unserer Vergangenheit mitbestimmt werden.

Bei diesem Prozess der Selbsterkenntnis hilft es vielen Eltern, psychologische Hilfe in Anspruch zu nehmen – ob im Rahmen einer Elternberatung, einer Kur oder einer Therapie. Andere stellen sich den Gefühlen hinter ihren eigenen großen Gefühlen mit Hilfe eines Buches oder eines Online-Kurses. Welchen Weg Mütter und Väter auch wählen: Sie tun nicht nur ihren Kindern einen großen Gefallen damit, wenn sie sich ihren eigenen wunden Punkten stellen. Sondern vor allem sich selbst.

*»Wenn ich mich an meine Kindheit zurückerinnere, habe ich vor allem jede Menge Drama vor Augen. Meine Mutter, die aus jeder Mücke einen Elefanten machte und im Streit mit meinem Vater*

*regelmäßig in regelrechte Heularien ausbrach. Mein Bruder, der keinen Frust ertrug und der, wenn er wütend war, tobend, stampfend und türenknallend durchs Haus polterte. Und meinen Opa, der ständig zwischen sensibler Sanftheit und unheimlichem Jähzorn schwankte, was mich als Kind erst recht verwirrte. ›Könnt ihr nicht alle einfach ein bisschen normaler sein?‹, dachte ich oft, und nahm mir fest vor, dass es in meiner eigenen Familie später mal anders zugehen würde: Ruhiger, geordneter, nicht so melodramatisch. Anfangs ging alles nach Plan: Ich heiratete einen ruhigen, ausgeglichenen Mann und wir bekamen ein ruhiges, ausgeglichenes Kind. ›Geht doch‹, dachte ich. Dann kam unser zweites Kind zur Welt. Und war wie seine Oma, sein Uropa und sein Onkel in Personalunion: Ständig am Weinen, ohne jegliche Frusttoleranz, und voller intensiver Gefühle, zwischen denen es pausenlos hin und her pendelte. Anfangs dachte ich, das ginge mit der Zeit sicher vorbei, doch so war es nicht, im Gegenteil: Je älter unsere Tochter wird, desto deutlicher zeigt sich, dass hinter ihrer permanenten Unausgeglichenheit keine Anpassungsschwierigkeiten und keine ausgeprägte Trotzphase stecken, sondern schlicht und einfach: ihr Temperament.*

*Im Rückblick muss ich leider sagen, dass wir im Umgang mit unserer Tochter in den letzten Jahren einiges falsch gemacht haben. Ihre Wut machte uns wütend, ihre großen Gefühle erschienen uns unverhältnismäßig, und ihr starker Wille machte uns Angst. Wir dachten, mit genügend Konsequenz und Disziplin könne sie schon lernen, genauso ruhig und ausgeglichen zu werden wie ihr großer Bruder. Ich weiß nicht, wie viele Stunden unsere Tochter deshalb allein in ihrem Zimmer saß und brüllte, weil wir dachten, dass sie so lernt, dass man seinen Dickkopf nicht mit Geschrei durchsetzen kann. Oft saß sie da aber auch, weil ich das Gefühl hatte, sie vor mir und meiner Wut schützen zu müssen – ihr Verhalten machte mich oft so rasend, dass ich mehrere Male kurz davor war, zuzuschlagen, obwohl ich sonst so sanftmütig bin.*

*Zu erfahren, dass manche Menschen von Geburt an gefühlsstark und andere regulationsstark sind, brachte für mich die Wendung. Auf einmal verstand ich, warum ich mich als Kind oft wie ein Alien gefühlt hatte und warum ich mit dem Temperament meiner Tochter so zu kämpfen hatte: Ich war als regulationsstarkes Kind in eine überwiegend gefühlsstarke Familie geboren worden, und hatte nun selbst ein gefühlsstarkes Kind bekommen. Kein Wunder, dass mich die Wucht seiner Gefühle so umhaute – sie erinnerte mich an all die großen, wilden Emotionen, die mich schon als Kind völlig überfordert hatten. Seit ich diesen Zusammenhang verstanden habe, kann ich meine beiden Kinder ganz anders sehen: nicht als das gut geratene und das schwierige Kind, sondern als zwei Individuen mit ihren ganz eigenen Persönlichkeiten, die beide Licht- und Schattenseiten haben. Ja, ich kann sogar meine Mutter, meinen Bruder und meinen Opa besser verstehen und sehen, dass sie damals nicht einfach ungehobelt waren, sondern einfach keine guten Strategien gelernt hatten, mit ihren starken Emotionen umzugehen. Das versuche ich bei meiner Tochter nun anders zu machen: Sie darf sein, wie sie ist, aber ich lasse nicht zu, dass ihre großen Gefühle unser ganzes Familienleben bestimmen. Dazu weiß ich einfach zu genau, wie schrecklich es sich anfühlen kann, von der Gefühlsstärke anderer völlig überrollt zu werden.«*
***Svea***

## Bin ich eigentlich selbst gefühlsstark?

Seit dem Erscheinen von »So viel Freude, so viel Wut« berichten Eltern immer wieder von dem Überraschungsmoment, den sie erleben, wenn sie anfangen, das Buch zu lesen in der Hoffnung, ihr eigenes Kind besser zu verstehen –, und plötzlich sich selbst in den Beschreibungen wiederfinden. »War ich etwa selbst ein gefühlsstarkes Kind?« – kaum eine Frage fällt bei den Lesungen und Vorträgen zum Thema »Gefühlsstarke Kinder« häufiger. Und tatsächlich ist es nicht selten, dass gefühlsstarke Kinder auch mindestens ein gefühlsstarkes Elternteil haben – schließlich hat Gefühlsstärke auch eine erbliche Komponente. Gleichzeitig sind sich viele Mütter und Väter unsicher, ob sie tatsächlich selbst gefühlsstark waren, weil manche der Gefühlsstärke-Kriterien auf sie *hundertprozentig* zutreffen – und andere fast gar nicht. Oder *wären* sie auf mich zugetroffen, wenn sie nicht von Anfang an unterdrückt worden wären? Diese und ähnliche Fragen treiben die meisten Erwachsenen um, die zum ersten Mal von Gefühlsstärke hören und sich zumindest anteilig in der Beschreibung wieder erkennen: Wie viel Gefühlsstärke war wohl in mir angelegt, bevor ich so zurechtgebogen wurde, wie es zur Zeit meiner Kindheit eben üblich war? Wie wild und energiegeladen, hartnäckig und wissbegierig, sensibel und verletzlich wäre ich wohl als Kind gewesen, hätte ich einfach sein dürfen, wie ich bin? Und wenn ich all das nicht sein durfte: Wie viele dieser Eigenschaften schlummern jetzt vielleicht noch irgendwo in mir?

Auf all diese wichtigen und drängenden Fragen zufriedenstellende Antworten zu finden, ist gar nicht so leicht. Denn die Forschungslage zum Thema »Gefühlsstarke Erwachsene« ist dünn. Alles, was wir wissen, ist: Etwa jedes siebte bis zehnte Kind kommt mit der besonders hohen Sensibilität, Impulsivität und emotionalen Intensität zur Welt, die wir Gefühlsstärke nennen. Und diese Besonderheit bleibt auch dann Teil seiner Persönlichkeit, wenn aus dem Kind ein Erwachsener geworden ist. Wie sie sich jedoch im Alltag bemerkbar macht, ist individuell sehr verschieden: Während manche Erwachsene immer noch sehr mit ihren überbordenden Emotionen zu kämpfen haben, haben andere so effiziente Selbstregulationsstrategien entwickelt, dass ihr angeborenes Anderssein für sie selbst und andere im Alltag kaum mehr wahrnehmbar ist. Einen verlässlichen Test dafür, wie viel Gefühlsstärke in einem erwachsenen Menschen steckt, kann es deshalb kaum geben – zumal sich Gefühlsstärke mit steigendem Lebensalter in immer individuellerer Weise zu manifestieren scheint. Doch wovon wir fest ausgehen können, ist, dass unsere Welt voller Erwachsener ist, die als gefühlsstarke Kinder zur Welt kamen – und die, abhängig von ihren Lebens- und Sozialisationserfahrungen, unterschiedlich gesunde Strategien entwickelt haben, mit den intensiven Impulsen in ihrem Inneren umzugehen. Spüren Leserinnen und Leser also eine emotionale Resonanz, wenn sie darüber lesen, wie gefühlsstarke Kinder die Welt erleben und erspüren, dann spricht viel dafür, dass sie selbst eins dieser gefühlsstarken Kinder waren – oder zumindest Kinder, in denen intensivere Emotionen schlummerten, als sie sicher zeigen konnten. Diese Erkenntnis kann aufwühlen, aber auch Erleichterung und innere Klarheit bringen: Ich war niemals falsch, und es war nicht meine Schuld, dass ich mit manchen Dingen so zu kämpfen hatte. Ich war einfach nur gefühlsstark, und keiner hat es gewusst. Oder, wie es eine 86-jährige Zuhörerin nach einer Lesung formulierte: »Was bin ich froh, dass ich nicht gestorben bin, ohne zu erfahren, dass ich ein gefühlsstarkes Kind war!«

*»Normalerweise lese ich keine Elternratgeber und erziehe mehr aus dem Bauch heraus, doch als ich zum ersten Mal von gefühlsstarken Kindern hörte, wollte ich doch mehr darüber wissen. Vielleicht war das ja die Erklärung dafür, dass mein Sohn und ich ständig aneinandergerieten? Als ich dann anfing, ›So viel Freude, so viel Wut‹ zu lesen, passierte etwas Seltsames: Bei all den Beispielen und Beschreibungen hatte ich plötzlich überhaupt nicht mehr mein Kind vor Augen – sondern mich selbst als Kind. Es war, als hätte jemand meine frühsten Erinnerungen, meine schwierigsten Momente als junges Mädchen beobachtet und aufgeschrieben – gemeinsam mit den Gefühlen, die ich damals so intensiv spürte, für die ich aber keine Worte und Namen hatte. Mein Herz raste, Tränen rannen über mein Gesicht, das alles so gebündelt zu lesen war für mich*

*kaum auszuhalten. Und gleichzeitig fühlte es sich so wichtig an, mehr zu erfahren über das Kind, das ich einmal war und von dem ich unbewusst immer dachte, es sei einfach sehr anstrengend, sensibel und irgendwie seltsam gewesen. Nun war da auf einmal eine neue Erklärung, verstörend und tröstlich zugleich: War ich einfach nur gefühlsstark?*

*Das Buch zu Ende zu lesen, war für mich eine Herausforderung. An guten Tagen schaffte ich vielleicht, drei, vier Seiten am Stück und verbrauchte dabei jeweils ein bis zwei Boxen Taschentücher. Es war alles einfach so intensiv: Zu verstehen, dass mein Gehirn einfach anders funktioniert. Zu begreifen, dass ich nicht schuld bin daran, dass mir manches schwerer fällt als anderen. Mich wieder zu erkennen in den Beispielen von Kindern, die an scheinbaren Kleinigkeiten völlig verzweifeln.*

*Am schwierigsten war für mich jedoch, zu lesen, was gefühlsstarke Kinder von ihren Eltern brauchen: Verständnis und Begleitung statt Schimpfen und Strafen. Also genau das Gegenteil von dem, was ich bekommen hatte. Kein Wunder, dass ich meine wilden Gefühle tief in meinem Inneren vergraben hatte – und dass sie es mir nun schwer machten, meinem Sohn die Mutter zu sein, die ich sein will. Mein Sohn selbst, das wurde mir schnell klar, ist nämlich gar nicht gefühlsstark, sondern eher ein bindungsstarkes Kind: Er braucht viel Nähe, und natürlich auch Begleitung im Umgang mit seinen Emotionen – doch dass es zwischen uns regelmäßig so eskaliert, liegt nicht an ihm, sondern an mir.*

*Am Anfang war ich sehr verunsichert, was ich mit meiner neuen Erkenntnis nun machen sollte. Ich war also ein gefühlsstarkes Kind, das nicht bekommen hatte, was es brauchte. Und jetzt? ›Jetzt bist du erwachsen und kannst dir selbst geben, was du brauchst‹, beantwortete meine beste Freundin diese Frage. Und sie hatte recht. Wann immer ich nun spürte, dass Wut oder Verzweiflung in mir aufsteigt, versuche ich, dem gefühlsstarken Kind in mir das zu geben, was es jetzt benötigte. ›Deine Wut ist okay‹, sage ich dann zum Beispiel im*

*Stillen zu mir. ›Du darfst sie nur nicht an anderen auslassen. Was brauchst du jetzt, damit es dir wieder gut gehen kann?‹ Das klappt natürlich noch längst nicht immer, und fühlt sich außerdem komisch an. Doch ich merke auch, wie allein durch diese liebevollen inneren Dialoge ein gewisser Heilungsprozess angefangen hat, der mir dabei hilft, nicht nur besser mit mir selbst klar zu kommen – sondern auch mit meinem Sohn.«*
***Claudia***

## Hilfe für gefühlsstarke Erwachsene

»Gefühlsstark« ist ein verhältnismäßig neuer Begriff – er wurde erst mit dem Buch »So viel Freude, so viel Wut« im deutschsprachigen Raum eingeführt. Dementsprechend ernüchternd gestaltet sich die Suche vieler Menschen, die sich selbst als gefühlsstark erkennen und sich daraufhin auf die Suche nach Literatur zum Thema gefühlsstarke Erwachsene machen, oder nach Therapieangeboten, die sich speziell an gefühlsstarke Männer und Frauen richten. Denn so schnell sich der Begriff unter Eltern und Menschen, die mit Kindern arbeiten, verbreitet hat, so unbekannt ist er nach wie vor den meisten Therapeutinnen und Therapeuten, die vorrangig mit Erwachsenen arbeiten. Wo können Erwachsene, die Fragen und Anliegen *zu ihrer eigenen Gefühlsstärke* haben, also Rat und Hilfe finden? Im Grunde genommen: Überall da, wo Menschen Menschen auf Augenhöhe begleiten. Das können Bücher sein, in denen es um die Heilung eigener seelischer Verletzungen sowie einen gesunden Umgang mit Gefühlen und mit der eigenen Verletzlichkeit geht. Aber auch therapeutische Angebote, die darauf abzielen, die Selbstregulationsfähigkeit und den bewussten Umgang mit den eigenen Gefühlen zu stärken – etwa die sogenannte klientenzentrierte Gesprächstherapie, eine Form der humanistischen Psychotherapie, die auf der Grundannahme basiert, dass die Lösung für unsere Schwierigkeiten *in jedem Menschen selbst* liegt. Doch auch jede andere Form der psychologischen Begleitung kann sich bewähren, solange die Beziehung zwischen Klientinnen bzw. Klienten und therapeutischem Fachpersonal stimmt. Besonderes Verständnis für die Belange gefühlsstarker Menschen lässt sich oft in psychotherapeutischen Praxen finden, die sich auf *Hochsensibilität* spezialisiert haben – denn ihre besondere emotionale Durchlässigkeit und Verletzlichkeit ist für viele Erwachsene einer der herausforderndsten Aspekte ihrer eigenen Gefühlsstärke. Bücher und Begleitungsangebote speziell für gefühlsstarke Erwachsene gibt es jedoch leider bisher noch nicht – ein Umstand, der sich in den kommenden Jahren jedoch sicherlich ändern wird. Was es bereits jetzt gibt: Selbsthilfegruppen in sozialen Netzwerken wie Facebook, in denen sich gefühlsstarke Erwachsene untereinander über ihre Erfahrungen austauschen.

*»Ich habe vor zwei Wochen alte Tagebucheinträge von mir gelesen und musste sehr schlucken. Mit 10 Jahren schrieb ich, dass ich so viel fühle, dass ich innerlich brenne und dass ich will, dass jemand dieses Feuer löscht, weil es einfach nicht ausgeht. Ich schrieb außerdem, dass niemand sehen kann, dass es in mir brennt. ›Ich wünsche mir, normal zu fühlen‹. Da steht er, der Satz. Mit violetter Tinte und Schönschreibfüller in ein Heft geschrieben. Ich weiß noch sehr genau, wie diese Momente des Feuers in mir brannten. Ich weiß es, weil ich sie noch immer kenne. Weil mich der Satz noch heute heimsucht, immer mal wieder.*

*Als vor knapp fünf Jahren mein Sohn geboren wurde und wir uns mit ihm auf unsere gemeinsame Reise machten, als wir sein Temperament, seine Sensibilität, seine Wucht, seine Gefühlsstärke entdeckten, da begann mein großer Kampf. Einmal natürlich gegen all die Stimmen der Menschen, die uns mit absurden Ratschlägen à la ›Schreien lassen schadet keinem Kind‹ und später mit Belehrungen nach dem Motto ›Siehst du, er tanzt euch auf der Nase rum‹*

*das Leben schwermachten. Es begann aber noch ein anderer Kampf. Der mit meinen eigenen Gefühlen. Denn, um in den Worten meines zehnjährigen Ichs zu bleiben, mein gefühlsstarker Sohn ist ein Spiegel für mich und bringt mich dazu, in meine eigene Kindheit und Vergangenheit zu blicken.*

*Ich selbst bin mit psychischer und auch körperlicher Gewalt aufgewachsen. Als das Stiefkind, dessen Mutter im Stiefvater ihre Liebe gefunden hatte und mit ihm drei weitere Kinder bekam. Ich war das nicht passende Teil in einer Familie, in der Rationalität und Fleiß wichtiger waren als Gefühle. Sowieso schon blutsfremd und verzweifelt darum bemüht, einfach ein wenig Liebe zu bekommen, war ich auch durch mein intensives Gefühlsleben ›außerhalb‹. Ich passte nicht zum Rest. Ich fand, rückblickend, meine fünf nächsten Angehörigen wahrscheinlich unterkühlt, und sie fanden und finden mich übertrieben und unangebracht. Noch heute heißt es oft: ›Steiger dich mal nicht so rein!‹*

*Was seit jeher blieb, mal mehr, mal viel weniger, war das Gefühl, mit meinen Gefühlen falsch zu sein. Nicht normal. Unangemessen. Meine Gefühle wurden belacht, kleingeredet und sanktioniert.*

*Dieses ›falsch Fühlen‹ war neben vielen anderen Dingen eine der Sachen, die ich meinem Sohn immer ersparen wollte. Jedes seiner Gefühle darf Platz finden bei uns. Jedes seiner Gefühle ist legitim. Ich erkenne vieles, was in mir steckt, auch in ihm wieder. Und dafür will ich ihm Raum geben. Damit er lernt: Gefühle gehören zur Grundausstattung eines Menschen. Sie kommen und gehen. Sie sind völlig okay. Und: Sie brechen uns nicht, da sie Raum finden dürfen, zu existieren.*

*Manchmal passiert es allerdings, dass mich etwas so triggert, dass ich laut werde und eine Tür knalle. Danach kommt das Schuldgefühl. ›Warum fühlst du so viel, Sarah? Was ist nur falsch mit dir? Reiß dich zusammen. Deine allerärmsten Kinder! Und was soll Luci da von dir lernen, wenn du deine Gefühle nicht adäquat im Griff hast?‹ Ich will meinen gefühlsstarken Sohn so liebevoll wie nur mög-*

*lich durch all seine Gefühle begleiten und wünsche dann, ich selbst würde grundsätzlich weniger intensiv fühlen.*
*Es gibt also, durch meine eigene Gefühlsstärke bedingt, zwei Baustellen: Ich bin nicht die perfekte, immer ausgeglichene, stets regulierte Mama, die ich gerne wäre. Manchmal bin ich so sauer und mit Wucht kochen die Gefühle hoch, die früher niemals sein durften. Meist, wenn ich mich nicht gesehen fühle. Dann, noch während ich so sauer bin, kommt ein maßloses Schuldgefühl dazu. Manchmal so etwas wie ein* mental breakdown. *Dass ich denke, ich sei die schlechteste Mutter der Welt, und die Seele meines Sohnes sei für immer zerstört, weil die Tür so laut knallte, dass es ihm Angst machte. Aber eigentlich klappt das seit geraumer Zeit ganz gut – seit ich mir zugestanden habe, grundsätzlich auch etwas außer Liebe und Glück, ganz allgemein, fühlen zu dürfen. Ich habe mir Fokuskarten geschrieben, kleine Hilfestellungen im Alltag. Da ziehe ich mir, manchmal täglich, manchmal stündlich, eine Karte und versuche, ganz achtsam zu sein. Was fühle ich gerade? Wie gestresst bin ich? Was kann ich meinem Gegenüber Gutes tun? Was brauche ich selbst gerade? Solche Fragen lassen mich die Beobachterperspektive einnehmen. Das Aufarbeiten alter Wunden, das Zugestehen, dass ich fühlen darf und sogar muss, dass ich mir auch Gefühle zugestehen darf, aber eben in einer authentischen Vorbildrolle. All das ist ein langer, steiniger Weg, den ich so gerne gehe, damit mein Sohn später mal seine Gefühlsstärke nicht als Bürde, sondern als persönliche Superkraft ansehen kann! Dass er nie fühlen muss, innerlich zu brennen, sondern seine Gefühle ein feuriger Antrieb sind, das Leben im Ganzen zu erleben und wahrzunehmen. Was mir als gefühlsstarke Mutter hilft? Mein neuer Leitspruch: ›Ich kann nicht alles können. Aber ich bin erwachsen und übernehme die Verantwortung. Mein Kind muss das nicht tragen. Aber ich trage mein Kind.‹«*
***Sarah***

## Große Gefühle schweißen zusammen

Ob wir selbst gefühlsstark sind oder nicht: Eltern eines gefühlsstarken Kindes zu sein, garantiert für ein Emotionsleben voller Höhen und Tiefen. Das kann ungeheuer anstrengen, herausfordern und erschöpfen, schenkt uns aber auch die Möglichkeit, ganz intensiv miteinander in Kontakt zu kommen. Denn gemeinsam große Gefühle zu erleben, verbindet ungemein. Gerade wenn es in unserem Familienalltag mal wieder häufig knirscht und knarzt, kann es sich deshalb lohnen, ganz bewusst Gelegenheiten zu schaffen, in denen wir gemeinsam mit unseren Kindern das positive Ende des Gefühlsspektrums ausloten. Alles, was guttut, ist gut! Ob Kinoabend oder Kletterwald – Hauptsache, wir haben so richtig Spaß zusammen. Denn auch wenn uns Eltern *natürlich* oft vor allem die Frage umtreibt, wie wir unseren Kindern im Umgang mit den schwierigen Seiten ihres Temperaments helfen können, sollten wir darüber die *absolut großartigen* Aspekte des Lebens mit einem gefühlsstarken Kind nicht aus dem Blick verlieren. Diese Begeisterungsfähigkeit, diese Leidenschaft, diese Fähigkeit zur völligen Euphorie – wie schade wäre es, würden wir uns die Gelegenheit entgehen lassen, uns davon anstecken zu lassen! Das Leben mit einem gefühlsstarken Kind bedeutet also nicht nur, die Liebe und das Verständnis, den Halt und den Rahmen zu geben, die es für seine Entwicklung so dringend braucht. Sondern auch: Keine Gelegenheit auszulassen, uns von seiner Lebensfreude, seiner Liebes- und Glücksfähigkeit mitreißen zu lassen. Das haben wir uns wirklich verdient!

# Zum Schluss

Im vergangenen Jahr bin ich durch ganz Deutschland gereist, um über gefühlsstarke Kinder zu sprechen – und darüber, was sie und ihre Familien brauchen. Viele tausend Menschen sind zu diesen Veranstaltungen geströmt, und fast immer waren neben jenen, die gerade ganz akut mit den Herausforderungen des Alltags mit einem gefühlsstarken Kind kämpfen, auch Eltern schon fast erwachsener Kinder im Publikum, die sich für das Thema sozusagen im Rückblick interessierten. So entstand nicht nur ein berührender Austausch über Gefühlsstärke in den verschiedenen Lebensphasen, viele Familien mit relativ jungen Kindern kamen auch in den Genuss eines Mut machenden Blicks in die Zukunft: Wie ist es denn, wenn gefühlsstarke Kinder 16 Jahre alt sind? Oder 26, oder 36? Die erfahrenen Eltern sagten einhellig: Es ist ganz wunderbar. Und dass es zu den schönsten Erfahrungen ihres Lebens gehört habe, mitzuerleben, wie ihre oft als schwierig wahrgenommenen Kinder zu selbstbewussten, meinungsstarken, entschlossenen und glücklichen Erwachsenen herangewachsen sind.

»Es ist, als hätte unsere Tochter nach all den Jahren endlich ein Ventil für all ihre Leidenschaft, ihre Energie, ihre Hartnäckigkeit gefunden«, sagte eine Mutter über ihre 17-jährige Tochter, deren unglaublichen Wutanfälle ihr zehn Jahre zuvor so viel Kopfzerbrechen bereitet hatten und die sich nun zu einer engagierten Gymnasiastin entwickelt hat, die sich in ihrer Freizeit in der Flüchtlingshilfe engagiert. Ein anderes Elternpaar berichtete von ihrem Sohn, dem ewigen Rebellen und Schul-Störenfried, der sich nun kurz vor dem Realschulabschluss richtig reinhängte, um sein großes Ziel zu erreichen: Elektro-Ingenieur zu werden und endlich mal wirklich klimafreundliche Autos zu entwickeln. »Auch wenn man es sich zwischendurch manchmal nicht vorstellen kann: Am Ende wird wirklich alles gut«, fasste ein Elternpaar gleich dreier gefühlsstarker Kinder, die mittlerweile alle selbst verheiratet sind und kleine Kinder haben, seine Erfahrungen zusammen. Das Aufatmen im Saal war deutlich spürbar: Wie gut es tut, solche Geschichten zu hören statt all der Unkenrufe, was aus diesem Kind nur mal werden solle!

Und ich merkte: Wenn ich von diesen Veranstaltungen nach Hause kam, sah ich plötzlich auch mein eigenes gefühlsstarkes Kind mit anderen Augen. Es war, als sei mein Blick plötzlich geschärft für all das, was wir schon gemeinsam geschafft haben, was bereits leichter geworden ist, wo sich bereits ganz klare Anzeichen zunehmender Reife und Regulationsfähigkeit zeigen. Und gleichzeitig blickte ich zuversichtlicher dem Weg entgegen, den wir noch zusammen vor uns haben: Klar ist und bleibt es auch für mich mit all meinem heutigen Wissen über gefühlsstarke Kinder und ihre besonderen Bedürfnisse nicht ohne, jeden Tag aufs Neue die Geduld und Gelassenheit bei gleichzeitiger Klarheit und Entschiedenheit aufzubringen, die mein Kind von mir so dringend braucht. Immer wieder scheitere ich an meinen eigenen Vorsätzen, rassle aufs Heftigste mit meinem hochemotionalen Kind (und meinem inneren Kind!) aneinander und verzweifle daran, wie weit meine Vorstellungen und unsere Lebenswirklichkeit manchmal auseinanderliegen. Doch die Erfahrungen anderer Eltern haben mir geholfen, auch die andere Seite unserer Geschichte zu sehen: Was wir schon alles zusammen gemeistert, bewältigt und hingekriegt haben – Wahnsinn! So vieles, was uns vor einigen Jahren noch schlaflose Nächte bereitete, ist heute in unserem Alltag überhaupt kein Problem mehr. Für so viele Herausforderungen haben sich Lösungen gefunden. Und was mir in den ersten Jahren mit unserem gefühlsstarken Kind noch ungeheuer schwerfiel – über all die starken Bedürfnisse meines kleinen Wirbelwinds meine eigenen nicht zu vergessen –, ist heute selbstverständlicher Teil meines Alltags geworden.

Aus dieser ganz persönlichen Erfahrung erwuchs die Idee für

dieses Buch. Mein Wunsch war es, Ihnen, liebe Leserin und lieber Leser, nicht nur nahezubringen, was Gefühlsstärke ist und wie sie sich im Familienalltag manifestiert, sondern auch aufzuzeigen, wie der Alltag mit gefühlsstarken Kindern durch gezielt trainierte Selbstregulationsfähigkeit und genügend Selbstfürsorge langfristig leichter werden kann. Ich will Ihnen Mut machen, sich selbst und Ihrem Kind zu vertrauen und fest daran zu glauben, dass am Ende alles gut werden kann, auch wenn es sich zwischendrin manchmal nicht so anfühlt. Denn ein gefühlsstarkes Kind zu bekommen, bringt uns alle an unsere Grenzen – lehrt uns aber auch viel Wertvolles. Lassen wir uns ein auf diese ungestüme Reise, steht an deren Ende nicht nur ein starker, selbstbewusster junger Mensch, der sein eigenes Leben in die Hand nimmt und seine großen Gefühle für viel Gutes zu nutzen weiß. Sondern auch: eine neue Klarheit und Reife *in uns selbst*. Indem wir unsere gefühlsstarken Kinder durch die Stürme in ihrem Inneren begleiten, entwickeln wir schließlich mehr und mehr Einfühlungsvermögen und Geduld, schulen unsere Fähigkeit zur Selbst- und Co-Regulation und lernen, unsere eigenen Bedürfnisse mit denen anderer Menschen unter einen Hut zu bekommen, ohne dass einer dabei dauerhaft den Kürzeren zieht – was für eine Lebens-Lektion!

Ich bin deshalb überzeugt: Unsere Welt braucht nicht nur große und kleine gefühlsstarke Kinder, die mit Mut und Kraft und Hartnäckigkeit für all das eintreten, an das sie glauben. Sie braucht auch *uns Eltern* gefühlsstarker Kinder. Unsere Klarheit und unseren Sanftmut. Unsere Fähigkeit, zu verstehen, statt zu verurteilen. Unsere Erfahrung im routinierten Handling von Krisensituationen. Echte Superkräfte sind das, die wir da im Zusammenleben mit unseren gefühlsstarken Kindern im Lauf der Jahre entwickeln – Eigenschaften, die auch dann noch ein Teil von uns sein werden, wenn unsere Kinder längst groß sind.

»Du bist anders, du bist gut« – diesen Satz dürfen wir deshalb nicht nur unseren Kindern mitgeben als Mutmacher und Wegbegleiter für schwere Zeiten voller Selbstzweifel, in denen sie sich mit anderen, vermeintlich unkomplizierteren Kindern und Jugendlichen vergleichen. Er gilt auch für uns Eltern, die wir uns oft wie Aliens fühlen unter all den Müttern und Vätern, für die das, womit wir uns jeden Tag herumschlagen, »mit ein bisschen Konsequenz alles kein Problem ist«. Wir sind keine Glucken und keine Helikoptereltern, nicht zu weich oder zu lasch, und wir haben unsere Kinder auch nicht so gemacht, wie sie sind. Wir sind Eltern von Kindern, die andere und stärkere Bedürfnisse haben als andere, und die wir deshalb auch anders behandeln *müssen*, um ihnen gerecht zu werden. Wir haben keinen Grund, uns zu schämen, aber viele Gründe, stolz zu sein, auf unsere Kinder und auf uns. Denn wir biegen unsere Kinder nicht mit Gewalt zurecht, damit sie in diese Gesellschaft passen. Sondern verändern unsere Gesellschaft, indem wir starke, selbstbewusste Kinder ins Leben begleiten, die uns alle mit ihrer Kraft und Fantasie bereichern und beflügeln. Unsere Kinder sind nicht besser, wertvoller oder besonderer als andere Kinder – sie sind einfach anders, und sie sind gut, so wie sie sind. Genau wie wir selbst auch.

## Gemeinsam statt einsam

Wie herausfordernd, aber auch bereichernd und besonders sich das Leben mit einem gefühlsstarken Kind anfühlt, kann niemand besser verstehen als andere betroffene Eltern. Deshalb ist es mir so wichtig, dass wir Mütter und Väter gefühlsstarker Kinder uns zusammentun und uns untereinander austauschen, bestärken und unterstützen. Deshalb habe ich im Frühjahr 2018 die geschlossene Facebook-Gruppe »Gefühlsstarke Kinder verstehen und begleiten« gegründet, die mittlerweile über 4.000 Mitglieder hat. Aufnahmevoraussetzung ist der Nachweis, eins meiner Bücher über gefühlsstarke Kinder zu besitzen beziehungsweise gelesen oder gehört zu haben. So ist sichergestellt, dass wir in dieser Gruppe alle dieselben Grundüberzeugungen teilen: dass Gefühlsstärke kein Ergebnis falscher Erziehung ist, sondern ein angeborenes Persönlichkeitsmerkmal. Dass gefühlsstarke Kinder nicht falsch sind, sondern nur anders normal. Und dass Härte und Strafen alles nur schlimmer machen, während ein liebevoller, wertschätzender Umgang unsere Kinder und unsere ganze Familie stärkt. Kommen Sie doch dazu und werden Sie Teil dieser Gemeinschaft, die sich gegenseitig den Rücken stärkt!

Ich freue mich auf Sie!

Ihre

Nora Imlau

PS: Auch anderswo im Internet finden Sie selbstverständlich wertvolle Ressourcen zum Umgang mit Ihrem gefühlsstarken Kind – etwa auf meiner Seite **www.gefuehlsstarkekinder.de** oder auf Instagram unter den Hashtags **#gefühlsstark** und **#gefühlsstarkekinder**.

# Anmerkungen

1. **Kagan, Jerome / Snidman, Nancy:** *The Long Shadow of Temperament.* Cambridge, Mass.: Belknap Press of Harvard University Press 2004, S. 2.
2. **Lewontin, Richard:** *Human Diversity.* New York: Scientific American Library 1995.
3. **Jensen, Frances E.:** *The Teenage Brain. A Neuroscientist's Survival Guide to Raising Adolescents and Young Adults.* New York: Harper Collins 2015, S. 3.
4. **Azab, Marwa:** *Why Are Teens So Emotional? Research shows slow connections between logical and emotional brain parts,* abrufbar unter https://www.psychologytoday.com/za/blog/neuroscience-in-everyday-life/201810/why-are-teens-so-emotional (Stand 28.05.2019)
5. **Ellis, B. J. et al.:** Quality of Early Family Relationships and the Timing and Tempo of Puberty: Effects Depend on Biological Sensitivity to Context, in: *Development and Psychopathology* 23, 1 (2011).
6. **Jensen,** *The Teenage Brain*, S. 37.
7. **Degnan, Kathryn A. et al.:** Longitudinal stability of temperamental exuberance and social-emotional outcomes in early childhood, in: *Developmental Psychology* 47,3 (2011), S. 765–780, abrufbar unter https://www.ncbi.nlm.nih.gov/pmc/articles/PMC3984462/ (Stand 28.05.2019).
8. **Lahat, Ayelet et al.:** Temperamental exuberance and executive function predict propensity for risk-taking in childhood, in: *Development and Psychopathology* 24,3 (2012), S. 847–856, abrufbar unter https://www.ncbi.nlm.nih.gov/pmc/articles/PMC4469334/ (Stand 28.05.2019).
9. **Hirshfeld-Becker, Dina R. et al.:** Temperamental correlates of disruptive behavior disorders in young children: preliminary findings, in: *Biological Psychiatry* 51,7 (2002), S. 563–574, abrufbar unter https://www.sciencedirect.com/science/article/pii/S0006322301012999 (Stand 28.05.2019).
10. **Hinnant, Benjamin J. et al.:** Approach behavior and sympathetic nervous system reactivity predict substance use in young adults, in: *International Journal of Psychophysiology* 105 (2016), S. 35–38, abrufbar unter https://www.scien-

cedirect.com/science/article/abs/pii/S0167876016300587?via%3Dihub (Stand 28.05.2019).

11. **Guyer, Amanda E. et al.:** Temperament and Parenting Styles in Early Childhood Differentially Influence Neural Response to Peer Evaluation in Adolescence, in: *Journal of Abnormal Child Psychology* 43,4 (2015), S. 863–874, abrufbar unter https://www.ncbi.nlm.nih.gov/pmc/articles/PMC4468038/ (Stand 28.05.2019).
12. **Markham, Laura:** *Why its good to have a strong willed child and why you should let up on them,* abrufbar unter https://washingtonpost.com/news/parenting/wp/2015/11/09/why-its-good-to-have-a-strong-willed-child-and-why-you-should-let-up-on-them/?utm_term=.ee9c62e88c2f (Stand 28.05.2019)
13. **Guyer,** Temperament and Parenting Styles in Early Childhood, 2015
14. https://www.kinder-verstehen.de/mein-werk/artikel/problemzone-pubertaet/ (Stand 28.05.2019).
15. **Greene, Ross W.:** *Das explosive Kind.* Plan B für Eltern von kleinen Tyrannen. Winterthur: Edition Spuren 1998, S. 23
16. **Juul, Jesper:** *Aggression.* Warum sie für uns und unsere Kinder notwendig ist. Frankfurt am Main: Fischer 2012, S. 45.
17. »*Kinder brauchen Zeit!*« Umfrage von Unicef und dem Deutschen Kinderhilfswerk zum Weltkindertag 2012, abrufbar unter https://www.unicef.de/informieren/aktuelles/presse/2012/schule-ist-vollzeitjob-fuer-kinder/14834 (Stand 28.05.2019).
18. https://www.peggyomara.com/2018/06/19/the-voices-of-mothers/ (Stand 28.05.2019)

# Bildnachweis

**Herzog Fotografie:** 246;

**plainpicture:** 104 (Kniel Synnatzschke); 142 (Ute Mans); 216 (Jana Fernow); 262 (Cavan Images);

**©susanne-krauss.com:** 14, 42, 72, 182;

# Zum Weiterlesen


**Blakemore, Sarah-Jane**: *Inventing Ourselves. The Secret Life of the Teenage Brain*. London: Penguin 2018.

**Boyce, W. Thomas**: *Orchidee oder Löwenzahn? Warum Menschen so unterschiedlich sind und wie sich alle gut entwickeln können*. München: Droemer Knaur 2019.

**Greene, Ross W.**: *Das explosive Kind. Plan B für Eltern von kleinen Tyrannen*. Winterthur: Edition Spuren 1998.

**Kagan, Jerome / Snidman, Nancy**: *The Long Shadow of Temperament*. Cambridge, Mass.: Belknap Press of Harvard University Press 2004.

**Kohn, Alfie**: *Liebe und Eigenständigkeit*. Die Kunst bedingungsloser Elternschaft, jenseits von Belohnung und Bestrafung. Freiburg: Arbor 2005.

**McCraith, Sheila**: *Erziehen ohne auszurasten. Wie ich aufhörte, meine Kinder anzuschreien – und wie Sie das auch schaffen*. Stuttgart: Trias 2014.

**Mik, Jeannine / Teml-Jetter, Sandra**: *Mama, nicht schreien! Liebevoll bleiben bei Stress, Wut und starken Gefühlen*. München: Kösel 2019.

**Mondstein, Mira / Wallow, Deva**: *Alle Antennen auf Empfang. Der praktische Ratgeber für Eltern mit hochsensiblen Kindern*. Hannover: Humboldt 2018.

**Renz-Polster, Herbert**: Menschenkinder. *Artgerechte Erziehung – was unser Nachwuchs wirklich braucht*. München: Kösel 2016.

**Rosenberg, Marshall B:** *Gewaltfreie Kommunikation: Eine Sprache des Lebens.* Paderborn: Junfermann 2016.

**Saalfrank, Katia**: *Kindheit ohne Strafen. Neue wertschätzende Wege für Eltern, die es anders machen wollen.* 5. Aufl. Weinheim: Beltz 2018.

**Salomon, Andrew**: *Weit vom Stamm. Wenn Kinder ganz anders als ihre Eltern sind.* 2. Aufl. Frankfurt am Main: S. Fischer 2013.

**Schmidt, Nicola / Dibbern, Julia**: *Wild World. Wie Kinder an der Welt wachsen und Eltern entspannt bleiben.* Weinheim: Beltz 2017.

**Seide, Katja / Graf, Danielle**: *Das gewünschteste Wunschkind aller Zeiten treibt uns in den Wahnsinn. Gelassen durch die Jahre 5 bis 10.* 2. Aufl. Weinheim: Beltz 2018.